90세 정신과의사, 인간과 종교를 말하다

KB191633

일러두기

1. 주석(*)은 각주 처리했습니다.
2. 책의 제목은 『 』로, 칼럼·논문 등의 제목은 「 」로, 문학작품 및 영화 제목은 〈 〉로 표시했습니다.
3. 정확한 의미 전달을 위해 필요한 경우 영어나 한자를 병기했습니다.
4. 흔히 쓰이는 전문용어들 일부에서는 띄어쓰기 원칙을 엄격하게 적용하지 않았습니다.

90세 정신과의사,

인간과
종교를
말하다

이호영 지음

청년의사

나는 역사나 철학이나 신학을 체계적으로 공부한 사람은 아니다. 우주학이나 발달한 과학 역시 마찬가지다. 다만 오래전부터 책과 강연에서 배운 얕은 지식을 나의 전문 분야인 정신의학과 접목하면 어떤 새로운 전망을 볼 수 있을지 늘 궁금해했다. 일종의 과학과 인문학의 통섭*consilience*이다. 동시에 의식이 확장되어 새로운 상상을 할 수 있기를 바랐다.

철학자나 신학자가 쓴 대부분의 책들은 어려운 개념과 학문적 특수어로 쓰여 있다. 학자 간의 소통에서는 전문적이고 논지가 깊은 학술어를 쓰는 것이 당연하다. 그러나 독자가 일반인이 될 경우,

이해를 위해 책을 거듭 읽어야 함은 물론, 그 뜻을 찾아보고 음미하는 데에도 많은 시간을 들여야 한다. 지식 자체도 워낙 심오하여 쉽게 해석하기도 어렵다. 하지만 보통의 사람들 역시 깊은 지식을 받아들일 수 있어야 하며, 이것이 가능하려면 보편적인 언어와 상식적인 표현으로 쓴 이야기 책이 필요하다고 생각되었다.

이야기는 꾸밈이 없고 단순명료한 것이 좋다. 사전에서 찾아본 '단순함'의 반대어로는 '복잡하다', '공들이고 힘들다', '궤변으로 현혹시키다'가 있었다. 심지어는 '멋대로 뜯어고치다', '세련되게 하다' 등도 있었다. 과학 지식에 사용되는 학술어들의 개념을 이해하면 이해가 되고, 내용을 쉽게 풀어서 쓰면 상식 수준의 이야기가 된다. 그러나 철학, 신학 같은 분야는 학술어 자체도 난해하지만 문장이 복잡하고 어렵다. 이에 일반인들이 쉽게 읽을 수 있는 책을 쓰고자 했다. 상식적인 언어로 학문적인 지식을 풀어 내는 이야기 책 말이다. 사실 보편적인 언어와 표현으로 진리를 이야기해 보는 것은 나에게 큰 도전이기도 하다.

성경을 보면 예수님의 언어는 보편적이어서 누구나 알아들을 수 있다. 빛, 소금, 겨자씨, 포도나무, 이웃, 가난한 자, 부자, 낙타, 바늘구멍 등 배우지 않은 서민들도 알아듣게 이야기하셨다. 여러 가지 예화를 비유적으로 설명하시기도 했다. 예수님의 말씀에 다양한 뜻이 담긴 것도 이 때문이다. 가령, 예수님이 부활하신 후 무덤을 찾은 막달라 마리아와 야곱의 어머니 마리아와 살로메에게 하얀 옷을 입은 신비한 중개인이 "예수님이 갈릴리에 미리 가셔서 기다린다고 그리로 오라"고 전한다. 그런데 제사장들이나 공부한 학자들이 모여 사는 예루살렘이 아니라 가난한 서민들이 사는 갈릴리에서 기다리신다.

원래 세속적이고 상식적인 언어가 나의 언어다. 서울의 양반집, 첨단의 엘리트 가정에서 자랐지만 나는 항상 집 밖의 세상이 궁금했고 동네 서민층 아이들과 몰려다니고 놀면서 세속적인 문화를 동경했다. 어릴 적부터 나의 언어는 이중적이어서 집 밖에서는 거칠고 속된 말투였으나 집에 돌아와서는 점잖은 언어로 바뀌곤 했다. 성인이 되고도 세속적인 언어가 곧 나의 언어였으며, 친구들과는 야한 농담도 마지않는다. 물론 교회에서는 세속적인 언어는 삼가고 모범 교인이자 신사로 인정받았지만 이와 같은 이중성은 하나의 적응으로 양해될 수 있다는 생각이다. 그러나 지금도 교회 언어, 특히 하나님에 대한 성스러움만을 강조하는 특유한 형용사에는 거부감이 생긴다. 이 책에서 가끔 하나님에 대한 존칭이 빠지는데 구태여 이를 존칭으로 바꿀 생각은 없다.

90세 정신과의사, 인간과 종교를 말하다

최근 새로 번역된 성경은 여러 면에서 읽기도 편하고 오늘의 언어로 친밀감도 든다. 공자님의 논어나 불경이나 성경은 당시의 언어로 쓴 이야기*narrative* 책이다. 이야기 모드의 언어는 일반 대화 때의 언어다. 성경도 믿지 않는 일반인들과 젊은이들이 읽기에 적합한 언어가 바로 이런 언어다. 성경은 기독교인만 읽으라는 것이 아니고 모든 사람들이 읽어야 할 책이다.

　궁극적으로 내가 추구한 바도 예수님과 같이 일반 사람들이 이해할 수 있는 보편적인 언어와 이야기 형식을 바탕으로 한 책이다. 물론 학술적인 용어의 사용이 불가피한 경우도 있었으나, 최대한 가진바 뜻을 설명하고 단순화시키는 방법을 찾으려 했다.

　다만 오해하지 말아야 할 것은 내가 시도하는 다른 지식과의 만남의 목적이 융합*convergence*은 아니다. 융합이란 마치 두 개의 강이 더해져 하나가 되는 것이다. 지식 분야에서 융합이라 하면 두 개 이상의 지식이 만나 서로의 변천 능력으로 통합을 이루고 새로운 창조나 전망을 찾게 하는 것이다.
　한편, 이 책에서의 통섭*consilience*은 서로의 전문성을 존중하고 대화를 해 나가면서 공통성을 발견하는 것이다. 오가는 여러 대화 속에서 의식을 확장시키고 결과적으로는 새로운 통찰력을 얻을 수 있는 기회를 마련해 보고자 했다. 사실 이와 같은 지식들의 만남과 대화는 이미 많은 분야에서 자연스럽게 또는 의도적으로 진행되고 있다. 예를 들어 역사를 공부한다면 자연히 우주의 역사에서 시작하여 인류의 역사, 숭배했던 신의 역사 그리고 종족, 나라별, 시대별의 역사, 고고학, 지리학, 진화론, 유전학, 문화인류학, 우주학, 천문학, 물리학, 테크놀로지 등 여러 분야의 지식들을 망라하여 종합적으로 접근해야 한다. 이미 산업계 및 과학 분야는 다른 분야와의 융합을 통해 새로운 연구 방법을 도출해내며 많은 발전을 거두기도 했다. 학문 간의 벽에 생긴 출입문으로 왕래하며 지식의 합류와 융합이 활발해진 것이다.

경제학에서도 빅 블러*big blur* 즉, 다른 분야와의 경계가 무너지면서 통섭으로 큰 변화를 가져오고 있다. 기업들도 마찬가지다. 1994년, 책 도매상으로 온라인 주문을 받기 시작한 아마존*Amazon*은 굴지의 성장을 이뤄내 현재에는 서적뿐 아니라 거의 모든 상품을 취급하고 있다. 더 나아가 해외 판매와 우송 택배까지 겸하면서 세계를 대표하는 기업체로 발전 중이다.

앞선 이유로 이 책에서는 다른 분야와의 만남과 대화를 최대한으로 시도해 보려 했다. 예전부터 종교는 스스로 높은 담을 쌓고 있다. 종교는 다른 분야와의 융합에 주체도 대상도 될 수 없다고 믿는 것처럼 보이기도 한다. 그러나 이처럼 변화를 거부하고 현상 유지로 정체성을 지키는 것은 그래야만 하는 이유가 있기 때문이다.

전통적인 기독교의 언어와 문화는 좀처럼 바뀌지 않는다. 종교는 처음부터 방어적이었다. 기독교는 초기부터 오늘날까지 스스로를 정당화하는 변증에 바쁘다. 과학이 발달하고 무신론자들의 목소리가 점점 커지는 현실에도 한국의 기독교는 하나님의 절대성을 강조하면서 변화를 거부한 채 옛 정위定位를 고수하고 있다. 나는 기독교인이다. 한국의 기독교가 살아 있는 종교가 되고 새로운 신학으로 사회의 변화를 주도하는 종교가 되기를 바라면서 나의 소견도 피력하겠다.

끝으로 책을 쓰면서 특히 종교에 관해서는 종종 자문이 필요했는데 신학과 종교학과 역사를 공부하신 김신권 박사의 조언을 받을 수 있었던 것에 진심으로 감사한다.

Chapter 1

변화와
발달과 진보

인간은 능동적으로
태어난다

돌도 지나지 않은 외손자 제레미가 엄마의 품에 안긴 채 찾아왔다. 거실에 내려놓자마자 본 일이 없는 새로운 환경에 눈이 휘둥그레지면서 엄마를 떠나 탐험을 시작한다. 엄지발가락이 그의 기동 엔진이다. 놀라운 속도로 기어가더니 거실에 있는 장식들과 방석들을 만지고 제친다. 그러고는 엄마를 찾아 뒤돌아본다. 엄마가 보이니 안심이 되었는지 호기심이 가는 대로 만져 보고 뒤져 보고 작은 물건은 집어던지기도 한다. 놀랍게도 엄마는 이를 적극적으로 말리지 않는다. 아이가 즐기는 모습이 엄마에게는 귀엽게 보였을 것이다. 엄마가 주는 침묵과 미소는 이러한 모험에 대한 칭찬의 메

17

시지다.

 한 정신분석가는 인간은 출생을 할 때 최대 트라우마를 겪는다고 하였다. 태아는 어머니의 한 부분으로 생존에 필요한 모든 조건들을 공급받다가 탄생과 함께 돌연 혼자가 된다. 산소 공급도 직접 해야 하고, 피부가 찬 공기에 노출되면서 온몸이 오싹해지는 느낌도 감당해 내야 한다. 조용한 태중에서 여러 시끄러운 소리가 자극하는 환경으로 바뀌는 큰 변화를 경험하게 되는 것이다. 이렇게 트라우마로 시작한 초생아는 홀로 생존해 나갈 수 없다. 출생 시부터 어머니가 항시 곁에서 전적으로 도와주는 애착관계를 이루는 것도 이 때문이다. 어머니의 존재는 아이에게 전적인 안식처가 되어주며, 안식처가 생겨 생존이 보장되면 그때부터 아이는 모험을 시작한다. 부모가 말리지 않는 한 아이는 호기심에 넘쳐 주변 탐험에 자기의 능력을 백분 발휘한다. 자기가 할 수 있는 것 또는 조정할 수 있는 것을 즐기고 이를 자기의 능력으로 알게 되면 다음 실험으로 넘어간다. 이 모습을 보면서 나는 인간은 안전이 보장되는 안식처가 있으면 이를 기지로 선행적 기질을 발휘한다고 여기게 되었다. 어른들이 아이의 호기심과 도전적인 선행 성향을 선도하면 그 아이는 능동적*proactive*인 성격으로 발달한다고 확신한다.

 이전의 심리학에서는 무력하고 수동적인 유아는 어머니에게 긴 세월을 의존하지 않으면 생존이 불가능하다고 믿었다. 그러나 나의 외손자가 하는 행동을 보면 유아는 결코 보호를 받기만 하는 수동적인 존재가 아니라는 생각을 하게 된다.

수동적이라니! 천만의 말씀이다. 알고 보면 아이가 능동적으로 어른을 조정하는 행동이 만만치 않다. 태어난 지 얼마 되지도 않은 어린 아기가 어쩌다 한번이라도 웃으면 어른들은 무척이나 좋아하고 같이 웃고 귀여워한다. 이때 아이는 어른들이 자기를 귀여워하는 것을 알아차린다. 그래서 자기를 귀여워하지 않을 수 없게 행동하는 것을 금방 배운다.

이제 다산시대多産時代는 가고 아이를 적게 낳는 소산시대少産時代로 들어섰다. 평균 수명은 길어진 반면 출산율은 크게 줄어들었다. 덩달아 산부인과나 소아과도 산모와 환아患兒가 크게 줄어 예전과 같이 인기 있는 과가 아니게 되었다. 의대 졸업생들도 좀처럼 이 두 과의 전문의가 되려고 하지 않는다.

아이들의 희소가치가 높아지면서 부모들이 버릇 가르친다고 처벌하고 큰소리로 꾸짖던 시대도 막을 내렸다. 교사가 잘못을 저지른 학생을 처벌하면 그 부모가 우리 아이 기죽이지 말라고 항의하는 시대다. 아이들은 예전보다 훨씬 자율적이고 능동적이고 긍정적으로 자란다. 전에는 아이들이 능동적이고 탐험적인 성향을 타고나도 부모와 사회가 말 잘 듣고 착하고 얌전하고 순종적으로 만들기 위해 타고난 선행성을 억제한 면이 없지 않다. 나는 1932년에 태어났고 우리 가정은 철저히 가부장적이었던 탓에 아버님의 얼굴을 직접 쳐다보지도 못하고 자랐다. 어쩌다 무엇을 잘못하면 매 맞기 일쑤였다.

육아법의 기준도 많이 달라졌다. 요즘은 엄지손을 빠는 습관을 말리지 않는다. 아이가 엄지손 대신 인공 젖꼭지를 빠는 것을 본 소아과 의사가 젖꼭지를 빼앗고 이왕이면 진짜를 빨라고 엄지손을 빨게 하는 것을 본 적이 있다. 젖이 없을 때 엄지손을 빠는 것은 정상이고 나쁠 것이 없다는 의미다. 그리고 보면 성인이 되어서도 계속 엄지손을 빠는 사람은 본 적이 없다. 옛날처럼 학교 선생님에게 회초리를 맞는 일도 사라졌다. 내가 90년을 사는 동안 세상은 많이 변했다. 특히 컴퓨터의 출현 후에는 변화에 가속도가 붙어 하루가 다르게 사는 것이 복잡해졌다. 이러한 빠른 변화를 영어로는 evolution 즉, 진화라 부르지만 이 변화는 세상이 발전하고 발달하고 또는 진보하는 것을 말한다.

학문의 세계도 빠르게 발전하고 변했다. 심리학은 인간의 마음과 행동을 연구하는 과학으로 지난 반세기 동안에 그 영역이 크게 확장되었다. 과거의 심리학은 이상심리 탐색에 초점을 두고 있었으나, 정상 심리를 넓고 깊게 연구하면서 이전에는 인식하지 못했던 인간의 본성과 속성을 알게 되었다. 미국 심리학회는 서기 2000년을 긍정 심리학*Positive Psychology*의 원년으로 선언했다. 이상심리의 원인이나 기전보다도 인간이 행복하고, 의미 있고, 값지게 사는 데 초점을 둔 것이다. 인간의 취약점과 문제들을 연구하는 단계에서 평정 기준 이상*beyond the baseline*의 영역으로 확장한 심리학을 연구하고 그 지식을 널리 보급하자는 취지이다. 펜실베니아 대학 마틴 셀리그만*Martin Seligman* 교수가 1998년 미국심리학회 회장이 되면서 긍정심리학의 기초를 세웠는데 주로 희망, 지혜, 용기, 의로움, 감사, 용서의 힘, 몰입*flow*, 특유성*uniqueness* 추구 등이 연구 대상이다. 모두가 가치 있는 인간의 정신적 자산을 개발하고 삶을 긍정적으로 유도하자는 것이다. 인간이 선행적으로 태어난다는 견식見識도 긍정심리학과 맥을 같이한다. 살아가면서 타고난 선행적*proactive* 기질을 되살리면 그것이 긍정적인 삶의 출발점이 된다는 의미이다.

종교는
어떻게 변했나

세상은 빠르게 움직이고 있다. 이에 반해 상대적으로 변화가 뚜렷하지 않고, 고착되어 있는 분야가 종교다. 혹자는 영원불변한 진리의 하나님을 믿는 것이 종교이기에 종교는 시대가 흘러도 변할 수 없다고 말할지도 모른다. 그러나 실은 종교도 그간 많은 변화가 있었다. 가장 먼저 이야기해 볼 것은 시대의 변화에 따른 '인간의 의식에 새겨진 하나님에 대한 개념'이다.

기원전 13세기의 중동에는 각각 다른 신을 믿는 여러 유목부족이 살고 있었다. 그중 폭우와 전사戰士, *warrior*의 신을 믿던 부족이 가나안 땅으로 옮기면서 이스라엘 부족의 조상이 된다. 학자들은 이 과정에서 부족의 유일신에게 '야훼'라는 명칭이 생긴 것으로 추측하고 있다. 야훼 하나님은 당시 가나안 사람들이 믿었던 '바알Baal' 같은 신들과 치열한 경쟁을 통해 이스라엘 민족의 유일신으로 승리한다. 전사의 신이었기에 싸움에 능했던 모양이다.

성경을 보면 유태교의 신으로 처음 아브라함의 하나님이 되신 기록이 있다. 또한, 이것과는 별개로 모세가 불타는 덩굴 속에서 하나님을 만나 이스라엘 민족을 이집트로부터 해방시키라는 지시를 받았을 때 모세가 하나님의 이름을 묻는다. 이때 하나님은 "나는 나다"라고만 말씀하신다. 하나님을 '여호와'라고 부르게 된 이유는 하나님의 이름을 직접 부르는 불손을 막기 위해 자음만으로 'WHYH'로 쓰고 이를 '아도나이주님'이라고 읽었다가 나중에 아도나이의 모음과 WHYH의 모음을 결합시킨 결과이다. 야훼 또는 여호와Jehovah를 믿던 이스라엘 민족에게서 예수가 탄생하고 그의 생애와 십자가와 부활을 증거한 제자들 그리고 바울에 의해 예수님을 하나님의 아들로 믿는 기독교가 탄생하게 된다. 하나님의 이름도 변해서 기독교의 하나님은 예수이고, 이슬람교의 하나님은 알라이며, 유태교의 하나님은 야훼이다. 그리고 이 세 종교가 모시는 성전聖典이 『구약성서』, 『꾸란Quran』 그리고 『타낙Tanakh』이다. 약간의 차이는 있으나 그 뿌리는 같고 대부분의 내용은 공유된다. 본래 하나님은 유일신인데 이 세 종교는 각각 다른 이름으로 제각기 우리 하나님이 유일신이라고 주장하는 셈이다. 최근에는 종교 다원주의 덕분에 여러 종교들이 각자의 하나님을 서로 인정하고 있다. 그러나 갈라지고 변화한 세 종교가 다시 합쳐지고 통합될 것이라는 기대는 상상조차 어렵다.

기독교의 성경에 기록된 하나님도 다양한 변화를 겪어 왔다. 구약성경에는 전지전능하신 하나님이 자연과 인간사에 직접 개입하셨다. 특히 이스라엘 민족을 선민으로 택하사 특별히 보호하였고, 이스라엘 민족을 해치는 이방인들의 최후는 멸망이었다. 구약성경의 하나님은 사랑이신 동시에 이스라엘 민족만을 편애하는 하나님이었다. 또한 죄를 엄하게 판단하고 처벌하시는 무서운 인격체였다. 인간과 직접 언어로 소통하시고 때로는 가시적으로 나타나시기도 했다. 신구약성경 사이에 440년이라는 공백이 있은 후 탄생한 신약전서에서 하나님의 아들 예수님이 이 땅에 오신 후에는 하나님이 인간과 직접 소통하고 자연과 인간사에 개입한 경우는 드물어졌다. 이후 기독교는 중세 암흑시대를 지나 계몽주의 시대를 거쳤다. 이 과정에서 인간의 지식과 과학이 크게 발달했고, 그즈음부터 하나님이 인간사나 자연사에 직접 개입했다는 이야기는 대부분 사라졌다.

제2차대전 당시, 특별히 택하시고 지켜 주신 이스라엘 족속이 독일의 나치정권에 의해 600만 명가량 학살되었지만 하나님은 이들을 구하기 위해 개입하지 않았다. 하나님의 침묵이 길어지면서 인간이 가졌던 신에 대한 기대나 신뢰는 좌절되었다. 신의 존재에 대한 의문도 커졌다. 그럼에도 불구하고 아브라함의 하나님을 믿는 종교들은 한결같이 하나님을 전지전능과 초월적 힘을 가진 존재로 믿고 숭배했다. 전통적인 종교 의식들은 시대가 가면서 조금씩 달라지고 약식화 되었지만 교리는 크게 변하지 않았다. 서기 3세기 니케아 공의회가 선택한 니케아 신경의 전통에서 5세기에 선택된 사도신경은 지금도 예배 순서에서 빠지지 않는다.

그러나 대다수의 현대인들은 성경의 말씀을 문자 그대로 믿지 않는다. 성경 구절도 은유적인 뜻으로 다양하게 해석한다. 성경의 절대성과 권위가 예전 같지 않아진 것이다. 개신교는 한동안 내부적으로 성경 해석이나 교리의 차이로 인해 여러 교파로 갈라졌으나 이제는 시대가 변했다. 종교 다원주의의 시대에는 다른 교파는 물론 불교나 힌두교나 유태교나 이슬람교 등 다른 종교와도 공존해야 한다. 개신교 안에서도 시대에 맞게 신학과 교리를 개혁하자는 목소리가 커지면서 성스러운 이전의 하나님이 현실적이고 실존적이며 이성적인 분으로 바뀐 것을 느낀다. 인간은 좀 더 자유롭고 상식적인 선에서 하나님을 만난다. 성경이 쉬운 언어로 번역되었고, 많은 이들이 성경을 핸드폰에 담아 예배 시간에도 수시로 찾고 읽는다. 두꺼웠던 성경이 손바닥 만한 핸드폰 화면에 압축된 것이다. 그리고 보면 종교에도 여러모로 큰 변화가 있었다. 특히 신학의 변천은 하나님의 신비에 대한 큰 도전이라고 할 만하다.

19세기 초반에는 신의 존재를 부정하는 목소리가 커졌다. 니체를 위시했던 일부 철학자들이 신의 죽음을 선언하면서 신을 부정하는 시대의 막이 올랐다. 칼 마르크스, 찰스 다윈 그리고 지그문트 프로이트 등 다양한 분야의 천재들이 새로운 이론들을 제창하면서 역사, 철학, 심리학, 자연과학 등 여러 분야에서 인간 중심의 지식이 크게 발전하였다. 중세 종교 중심의 시대가 가고 계몽시대에 들어서면서 지성과 철학이 신을 신비의 옥좌에서 퇴위시켰다. 그런데 신이 죽었다는 이야기는 니체만 주장한 것이 아니다. 의식의 진화에 따라 긴 세월 동안 많은 철인들이 신을 부정해 왔고 마침내 니체가 대변자로 나선 것이다. 신이 죽었다는 것은 살아 있다가 수명이 끝나 사망했다는 뜻이 아니다. 보다 극단적인 견해로는 신이 단지 인간의 상상에 불과할 뿐, 실제로는 인류의 역사 어느 시점에도 존재하지 않았다는 주장도 있다. 신이 실재하지 않는다는 논쟁은 예전부터 있어 왔지만 니체는 현대인이 갖는 가장 심각한 질문을 대변했다. 그는 19세기를 대표하는 지성인으로 신의 도덕과 인간 실존의 의미에 대한 종교적 확신을 붕괴시켰다.

전통적 기독교에서는 하늘나라가 있다고 믿지만 니체는 이를 부정하고 인간은 오직 하나인 지구 대지에서의 삶을 사랑한다고 주장하였다. 니체 철학을 들여다 보면 인간이 신을 믿는 것은 부인하지 않았다. 누구나 자신의 신이 있다고도 하였다. 그러나 그 신의 옷을 입고 있는 몸체 즉 내용은 인간이 이성으로 상상한 허구에 불과하다고 하였다. 그 근거로 신은 추상적인 존재인데 성경에는 가시적으로 나타나 인간과 소통하고 홍해를 가르고 하늘에서 만나는 구체적인 인격체로 묘사된 것을 들었다. 니체가 적그리스도 취급을 받았던 것은 어쩌면 당연한 일이었을지도 모른다.

한편 니체는 그의 핵심 사상 중 하나인 '초인'에서 극복하는 인간, 극복함으로써 창조하는 인간을 소개하기도 했다. 그런데 이후 나치의 인종주의자였던 그의 동생이 이 책의 내용을 왜곡하여 독일 나치정권의 이념적 근거로 접목시켰다. 그로 인해 니체가 나치 정권을 위해 초인사상을 제창했다는 오해를 받게 되지만 실은 니체 자신은 전체주의, 민족주의, 국가주의를 비판했던 철학자다. 독일의 유명한 작곡가이자 친 나치로 알려진 리차드 바그너*Richard Wagner*와도 초기에 만나 친하게 지낸 것은 사실이다. 그러나 후에 바그너가 나치에 협력하는 것을 보고 거리를 두기 시작했고 끝내 서로의 접촉은 끊어졌다는 것이 정설이다.

인간이 논하고 주장한다고 신의 존재 여부가 결정되는 것은 아니다. 신의 개념은 인류 역사의 시작부터 있었고 인류와 늘 동행하면서 앞으로도 계속 존재할 것이다. 다만 신에 대한 인간의 기대와 바람과 희망이 변함에 따라 문화적 배경으로 새겨진 신의 형상도 달라진다. 그래서 하나님은 변하고 새로워지는 움직임이다.

하나님은
명사가 아닌 동사

신이 죽었다면 성전이나 교회나 신학도 사라지고 한때 신을 모셨던 성전들도 박물관이 되었을 것이다. 그러나 신의 그림자인 신비mystery는 결코 인간이 죽이고 살릴 수 있는 것이 아니다. 니체의 고향인 독일에서도 신은 죽지 않고 살아 있었고, 신학도 여전히 발전한 채로 그 맥을 이어오고 있다. 니체의 선언에 맞선 신학자, 리차드 루벤스타인Richard L. Rubenstein은 니체의 신이 죽었다는 개념을 신이 가지고 있는 초월성transcendence이 설 자리를 잃은 것으로 해석하고 신은 계속 살아 있다고 주장했다. 니체 자신도 신이 죽었다는 선언 이후 시선을 돌려 영원회귀永遠回歸 사상을 펼쳐 인간은 힘의 흐름에 의지하고 권력에 따른다는 '초인사상'을 제안했다. 그런데 나로서는 잘 납득이 가지 않는다. 삶이 영원히 반복되는 것이라고 말하면서도 그 근거는 밝히지 않았기 때문이다.

제2차 세계대전이 끝난 후 히틀러와 나치가 자행한 유태인 대학살이 폭로되어 전 세계를 놀라게 한바 있다. 이로 인해 독일의 신학은 얼마간 설 자리를 잃게 되었고 고민하는 과도기를 거쳐야 했다. 이 시기에 등장한 주요 신학자들 가운데 하나가 폴 틸리히*Paul Tillich*다. 그는 독일에서 출생한 개신교 신학자이자 대학교수였으나 히틀러와 나치정권을 비판한 뒤 대학에서 쫓겨난다. 이후 평생을 미국에서 신학대학 교수로 지내게 되는데 미국에 간 후에 그의 관점은 인간의 자유*freedom*에 쏠리게 된다. 그는 자유라는 정신에 입각하여 '개신교의 원칙'에 도전한다. 종교의 전통적인 기준*norms*과 가치가 경직되고 그 이질성*heteronomy*이 문화적 조건이 되어 개인의 자유를 위협하기 때문에 이 압박에 대한 반항으로 자율성*autonomy*이 정당화된다는 것이다. 따라서 하나님의 법칙이 자유로운 세계에서 개인의 자유를 확인하는 언약이 되고, 이것이 사회적 개인적 삶의 역동*dynamic*이 된다는 주장이다. 자연히 신앙도 이 역동에 준한다. 그는 하나님은 '존재의 근원*God as the Ground of Being*'이라 하였고 인간은 항상 실존의 의미를 찾는다고 하였다. 이런 관점에서 틸리히는 하나님을 인격적인 존재로 보는 것을 부정하였다.

흔히 틸리히를 과도기적 존재라고 말하는데 이것은 틸리히 자신이 스스로를 경계적 존재라고 말한 것으로부터 비롯된다. 그의 신학은 전통적 신앙의 위치를 위태롭게 하였다. 예전과 오늘 그리고 신성과 세속의 경계에서 신앙을 고민한 신학자였으며 현대인이 갖는 신에 대한 물음의 대변인이었다는 점은 누구도 부정하지 않는다. 틸리히의 신학이 과도기적이고 그가 경계적 존재였다는 것은 신학 자체가 시대에 따라 움직이고 변한다는 증거다.

다음으로 현대 신학의 새로운 기둥 가운데 하나가 과정철학이다. 과정신학은 20세기의 저명한 수학자이자 철학인인 알프레드 노스 화이트헤드*Alfred North Whitehead*가 주장한 과정철학으로부터 시작된 신학이다. 화이드헤드는 영국의 캠브리지 대학을 졸업하고 1920년도에 미국 하버드 대학의 철학 교수로 재직하면서 『과정과 실재*Process and Reality*』를 저술했다. 캠브리지 시절에는 수학을 전공하고 가르쳤다. 영국에 있을 당시에도 철학에 관한 논문을 발표했지만 하버드 대학에 온 이후부터 본격적으로 철학에 몰입했다. 그는 철학 영역을 넘어 과정에 대한 이론을 신학, 교육학, 진화론, 창의성 등 여러 분야와 통섭하면서 깊이 있게 논하였다. 그런데 그의 주장 중 어떤 것은 자신의 영역이 아닌 생소한 분야여서 해석이 비약하다는 생각이 들 정도다. 예를 들면 진화론을 논하면서 모든 유기물, 특히 살아 있는 생물체가 무기물에 비해 생존력이나 적응 능력이 턱없이 부족하다고 하면서 나무는 고목이 되어 결국 죽지만 바위 덩어리는 수백 수천 년이 지나도 죽지 않는다고 하였다. 이치에 맞는 설명이지만 유기물과 무기물의 차이에 대해 생존력과 적응 능력을 인용한 근거가 무엇인지 밝히지 않아 지나친 비약이라는 생각을 갖게 한다.

내가 파악한 과정철학의 골자는 '모든 것은 시간이 가면서 변한다'는 것이다. 그리고 그 변하는 역동*dynamic*으로 생성되는 것*becoming*과 발달하는 과정을 본질로 보는 것이 핵심이다. 즉, 고정불변하는 실재란 이 세상에 존재할 수 없고 실재*reality*를 과정이라고 보는 것이다. 같은 맥락에서 인간도 단일한 존재로 보지 않고 시간의 흐름 속에서 지속되는 현실 사태의 연속성으로 본다. 전통 철학에서는 개체적 본체로 보는 인간을 복합적이고 시간적 본성을 갖는 지속적 대상으로 여긴다.

한편, 과정론에 담긴 '움직임'은 인류 역사상 긴 세월을 두고 꾸준히 논의되었던 이론으로 화이드헤드가 처음 제창한 것은 아니다. 소크라테스 이전 고대 그리스시대*500 BC*에서도 헤라클레이토스*Heraclitus*와 같은 철학자는 '과정의 움직임'을 주장하였다.

All entities move and nothing remains still

모든 실재는 움직인다. 아무것도 정지하고 있지 않다.

- 헤라클레이토스(Heraclitus) -

예로부터 시작된 만물의 움직임에 대한 사유가 현대를 거쳐 포스트 모던 시대에 자연주의와 다윈의 진화론과 맞물려 화이트헤드의 이론이 새롭게 빛을 보았다. 화이트헤드는 우주의 모든 것이 움직이며 인간도 단일한 존재가 아니라 시간의 흐름 속에서 지속되는 현실 사태의 연속성으로 본다. 인간을 복합적이고 시간적 본성을 갖는 '지속적 대상'으로 생각한 것이다.

내가 좋아하는 문학가 중 한 명이 미국 작가인 솔 벨로*Saul Bellow*다. 리투아니아 출신의 유태인으로 엄격한 정통 유태교인 어머니 슬하에서 자랐지만 일찍부터 정통적 유태교 신앙에 반발하고 문학과 인류학, 철학을 공부하고 결국 글 쓰는 작가가 되었다. 내가 과정론을 접하기 오래전 그가 쓴 소설의 대사에 "하나님은 명사*Noun*가 아니라 동사*Verb*"라고 표현한 것을 읽고 충격받은 일이 있다. 소설에서는 이와 관련하여 특별한 설명 없이 대화의 한 부분으로만 지나갔으나 나에게는 이것이 큰 생각 거리가 되었다. 신학에 대한 뚜렷한 식견이 없었음에도 하나님이 명사가 아니라 동사라는 표현이 충격적이었던 이유는 그동안 막연히 우주의 하나님은 소리 없

하나님은 명사가 아닌 동사

이 먼 시간을 두고 쉬지 않고 새로워지는 움직임이라고 생각해 왔던 것과 맥을 같이 하는 신학으로 그야말로 즐거운 놀라움이었기 때문이다.

화이트헤드 역시 자신의 과정철학을 신학에 펼쳤으나 실질적으로 과정철학을 신학으로 발전시킨 인물은 미국의 종교 철학자 찰스 하츠혼Charles Hartshorne이다. 그 또한 화이트헤드처럼 신의 본질과 속성은 시간의 일시적 영향에 따라 영향을 주고받는다고 하였다. 이것은 정통신학에서 견지해 온 '신은 모든 면에서 영원하고 세상에 의해 변화되지 않으며 영향도 받지 않는다'라는 믿음에 대치되는 논지다. 화이트헤드와 하츠혼은 신이 영원불변하고 변화에 대한 감수성이 없다는 점은 인정하나 '어떤 경우'에는 시간적temporal이고 또 변화될 수 있으며 신의 신비한 감수성으로 세상의 영향을 받는다고 주장하였다. 그렇다고 신과 피조물이 영향을 주고받는다는 것은 아니다. 신과 피조물이 함께 새로운 것을 창조하는 공동 창조주co-creator가 된다는 뜻이다. 그들은 신이 우주의 창조자인 것은 인정한다. 그러나 신은 영원하지만 세상은 그렇지 않으며, 핵심적으로 '시간'을 창조의 과정으로 보면서 신의 창조 행동은 세상의 실재와 같이 고정되어 있는 것이 아니라고 말한다. 신의 창조 행태는 우주적 질서와 가치의 기본이지만 시간은 모든 창조의 과정으로 오늘도 내일도 움직이고 있다. 즉, 우주는 전체가 한 시점에서 창조되어 고정fix된 것이 아니라 성장하고 발달하면서 새롭게 생성되며becoming 열려 있어 움직인다는 주장이다. 그렇기 때문에 미래는 결정된 것이 아니고 아직 창조되지 않아 열려 있는 존재이다. 한마디로 시간이 창조의 과정인 것이다Time is the Process of Creation.

정신의학의 기초 중 하나가 인격 발달사다. 인격은 전 인생에 걸쳐 발달하고 단계마다 도전과 성장의 과제가 있고 행동도 이에 따라 변화되며 이 모든 성장의 과정을 삶이라고 본다. 모든 생물이 성장하고 변화한다. 경우에 따라 그 변화가 획기적이기도 하다. 모충毛蟲이 자라 나비가 되고, 겨자씨가 땅에 떨어져 겨자나무가 되는 것도 삶의 변화다.

역사적으로 보면 새로운 지식은 계속 등장했고 이에 따라 세상도, 종교도 계속 변화하였다. 기독교도 크고 작은 개혁을 많이 겪었다. 천주교도 바티칸 II 후에 많은 것이 변화되었다. 신학도 진화론을 비롯하여 과학이 발달하고 역사에서 새로운 사실들이 밝혀지면서 많이 변하고 발전하였다.

우주와 세계의 모든 것이 하나님이라고 믿는 범신론pantheism, 모든 것이 '하나님 안'이라는 내재신론內在神論, panentheism, 진화론과 과정신학을 포용하고 과학과 신앙을 통섭한 테일라르 드 샤르뎅 Teihard de Chardin, 존 코브John B. Cobb, jr 및 존 호트John F. Haught 등 유신론적 진화론을 포용한 카톨릭 신학자들이 등장했다. 특히 테일라르 드 샤르뎅은 생물학적인 진화론과 우주학의 빅뱅*big bang* 이론을 통섭하여 세상은 날로 새로워지고 지금도 창조적 미래의 문은 열려 있다고 하였다. 분명히 이와 같은 새로운 신학은 미래의 문을 활짝 열고 앞날을 가리키는 풍향계風向計이다. 그래서 우주의 앞날에는 희망이 있다.

> **창조는 중단된 적이 없다. 창조적 작업은 시간 전체에 걸친 원대히 지속되는 동작이다. 지금도 끊임없이 미세한 것까지 모두 지속되고 있고 세상은 무(無)에서 조금 위로 끝없이(새롭게) 나타나고 있다.**
>
> - 테일라르 드 샤르뎅(Teihard de Chardin) -

종교와
진화론

찰스 다윈과 앨프리드 러셀 월리스에 의해 진화론이 등장한 지도 162년이 지났다. 그동안의 새로운 지식과 많은 연구의 합류로 진화론도 진화했다고 말한다. 무엇보다도 그레고어 멘델*Gregor Mendel*의 유전법칙이 다윈의 자연선택 이론과 융합하면서 생명 진화의 수수께끼가 풀렸다. 염색체 발견에 이어 유전자*gene*의 개념이 정립되고 왓슨과 크릭에 의해 DNA의 이중나선 구조도 밝혀졌다. 1941년에는 한 유기체의 유전인자나 염색체에 갑자기 자연스럽게 구조적 변화가 생겨 부모와 다른 새로운 특징을 가진 개체가 나타나는 돌연변이라는 현상이 발견되기도 했다.

유전학의 발전은 유전과 환경과의 관계에 관한 연구까지 확대되어 서로 주고받는 영향에 대한 다양한 이론들이 등장했다. 그중 하나가 소위 니치기전*niche mechanism*이다. 진화의 과정은 단순히 적자 생존에 따라 생물들이 수동적으로 환경에 적응하는 것만이 아니라 자기와 자손들 그리고 동료 족속들에게 유리하게 환경을 바꾸기도 한다는 주장이다. 유전자의 학습으로 생물이 살아가며 얻은 행동 패턴이 계승된다는 이론도 있다. 생존을 위해 학습한 행동 그리고 문화의 영향으로 오는 변화를 다루는 사회문화적 진화도 뜨겁게 논의되고 있다.

놀라운 것은 진화론이 다른 분야에 끼친 영향이다. 진화론과 유전학 이론들을 근거로 동물학도 발전하였고 허버트 스펜서*Herbert Spencer*의 문화진화론을 비롯하여 최근에 진화론적 관점에서 연구하는 진화심리학, 진화의학. 진화정신의학, 국제 정치 진화론, 경제 진화론 그리고 기업 진화론도 탄생했다. 진화정신의학에서는 병적인 증상들을 놓고 생존과 적응을 위해 진화된 신체적 정신적 방어 체계로 보고 있다.

진화라는 표현은 이전의 '진화적인 관점에서 본다'는 뜻에서 '시공적時空的으로 일어나는 진보적 변천 대부분'까지 확장되었다. 물론 이것은 다윈의 생물학적 진화와 맥을 같이 하고 있으나 다윈의 진화 이론의 핵심인 자연선택에 의한 변화만을 의미하지는 않는다. 오히려 인공적인 변화나 긴 세월을 두고 미미하게 변하는 것이 아닌 비교적 빠른 시간에 일어나는 변화도 진화라고 칭한다. 영어 표현의 진화되었다*evolved*는 말은 반드시 생물진화론적 진화만을 의미하지는 않으며, 흔히 '움직여서 전개된다' 또는 '발전된다'는 뜻으로 쓰인다.

최근 코로나 바이러스의 변이는 바이러스 분자 또는 그 집단의 필요에 따라서 제멋대로*randomly* 일어난다. 그래서 예측이 불가능하다. 변이가 일어나는 선택의 원칙이 곧 생존과 번식인데, 이미 잘 알려진 것처럼 코로나 바이러스 스파이크의 변종은 수없이 많이 생긴다. 이것은 숙주인 인간의 세포를 재빨리 붙잡고 복제하는 일에 성공한 바이러스가 계속해서 생존하고 번식한 결과이다.

동물의 세계에서도 이와 같은 사례를 찾아볼 수 있다. 긴 털을 가진 사슴은 기후가 따뜻한 곳에서는 오랜 세월을 두고 털이 점점 짧아져 최종적으로는 짧고 매끄러운 털을 갖게 된다. 어떤 동물이나 생선은 자신이 먹이가 되는 것을 막고 스스로 보호하기 위해 위장 보호색*camoflage* 즉, 자신이 처한 환경과 비슷한 색으로 변해 외부로부터의 식별을 어렵게 만든다. 일부 학설에 의하면 인간의 두뇌는 이제까지는 조금씩 커져 왔지만 더 이상의 높은 지능은 이로울 것이 없어 앞으로는 점점 작아질 것이라는 가설도 있다. 머리가 점점 작아진다니, 끔찍한 이야기지만 가령 이것이 사실이라 해

39

종교와 진화론

도 내가 사는 동안에 나의 뇌에 일어날 일은 아니므로 내 걱정은
아니다.

　다음은 문화적 진화에 대해 생각해 보겠다. 오늘의 기술 문명의
발달은 그 속도가 빠르고 다양하다. 특히 과학과 테크놀로지의 발
달은 놀라울 지경이다. 인공지능의 발달은 의학계에도 큰 영향을
주고 있으며, 로봇이 수술을 할 뿐만 아니라 같은 수술을 인간이
하는 것보다 성과도 우수하고 과오를 범할 확률 역시 낮다고 한다.
특히 컴퓨터가 등장한 이후로는 각종 정보를 손쉽게 얻을 수 있게
되었다. 구글*google*을 통해 찾을 수 있는 모든 정보는 곧 나의 정보
다. 구글은 전지에 가까운 정보로 신의 전지전능함에 도전하고 있
다. 나의 구십 평생에 일어난 소위 문화적 진화의 속도는 생물학적
진화가 거쳐온 시간과는 비교가 안 된다. 문화적 기술적 발전의 속
도는 생물학적 진화보다 수백만 배 빠르고 문화적 진화는 자연 선
택이나 적자생존의 기전에 의존하지 않으니 인간의 지적 능력이
중심이 되어 좀 더 편리하고 풍요롭고 쾌감을 주는 선택된 삶이 목
적이다. 이제는 모든 시간적 변화를 진화라고 칭한다. 문자대로 나
아갈 진進과 변화의 화化가 시간을 두고 진보적으로 변하는 것은
모두가 다 진화다.

　이와 같은 포괄적 의미의 진화로 인해 세상은 매일 새 옷으로

갈아입고 있다. 그런데 한국의 종교 특히 기독교는 새로운 사상의 등장에도 불구하고 구시대에 고착되어 실존의 위기에 처해 있다.

다윈의 진화론으로 가장 도전받는 분야가 신학과 종교다. 진화론에 의하면 인간의 먼 조상은 침팬지 같은 모습으로, 성경의 창세기에 등장하는 첫 인간인 아담과 하와의 모습과는 차이가 있다. 더욱이 인류의 먼 선조는 파충류나 양서류와 같은 동물이라는 추정을 종교에서는 받아들일 수 없었을 것이다. 진화론은 하나의 과학으로 인정되어 초등 교과서에 오를 정도의 상식이 되었으나 대부분의 종교에서는 창조설에 배치되는 이론으로 여겨 진화론을 거부하고 있다. 물론 진화론을 제창한 다윈은 창조설에 대해서는 도전하지 않았고, 종교에 대한 태도도 부정적이지 않았다.

그도 그럴 것이 진화론은 생명의 기원을 찾고 연구하는 학문이 아니다. 모든 생명체를 하나님이 창조하셨다는 창조설과 배치되는 학문이 아니라 생명체가 변화하는 원리를 밝힌 이론이다. 인류의 기원을 다루는 학문은 인류기원학*Anthropogony*이지 진화론이 아니다. 다윈 자신이 기독교의 의식들, 특히 크리스마스에 유행하는 종교적 장식들을 혐오한 것은 사실이지만 노년에 들어서 죽음이 임박하자 하나님을 자주 찾았다고 한다. 임종을 예측한 다윈은 세례를 받고 크리스천으로 세상을 떠났다. 다윈을 무신론의 대표 선구자로 보기도 하지만 무신론은 다윈 이전에도 있었다. 다만 미약한 이론으로 빛을 보지 못했다가 다윈의 진화론이 등장하면서 무신론의 근거가 되었을 뿐이다. 학자들은 다윈을 무신론자로 보지 않고 또 다윈 스스로도 자신은 이신론자理神論者라 하며 자연과 진화론을 비롯한 모든 자연의 법칙을 하나님이 창조하셨다고 믿었다. 만년에 가서는 자신이 불가지론자不可知論者로 신의 존재에 대한 명제는 인간이 알 수 없다고 하였다. 다윈의 생물학적 진화론을 계승한 학자들은 대부분 무신론자다. 현재 살아 있는 대표적 학자가 무신론의 대표 주자인 영국의 리차드 도킨스Richard Dawkins다.

20세기에 들어서면서 전통적인 기독교 신학은 진보적 신학과 각을 세우게 된다. 그리고 진보적 신학자들은 진화론을 비롯하여 과정론과 실존신학을 포용하면서 신학의 영역을 확장시키고 있다. 동시에 생물학에서도 진화론과 신앙을 진화론과 접목시키는 시도가 나타난다. 이러한 흐름은 미국의 식물학자 아사 그레이Asa Gray가 처음으로 "유신론적 진화"라는 명제로 에세이를 쓴 후 20세기에 들어서 과학이 급격하게 발달하는 동안 잠시 잠잠해졌다가, 20세기 중반부터 과학과 신앙의 통섭을 주장하는 학자들을 통해 다시 발전되었다. 그들이 주장하는 통섭이론들과 이를 두고 오가는 담론은 복잡하고 어렵고 심오해서 이해하고자 하는 의욕조차 들지 않는다. 아무리 연구하고 토론을 해도 답을 구할 수 없는 것을 놓고 왜 애써 토론을 하는지 이해는 어렵다. 예를 들면 성경 첫머리 창세기의 첫 구절을 놓고 하나님의 창조 이전이 '혼란chaos'이냐 또는

'무無' 또는 '공백creatio ex nihilo'이었냐를 놓고 신학적 논쟁이 계속된다. 악惡, evil이 하나님의 피조물인지 인간이 저지르는 잘못인지 또는 하나님과 내기를 하는 마귀가 하나님과 동격의 실체인지 밝히는 것이 무엇이 그리 중요할까. 신학에서는 종종 답이 있을 수 없는 이슈를 놓고 깊이 있는 담론이 지속되곤 한다. 영국의 시인 키츠Keats가 언급한 것처럼 우리가 모르고 불확실한 것들 그리고 확실하게 만들 수 없는 것들을 참고 덮어 두는 능력 즉, 네거티브 케이퍼빌리티negative capability를 발휘하면 어떨지 생각해 본다. 일부 신학자들이나 목사님들은 확실하지도 않고 확실히 파악도 되지 않을 이슈들을 확실한 것으로 설명하고 그것이 진실이라고 믿고 있는 듯하다.

20세기에 들어서 기독교 신학은 새로워진 면모를 보여 주고 있다. 무엇보다도 여기 저기에서 역사와 과학과 여러 분야의 지식들을 포섭하여 이성적으로 접근하는 과정이 돋보인다. 독일의 신학자 루돌프 불트만Rudolf Bultmann의 성경 비신화화demythologizing 이론은 현대인이 성경을 이해하는 데 큰 도움을 준다. 그의 이론의 전제는 오늘 우리가 사는 세상은 과학적 사고가 지배적인데 반해 2천 년 전 사람들의 사고는 기본적으로 신화적神話的이며 그 영향으로 성경도 신화적 사고로 쓰였다는 것이다. 상징과 은유가 풍부한 이야기로 기록된 내용들이 사실로 증명되지 않아도 괜찮다. 성경의 해석 역시 나의 실존에 의해 이해되므로 그 해석이 지금 나에게 내적으로 중요하고 이로운 방식으로 연결되게 된다. 물론 근본주의 보수 신학자나 성직자들은 오래전에 제정된 교리의 절대성을 고수하며 이러한 진보적 신학 이론들은 부인하고 있다. 하지만 기독교에도 옛 사고방식과 종교적 렌즈를 벗고 세속적인 지식과의 통섭을 위해 타 분야와 만나고 대화로 우주적인 종교를 지향하는 지도자들이 있다. 한때 미국의 복음주의 전도사로 활약하다 진화론에 몰입되어 다년간 진화론을 공부한 마이클 다우드*Michael Dowd*는 『진화에 대해 하나님께 감사한다*Thank God for Evolution*』는 저서에 인상적인 고백을 했다. 복음주의자로 성경을 두 번 통독한 목사였던 그가 리처드 도킨스의 저서 『하나님 망상*The God Delusion. 2006*』* 7장에서 지적한 구약성경의 하나님이 주도한 잔인한 폭력과 살해 사건들을 다시 읽고 놀랐다는 고백이다. 그 사건들을 모르고 있었던 것이 아니라 그 내용들을 읽었고 알았어도 그것이 얼마나 잔인하고 비인도주의적이었는지는 애써 인식하지 않았다는 것이다. 진실을 인식하면 마음이 불편해지니 무의식에서 부정적인 내용을 부인한 것이다. 나는 이것을 확증편향*confirmation bias*에 인한 것이라고 본다. 내가 전에 믿고 있었던 신조와 일치되는 정보는 쉽게 받아들이지만 일

---

* 국내에서는 『만들어진 신』으로 번역됨. 리처드 도킨슨 지음, 이한음 옮김. 김영사. 2007.

치되지 않는 정보는 흘려버리는 상태로 내가 보고 싶은 것만을 본다는 식이다.

　신학자나 성직자들은 하나님 중심으로 살아간다. 그 영향으로 그들이 생각하는 방식은 물론 성경도 모두 하나님의 계시로 쓰였다는 것을 문자 그대로 믿었던 시기가 있었다. 그런데 다우드는 인간 중심으로 성경에 쓰인 내용을 이치에 맞게 해석한 것을 읽고 자신의 고정된 시야를 깨달았다. 그 결과 자신의 무의식의 기피에 대한 통찰력을 갖게 되었다. 예시로는 의로운 사람 열 명이 없어 하나님이 직접 대량학살한 소돔과 고모라 사건창세기 18:16-33, 국부적인 홍수였는지 지구 전반에 걸친 것이었는지 분명하지 않으나 노아의 방주로 인해 수많은 사람들과 죄 없는 짐승들까지 하나님에 의해 익사하였던 것, 약속의 땅에 들어가기 전에 황금 소 우상을 숭배한 사람들과 약속의 땅에 들어가기를 거부한 반항적 이스라엘 족속들을 말살시킨 사건출애굽기 32:34, 하나님이 모세에게 미디안족에 복수하라고 1만 2천 명의 군사를 동원하여 미디안을 침공하여 여러 왕들과 백성 그리고 가축들까지 학살한 사건 등이 있다. 물론 특별히 이스라엘 민족을 보호하고 그들과 항상 동행하시는 하나님을 이해하지 못하는 것은 아니다. 그러나 하나님을 믿지 않는 비기독인이 해당 구절을 읽으면 하나님은 편애하고 시기심이 많고 복수를 선호하며 폭력적이고 잔인하고 처벌적이고 용서가 없고 옹졸

하고 자기통제를 못하는 전능의 인격체로 인식하게 될 가능성이 높다.

신학자나 성직자에게는 이런 비판들이 무척 불편하고 또 위협적인 도전일 것이다. 하나님을 연구하는 학문이 신학이고 하나님의 대변인이 목사님이다. 이와 같은 부정적인 성경 해석을 변론하기란 쉽지 않은 일이기에 이러한 이야기들을 마주할 때면 왠지 모르게 마음이 불편해질 수 있다. 이런 이야기들은 이스라엘 민족의 신화나 민화를 역사와 연결시킨 작품으로써 역사적 사건으로 보기 어렵다고 변명조차 하지 못한다. 사실인즉 구약성경의 폭력과 살인의 이야기는 2세기부터 문제가 됐었다. 2세기 터키 시놉*Sinope*의 마르시온*Marcion*은 마태, 마가, 누가 요한 복음만을 정전正典으로 정하고 구약성경은 배제하는 운동을 일으켰다. 구약성경의 내용들이 사랑의 하나님을 섬기는 기독교 기본에 맞지 않기 때문이다. 마르시온 후에도 계속 믿기 어려운 하나님의 무서운 심판을 그린 구약성경을 배척하는 운동이 이어져 왔고, 지금도 구약성경을 인정하지 않는 영지주의 교파가 있다. 그러나 기독교에서 구약성경은 구세주 예수 그리스도의 오심을 예언하고 이스라엘 민족의 역사와 하나님과의 관계를 담은 소중한 경전이다.

새로운 신학으로 진화론과 과정론을 포용한 내재신론*panentheism* 학자들도 성경 전체를 하나님의 진리로 모신다. 내재신론을 처음

정식으로 선언한 사람은 19세기 독일의 철학자, 칼 프리드리히 크리스티안 크라우제*Karl Fredrich Christian Krause*이다. 그는 "온 세상이 하나님 안에 있고 하나님은 세상의 혼*soul*"이라 하였다. 동시대 철학자 헤겔*George Wilhelm Friedrich Hegel*도 "모든 것이 하나님 안에 존재한다*all-in God-ism*"고 말했고 "하나님은 자연이나 영성으로 축소될 수 없는 모든 유한有限의 것들을 초월한 관념"이라고 하였다. 내재신론은 화이드헤드와 하트숀이 체계를 세운 과정론과도 맥을 같이 한다.

내재신론은 소위 '하나님 안'이라는 명제를 놓고 다양한 해석과 분류로 학자마다 해석이 다르고 복잡하지만 오늘의 새로운 신학으로 자리잡고 있다. '하나님 안'이란 명제는 사발에 담긴 야구공처럼 간단한 것이 아니다. '하나님을 통한' '하나님 슬하의' '하나님에 의한'과 같은 다양한 뜻이 포함된 종합적 개념의 하나님과 인간과의 관계를 말한다.

오늘의 내재신론자들은 기본적으로 진화론과 과정론을 따르는 학자들이다. 내가 저서로 접한 현존의 내재신학자로는 미국 칼리포니아 주 클레어몬트 신학대학교*Claremont School of Theology*의 필립 클레이턴*Philip Clayton* 교수와 데이비드 레이 그리핀*David Ray Griffin* 교수 그리고 뉴저지 드류대학교*Drew University*의 캐서린 켈러*Catherine Keller* 교수 등을 꼽을 수 있다. 내재신론자로 자처하지 않지만 참신한 이론들로 성경을 이해하기 쉽게 펼친 진보적 신학자들은, 바트 어만 *Bart Ehrman* 교수, 얼마 전에 작고한 신학 및 문화인류학자 마르크스 보그*Marcus Borg*, 과학과 신앙을 통섭한 조지타운 대학교의 존 호트 *John Haught* 교수, 체코의 카톨릭 신부로 철학과 신학자이면서 정신 치료자인 토마스 할릭*Tomas Halik* 등이 있다. 목사이고 캐나다의 밴 쿠버에서 정신치료 개업을 하고 있는 브루스 생권*Bruce Sanguin*이『바람의 길*The Way of the Wind: The Path and Practice of Evolutionary Christian Mysticism*』이라는 저서에서 진화론적으로 성경을 해석하고 인 칼 융이 제창한 원형*architype* 이론을 적용하여 성경의 구절들을 원형적 패턴으로 분석한 것은 주목할 만하다. 신약성서에 쓰여 있는 나사렛 예수의 삶과, 죽음과 부활의 이야기를 역사적 사실 여부로 논하지 않고 원형적 패턴으로 이해하며 진화론적 관점에서 고대 희랍이나 이집트 문명에 있었던 신비가 역사적 예수의 삶과 죽음과 부활에도 실재한다고 하였다. 성경에 쓰여 있는 신비와 많은 은유를 진화론적 탄도와 과정의 렌즈를 통해 지금 이 시대에 맞는 뜻으로 깊이 해석하고 있다. 진화론도 없었고 오늘의 과학이나 지식 이전에 살았던 예수님이나 성경의 저자들은 상징이나 비유로 뜻을 숨기고 있어 신비롭다는 것이다. 흥미로운 해석이지만 쉽게 수긍되지는 않는다.

한국에도 진보적 기독교 신앙을 가진 성직자나 신도들이 많다. 어느 학자는 진보적 성향을 가진 기독교인을 전체 기독인의

20~25%로 보고 있다. 그러나 알려진 통계에 의하면 한국 개신교인을 970만 명으로 추산하는데 진보 교단인 한국기독교장로회 정식 교인은 28만 4천 명이다. 물론 기장 회원이 한국 전체 진보적 신앙을 가진 신도의 수가 될 수는 없지만 한국에 진보적 기독인은 아직은 소수다. 반면 절대적 신앙으로 시대에 따르는 변화를 거부하는 근본주의 교단이나 교회들이 역시 다수다. 많은 한국 교회들은 진화론이나 과정론, 실존주의 신학을 비롯하여 내재신론이나 진화신학 등을 거부한다. 실은 한국에도 진보적 신앙을 가진 신학자 목회자 그리고 평신도들이 적지 않음에도 비교적 조용하고 밖으로는 침묵을 지키는 것 같다.

한편 한국 교회의 진보-보수의 갈등은 주로 동성애 문제로 불타고 있다. 카톨릭 교회에서는 동성애 문제를 표면적 논쟁의 대상으로 올리지 않고 일단 동성애자를 포용해서 받아들이고 있다. 물론 카톨릭교의 학자들 간에도 논쟁은 있지만 카톨릭 교회는 신앙적 갈등을 현명하게 관리한다. 카톨릭 교회 대표는 교황 한 사람이고 내부적 분열이나 논쟁이 있어도 외부적으로 항상 교황의 말 한 마디가 최종적이다.

오늘의 한국 개신교의 신학은 이원적이라 두 개의 얼굴을 가지고 있다. 내가 알기로는 한국 개신교 신학대학 교수들은 진보적 신학을 배웠고 전공하고 또 학생들에게도 가르치고 있다. 따라서 최근에 신학대학을 졸업한 젊은 신학도들이 새로운 신학의 지식을 갖추고 있지만, 목사 안수를 받고 목회하는 현장에 가면 새로운 신학의 지식은 그의 목회에 일절 반영되지 않는다. 진보적 신학을 시도한 목회자는 자칫 다원론자다, 진화론자다, 이단자다 등의 규탄을 받는다. 나이 드신 담임목사나 원로급 평신도 지도자들이 반대하기 때문이다. 교회에서 물의를 일으키는 존재가 되는 것을 원치 않아 진보신학에 대해서는 입을 다문다. 물론 진보적 신학을 지키고 전도하는 목사님들도 많이 있다. 그러나 다수의 신도들 역시 보수적이기 때문에 여전히 한국 개신교는 전체적으로 근본주의 신앙의 프레임을 벗어나지 못하고 있다.

기독교인으로 또 하나의 생각 거리가 있다. 어려서부터 교회를 통해 배우고 또 머리에 익힌 것은 예수를 믿으면 온유해야 하고 남의 잘못을 용서하고 쉽게 성 내지 않고 하나님의 뜻 안에서 다 같이 평화를 누리고 살아야 한다는 가르침이다. 물론 옳은 말씀이고 우리가 따라야 할 도덕적 지침이다. 그러나 오늘의 격심한 경쟁사회에서 내가 생존하고 성공하려면 경쟁에서 대립이나 비판이나 비난에 직면할 때 내 힘으로 방어하고 반론하고 투쟁도 하고 견디면서 이겨야 한다. 교회 교역자라도 그 자리에 경쟁이 있고 때로는 자기방어를 위한 투쟁이 있다. 지금 예수 믿는 사람이 한결같이 온유하고 잘 참고 평화적이고 순종적 자세로 살아야 한다는 것은 무리다. 산상 수훈이 가르친 온유한 삶은 기독인은 지켜야 할 하나의 인격지침이지만 때와 경우에 따라서는 싸우기도 하고 도전도 하고 반항도 하고 화를 내기도 해야 생존할 수 있고 또 의를 지킬 수 있다.

예수님은 의로움과 인간의 평등을 위해, 특히 가난한 사람들과 소외된 이웃을 위해 용감하게 싸우신 분이다. 그래서 나는 예수님 제자와 추종자들이 그리고 신약성경 저자들이 예수님의 위상을 초인적으로 성화聖化시켜 인간으로 사신 예수님의 삶의 행적을 인위적으로 미화하여 신격으로 그렸다고 본다. 어느 미술관에 가든 우리가 보는 예수님의 초상화는 인간적인 모습의 그림은 거의 없고 모두가 성스럽고 고통받으시고 고상한 표정의 그림과 조각들이다. 그러나 예수님은 결코 온유하고 오래 참고 용서하고 수동적으로 살지 않으셨다. 의를 위해 검을 드시고 한때 장사와 돈 놀이로 성전을 더럽히는 무리들의 판을 폭력으로 뒤집었다. 광야에서 의의 외침으로 당대 '로빈 후드'의 두목이었던 세례 요한을 따르던 예수님이다. 당시 로마의 압제와 유대교 제사장들의 압력에 굽히지 않고 조용히 반항하고 끝내 십자가에 달리신 분이다. 오늘의 표현을 빌리자면 예수님은 혁명가였다.

그리고 인간적이었다. 공복에 피곤하고 시장하실 때 찾으신 무화과나무에 열매가 없어 몹시 화가 나신 예수님은 무화과나무를 저주하고 말라 죽게도 하셨다. 이와 같은 예수님의 인간적인 면은 거룩하고 신격인 존재로의 묘사를 위해 성경에서 가려졌다는 의심을 지울 수 없다. 예수님은 인간으로 오셔서 인간성을 완성하신 분이다. 그분의 생애와 가르침과 제자들이 경험한 것을 예수님이 소천하신 후 회상하고 전하고 기록할 때는 즉, 부활 이후의 예수님은 부활 이전의 예수님과 크게 다르다. 로마제국의 지배하에 나라의 주권을 잃고 백성들이 많은 세금을 바치고 고달프게 살았던 당시의 정황을 이해하면 예수님이 걸어가신 길은 험난했고 이 길에서 예수님은 도전적으로 사신 분이다. 그러면서 예수님은 억압받고 가난한 서민들에게 미래에 대한 비전으로 이 땅에 하늘나라가 임하는 약속으로 희망을 주셨다. 이 희망을 믿고 다 같이 하늘나라 건설에 참여하여 용감하게 움직이는 모범이 되신 것이다.

요약하자면 온 우주와 살아 있는 모든 것은 쉬지 않고 움직이고 변한다. 이 변화는 어느 시점에서 끝나는 것이 아니라 영원히 계속된다. 이 움직임이 하나님이고 매일 새로운 창조로 끊임없이 이어간다. 그 움직임의 목적이 무엇인지는 모르겠으나 나의 제한된 의식으로 나름대로 진眞 선善 미美와 사랑이라고 믿고 있다. 이 하나님의 움직임에 나도 참여하는 것이다.

Chapter 2

공감의
시대

오늘날의
분열과 대립

본격 글로벌 시대가 도래하면서 수많은 국제기구*도 형성되었다. 온 세계가 서로 도우며 함께 살아가기 위함이다. 그러나 어떠한 계기로 국가 간의 이해관계가 상충되면 타협이나 해결은 여전히 어렵다. 자유주의와 개인주의로 인해 각자가 이익을 챙기는 경제적 인간이 되면서 오히려 사회는 불평등의 양극화로 삭막해지고 있다.

* 어떤 국제적인 목적이나 활동을 위해서 두 나라 이상의 회원국으로 구성된 조직체

특히 IT시대에 접어들면서 생활 양식이 많이 달라졌다. 문화의 급격한 변화는 과거에서부터 지켜오던 기준들을 새로운 기준_norm_ 으로 대치시키기도 했다. 세상이 다양해지고 복잡해진 탓에 지식의 영역 또한 분화되었다. 그 결과 같은 문제를 놓고도 저마다 다른 시야로 접근하여 판을 키운다.

쪼개지는 추세에 세상은 시끄러워지고 분열과 대립과 분노와 미움으로 필요 없는 위기가 조성된다. 특히 정치판은 진보와 보수 양당 정치 구조로 나누어져서 정치이념뿐 아니라 여러 가지 국가적 사회적 문제를 두고 깊은 분열을 조장하고 있다. 민주주의 모범 국가로 자처하던 미국은 남과 북 진보와 보수 백인과 소수인종 등의 극심한 대립으로 혼란스럽고, 중립이어야 할 언론까지도 분열되어 욕설과 미움의 언성은 끊이지 않는다. 최근, 미국의 중립적 연구기관인 퓨 리서치 센터_Pew Research Center_에서 17개국을 대상으로 나라의 분열과 갈등을 조사한 결과 미국이 민주-공화 양당을 축으로 지난 100년 동안 여러 면에서 가장 심각하게 분열되었다고 한다. 이럴 바에야 아예 나라를 둘로 쪼개자는 의견도 나오고 있다. 양당의 정책은 물론 인종 문제, 종교 문제로 극에서 극으로 대립되어 이제 도저히 타협을 기대할 수 없다는 결론이다.

문화 전쟁

미국의 남북전쟁은 미국에서 일어난 내전으로, 노예제도를 두고 각을 세운 남과 북이 분열된 채로 4년간 벌인 전쟁이다. 사우스 캐롤라이나, 조지아, 루이지애나, 앨라배마, 텍사스, 테네시, 미시시피, 플로리다, 노스 캐롤라이나 등 7개 주가 노예제도를 고수하는 세력으로 남부연합CSA을 조직하여 1861~1865년까지 치열한 내전을 치렀다. 남북전쟁에서 패배한 남부연합군의 상처는 아직까지도 아물지 않았고, 노예해방은 이루어졌지만 흑인 차별은 여전히 인종 문제로 남아 있다. 표면적으로는 남과 북의 지역적 대립이 가라앉은 것처럼 보이지만 남북전쟁의 맥을 이은 민주당과 공화당 간의 대립은 날로 심해지고 있다.

버지니아 대학의 종교·사회학 교수였던 제임스 헌터*James Davidson Hunter*는 1990년, 미국사회가 민주-공화당으로 대립한 양상을 연구하고 '문화 전쟁'이라는 새로운 명제로 저서를 출판하였다. 미국은 타협의 여지도 없이 양극화된 이슈들로 분열되었고, 격렬한 문화 전쟁은 특히 공화당의 트럼프 45대 대통령 집권을 통해 노골화되었다. 인공유산, 총기법, 기후-환경 문제, 이민 문제, 오락용 마약 사용, 동성애 문제가 주된 이슈였다. 트럼프 대통령의 집권 후 분열성 가치를 부추겨 보수권이 득세하면서 양당은 오늘도 격심하게 싸우고 있고 양쪽이 타협하는 길은 거의 막혀 있다.

트럼프를 이어 당선된 민주당의 바이든 대통령은 선거공약에서 미국사회의 분열의 깊은 골에 다리를 놓겠다고 약속한바 있으며, 실지로 양당정책*bipartisan*을 추진하고 있다. 그러나 공화당이 사사건건 반대하면서 바이든의 정치 행보는 지지부진이다. 미국의 지도자들은 퓨 연구소의 조사에서 미국이 세계에서 분열도가 가장 높은 나라라는 누명을 쓰고도 전혀 개의치 않은 채 계속해서 싸우고 있다. 미국 못지않게 분열도가 높은 나라가 프랑스와 대만이고 가장 낮은 나라가 일본이다. 한편, 한국은 미국처럼 정당 간의 갈등에서만 분열도가 가장 높다고 발표되었다.

각 나라들이 다양한 사회적 문제를 놓고 갈라지고 타협하지 못하는 이유는 무엇일까? 분열을 해결할 수 있는 방법은 무엇일까? 사회학자나 정치 평론가들은 모두 공감 부재가 갈등의 원인이라 하고, 해결의 실마리도 공감에 있다고 말한다.

'다름'이라는 또 다른 문제도 있다. 애초에 분열은 다름을 이해하지 못하는 것으로부터 생긴다. 그 예로 '다름'이 종교에 끼치는 영향부터 살펴보려 한다. 모든 종교는 이타적인 성격이 있고 가난하고 소외된 이웃과 더불어 사는 지혜를 가르친다. 이러한 이웃 사랑은 기독교만이 추구하는 지상 목표가 아니다. 사랑은 모든 종교의 기본 가르침 중 하나다. 불교는 어려운 이들을 사랑하고 가엾게 여기는 자비를 기본으로 삼고, 유태교와 이슬람교도 이타적으로 베푸는 사랑이 하늘나라에 통하는 길이라고 믿는다. 이슬람교에서는 모든 신도가 반드시 지켜야 하는 교리인 '다섯 기둥'이 있다. 그중 세 번째인 '자카트'는 가난한 사람들을 위해 한해 수입의 2.5%를 나누어야 하는 이슬람 신도들의 의무다.

종교에서 이타적 선행은 신의 사랑을 상징한다. 이웃 사랑의 실천이 곧 하나님을 사랑하는 것이다. 그런데 문제는 종교 간에 공통점이 많음에도 불구하고 각 종교마다 교리가 다르고 믿는 하나님도 다르고 예배 의식도 다르다는 것이다. 종교 역시 서로 간의 대화를 주저하고 타 종교의 교리를 공감하고 이해하는 것을 회피한다. 나와 다른 믿음을 가진 사람들의 주장을 들어주고 공감하는 것이 불편하기 때문이다.

　창조주는 인간이 서로의 생각들을 나누고 상대방을 이해하고 협조하며 사는 데 걸맞는 뇌를 디자인하셨다. 실제로도 많은 학자들이 사회적 뇌에 대한 연구를 하고 있으며, 특히 '공감'의 기전을 뇌과학적으로 밝히는 연구에 집중하고 있다. 즉, 뇌 안에서 연결의 구조와 기능을 찾아 타인을 배려하고 더불어 사는 길을 열어야 한다고 주장한다. 하나님이 준비해 주신 사회적 뇌를 활성화시키고 학습해서 이를 활용하며 살아야 한다.

　네덜란드 출신의 유명한 동물학자, 프란스 드 발Frans de Waal의 저서 『공감의 시대』에는 동물이 인간의 공감에 해당되는 행동을 보인 사례들이 나와 있다. 이 저서의 교훈은 인간이 원숭이나 늑대 같은 집단 동물들을 본받아야 한다는 것이다. 동물에서도 이웃과 음식을 나누고 동료의 고통을 마치 자신의 고통으로 여기는 것을 관찰할 수 있다. 인간은 남에게 무엇을 베풀어도 대부분의 경우 그 대가, 즉 인센티브incentive가 따르는 선행이지만 동물들은 대가 없는 이타적 행동으로 경우에 따라 자신의 목숨을 잃기도 한다. 또한 인간사회는 인간의 이기성과 이해관계가 복잡하게 얽혀 공감으로 남에게 베푸는 행위가 쉽지 않다.

지금 온 세계가 겪고 있는 감염병은 개인 차원의 예방도 중요하지만, 사회적 결속과 범 세계적인 합동 대책을 세우는 것이 무엇보다 중요하다. 부유한 선진국가들만 재빨리 백신을 보급하여 예방을 취하고 나머지 나라들은 바이러스의 숙주로 잡혀 있다면 팬데믹은 결코 사라지지 않는다. 다행히 노인과 같은 취약 계층, 저소득 집단 그리고 공중보건 시설이 열악한 나라들에게 백신 공급을 돕고 있다. 이러한 운동이 일어나고 있는 것은 현명한 지도자들의 약자에 대한 공감 능력이 살아 있다는 증거다.

공감의
정의

공감에 대한 사전적 정의는 대개 획일적이다. 20세기 말까지는 공감을 정신 치료의 핵심 무기로 삼는 정신의학에서도 그 개념이 크게 다르지 않았다.

"타인의 입장에 들어가 그가 느낄 수 있는 감각과 감정을 같이 느끼고 나아가 그의 입장에서 어떤 생각을 할 수 있는지를 상상하고 이해하는 능력"

이 정의만으로도 공감의 실천은 결코 쉬운 것이 아님을 알 수 있다. 남의 입장에 들어간다는 것이 정의의 첫 단계인데 이를 위해서는 일단 나를 내려놓아야 한다. 그다음, 중립적인 입장에서 나의 판단이나 편견을 내려놓고 대상자의 처지와 입장을 상상하고 동일시하면서 그가 느끼는 감정과 겪고 있는 주관적 경험 그리고 그 경험이 갖는 의미까지 이해해야 하는데 이 과정이 생각보다 어렵다. 내가 나를 아는 능력이 있어야 당사자의 입장이 되어 그가 느끼는 감정과 생각들을 이해할 수 있기 때문이다.

정신치료에서 통용되는 공감에 대한 정의는 시대가 흐르면서 보완되어 왔다. 그러나 보완된 정의는 포괄적이고 행동적이어서 배우고 실천하기가 더욱 어려워졌다.

지금 정신치료에서 통용되는 공감의 개념은 다음과 같다.

"공감이란 다른 사람의 감각, 감정, 처지, 의도, 사고와 욕구를 내가 느낄 수 있는 사회적 감정적 인지적 기술로서, 이를 통해 대상에게 예리하고 그의 미래 전망에 대한 도움을 적절한 소통과 지지로 제공할 수 있어야 한다."

즉, 다른 사람의 입장에 들어가 같이 느끼고 그를 이해하는 것에 그치지 않고 공감을 긍정적인 행동으로 발전시켜 '행동 중심

action-based definition'으로 가야 한다는 것이다. 행동 중심의 공감의 개념은 단순히 심리학적 기전에 그치지 않고 철학, 심리학, 문화인류학, 사회학, 인성학, 진화생물학, 인지신경과학 등 다양한 분야의 조화 통합인 다원적 접근을 필요로 한다. 예를 들어 인지심리학에서의 공감 과정은 공동체의 삶을 위해 타고나는 본능적 반응 즉, 의식의 빠른 시스템*fast system* 기전뿐만 아니라 고차원적인 뇌의 인지기능을 통하는 소위 느린 시스템*slow system*의 개입으로 세련되게 정리되어야 한다. 즉, 남의 고통을 보고 즉시에 동정하는 차원을 넘어 이성적 개입*rational process*을 거쳐 미래의 긍정적인 전망까지 포함한 행동 반응이 되어야 한다는 의미이다. 다시 말하면 뇌의 전체가 연결되어 그것이 행동으로 이어지는 것이다.

정신치료에서 공감 능력을 배우려면 철저한 훈련이 필요하다. 전공의 1년 차 시절, 나의 지도교수들은 내가 환자를 보면서 일어나는 나의 감정과 생각 그리고 환자의 입장에 들어가 공감한 감정과 사고를 수없이 토의하는 과정을 가르쳤다. 혼자 배워서 되는 것이 아니라 공감에 대한 전문가의 지도하에 시행착오를 거치면서 철저한 훈련을 거쳐야 비로소 공감에 익숙해진다. 그러나 이것은 정신치료 전문가가 되기 위한 훈련일 뿐, 일반적으로는 사전적 정의대로 '남의 입장에 들어가 그가 겪는 감정을 느끼고 그의 입장을 이해하는 것'으로 족하다.

불행히도 오늘 세계의 몇몇 강대국들의 지도자들은 독재적 통치를 일삼고 있다. 정치권에서 이권과 권력을 두고 서로 미워하고 싸우는 장면을 보면 지금 얼마나 공감이 필요한지를 실감하게 된다. 인종차별, 총기 난사, 각종 성폭행 등으로 차별받고 억압받고 또 희생된 사람들의 처지를 조금이라도 공감할 수 있다면 이런 불행한 사건들이 일어날 수 없다.

한국의 종교계에서는 동성애자들을 유달리 죄인시 하고 혐오하고 차별한다. 성경에 동성애자들을 죄인으로 기록한 것이 이와 같은 차별의 근거다. 이것은 한국 기독교가 성경을 문자 그대로 읽고, 또한 성경의 내용들을 역사적 사실로 믿기 때문이다.

나는 미국에서 정신과 의사로 개업하면서 동성애자들을 치료한 경험이 있어 그들의 고충과 슬픔과 고민을 알고 있다. 그들과의 대화에서 확인한 것은 동성애는 동성이 성적 대상으로 정해져서 태어난 것이지 성장기에 어떤 잘못된 성적 경험이나 환경의 영향으로 2차적으로 생기는 것이 아니라는 것이다. 동성애 환자 한 분은 차별받는 억울한 삶에서 실망감과 우울증이 생겨 치료를 받으러 온 사람이었다. 그는 사춘기 시절 동성애적 성향을 혼자서 고쳐보려고 무던히 노력했던 이야기를 털어놓았다. 아무리 노력해도 교정되지 않아 좌절감이 컸다고 한다. 그는 동성애자임이 알려지면서 사회 편견과 혐오의 대상이 되고 사람들이 기피하고 차별하는 어려운 삶을 자세히 말해 주었다. 그들의 삶의 고충을 이해하게 되면 누구라도 동정하지 않을 수 없다. 나는 그들을 죄인시 하는 것 자체가 죄짓는 일이라고 생각한다. 동성애자도 '이웃 사랑' 계명에 나타나는 그 이웃이다. 그들의 삶에 들어가보면 혐오는커녕 불쌍하고 불행한 그들을 도와주고 싶어진다. 동성애자들을 죄인시 하는 것은 이웃을 사랑하라는 하나님의 계명을 어기는 죄다. 동성애자를 큰소리로 규탄하는 목사님들은 공감 능력 유무를 말하기 전에 동성애가 무엇이고 동성애자들이 어떤 삶을 살고 있는지 알려고 하지도 않는 무책임하고 사랑이 실종된 인간들이다. 진실을 알면 자기가 동성애자들 편이 되는 것이 두려운 것이다. 동성애에 대한 공포다.

한편, 신체 장애인이나 가난한 사람들은 공감의 대상이 되어 종교는 물론 국가와 사회가 적극 돕고 있다. 세계 각처에서 비정부기관NGO들이 장애인이나 소외되고 가난한 사람들을 돕고, 병으로 고통받는 이들에게는 치료를 제공하고 있다. 많은 국가들이 적극적으로 복지 정책을 펴서 공감의 문명화 움직임을 선도하고 있다. 동시에 사회가 공감을 홍보하고 가르치고 있다. 여러 선진국들은 교육 정책으로 유치원부터 어린이들에게 남을 의식하고 배려하는 교육을 경험을 통해 가르치는 것을 권장하고 있다. 내가 아일랜드를 방문했을 때 지역사회 양로 시설을 살펴본 일이 있다. 양로원에서 우연히 발견한 것은 고등학교 학생들이 학교 수업의 하나로 양로원에 와서 치매 환자들을 돕는 봉사를 하는 것이었다. 치매 환자를 기중기로 조심스럽게 실어 목욕탕에 옮기고 목욕시켜 드리는 봉사다. 학교 교육 현장에서도 어린이들이 장애 친구가 있는 경우 이들을 돕는 것을 몸과 마음에 익히도록 가르치고 있다. 이를 목격하는 것은 감동 그 자체였다. 그런 의미에서 우리는 공감 시대에 산다고 할 수도 있다.

공감의 정의

아픔을 나누다

동물 관련 다큐나 영상을 보면 자식은 물론 동료가 겪는 고통을 함께 느끼고 또 그것을 나누는 행동을 쉽게 볼 수 있다. 이는 동물 역시 인간처럼 동료의 아픔을 함께 느끼고, 또 그것을 돕는 행동을 하는 것처럼 보인다. 동료가 위기에 처해 고통받고 있는 것을 목격하게 될 경우, 즉시 달려가 대응하는 것이 그 예다. 이외에도 아픔의 나눔을 입증한 동물실험은 수없이 많다. 그중 널리 알려진 몇 가지를 들어 본다.

모스크바 국립 다윈박물관 로비에는 유명한 진화 생물학자인

장 바티스트 리마르크*Jean Baptist Lamark*의 동상이 있다. 그의 딸 나디아 코츠*Nadia Kohts*는 저명한 동물학자인데 어려서부터 요니*Yoni*라는 침팬지를 집에서 키웠다. 요니는 자라면서 장난이 심해지고 가끔씩은 지붕 위에 올라가 소리 지르고 노는 것을 즐겼다. 가끔은 끼니 때 먹을 것을 차려 주고 불러도 놀기에 바빠 지붕에서 내려오지 않기도 했다. 그러나 친엄마와 다름없는 나디아가 비명을 지르고 눈을 감고 우는 시늉을 하면, 지붕 위에서 놀고 있던 요니가 나디아 곁으로 재빨리 뛰어내려 달려왔다는 것이다. 요니는 나디아의 얼굴 턱과 뺨을 만져 주고 돌아서서 눈을 부릅뜨고 손가락을 오므려 주먹을 만들고 사방을 살피며 나디아를 위협하는 것에 대비하는 태세를 보였다. 한번은 나디아가 병에 걸려 열이 나고 아파서 침대에 누워 있었는데 지붕에 올라가 놀기 좋아하던 요니는 나디아 곁에 있으면서 서성거리고 밖에 나가거나 지붕 위로 올라가 놀지 않았다. 이 침팬지는 자기 엄마와 다름없는 나디아가 위험을 당했을 때 그 고통을 나누고 돕는 행동을 보였다. 동물들이 감정으로 같이 느끼고 공감을 하는지는 알 수 없으나 적어도 동료의 아픔을 함께 하는 것은 분명하다.

1959년에 심리학자인 러셀 처치*Russell Church*도 아픔의 공유에 관한 동물실험의 결과를 학술지에 발표했다. 실험에서는 쥐가 레버를 누르면 음식이 나오는 장치로 쥐를 조건화시켜 자주 레버를 누르고 음식 먹기를 즐기게 만든 후에 유리창 벽을 통해 옆방의 동료 쥐를 볼 수 있게 만들었다. 그런데 일방적으로 레버를 누르고 음식을 즐기던 쥐가 음식을 먹기 위해 레버를 누르면 그 순간 옆방 쥐가 전기충격을 받고 몹시 괴로워하는 것을 보도록 장치를 바꾼 것이다. 자기가 레버를 누르면 음식이 나오는 동시에 옆방 동료 쥐가 전기충격을 받고 고통스러워하는 모습을 보고 이 쥐는 결국 레버를 누르는 것을 멈춘다. 몇 번을 눌러도 똑같이 동료 쥐가 고통스러워하는 것을 보고는 결국 이 쥐는 레버를 누르는 것을 포기하기에 이른다. 시간이 흘러 이 쥐가 몹시 배가 고픈 상황에서도 동료 쥐가 괴로워하는 것을 피하기 위해 끝내 레버를 누르지 않았다.

1964년에 노스 웨스턴 의과대학 정신과 교수였던 줄스 하이멘 마세르만_Jules H. Masserman_ 박사는 처치_Church_의 실험을 좀 더 발전시켰다. 이번에는 루프스 원숭이_Rufus monkey_를 실험 대상으로 하여 고통 나눔을 실험하였다. 원숭이가 줄을 당기면 음식이 나오게 조건화시키고 옆방의 쥐가 자기가 줄을 당겨 음식을 먹는 순간 머리에 전기충격을 받아 괴로워하는 것을 볼 수 있게 하였다. 이 원숭이도 동료의 고통을 보고 줄 당기는 것을 중단하고 무려 12일 동안 음식을 먹지 않아 실험자가 굶어 죽지 않나 걱정하게 되었다고 한다. 마서만은 이 실험을 원숭이도 이타적 행동_altruistic behavior_이 있다는 증거라고 주장하였다.

맥길McGill 대학의 모길J. Mogil 교수도 쥐에서 동료의 고통을 보았을 때 그 고통을 같이 나누는 행동을 관찰하였다. 옆방에서 동료의 쥐에게 초산acetic acid을 먹여 그 쥐가 경직을 일으키는 것을 볼 수 있게 하였다. 그러자 경련을 일으키는 동료 쥐를 보는 순간 그것을 본 쥐도 똑같이 경직되었다. 경직으로 고통받는 쥐들을 다양하게 선택하여 실험했을 때 수컷이 그의 짝 암컷이 고통받는 것을 본 경우가 제일 예민하게 경직되었고, 다음이 새끼들이 고통받는 경우였다. 경직 대상이 자기와 라이벌 관계의 수컷인 경우에는 고통을 받는 것을 보고도 꼼짝하지 않았다.

이와 같은 동물실험의 결과를 인간의 공감이나 고통 나누기와 동일시하는 것은 무리다. 그러나 사회적 고통social pain에 대해 동물이나 인간이 갖고 있는 뇌의 어떤 부위가 관여하는지를 알아보는 것은 중요하다. 다만, 이것은 동물실험으로 불가능하다. 인간의 뇌에 어떠한 장치를 넣어 실험할 수도 없다. 드물게 이런 실험이 가능한 기회가 있는데, 간단한 뇌 수술을 받기 위해 신경외과를 찾는 경우가 그것이다. 토론토 대학의 허치슨Hutchison 교수는 이런 기회가 생겼을 때 인간의 뇌의 어떤 부위가 아픔을 나누는 일에 관여하는지를 알아보았다. 정신에 심한 강박 장애나 우울증이 있는 환자 중 증상이 몹시 심한데도 약물치료나 기타 치료 방법들이 전혀 효과가 없을 때 신경외과에서는 최후의 수단으로 강박증이나 우울증에 관여된다고 추정되는 대뇌의 기저 핵*basal ganglia* 일부를 절제해서 증상이 소실되는 경우가 있다. 이런 경우에 환자의 허락을 받고 뇌의 일정 부위에 전극 침을 삽입하여 그 부위의 신경 세포 방사 현상을 탐색하는 실험이 가능하다. 허치슨 교수는 이와 같은 장치하에 실험자의 손끝을 바늘로 찌르고 아픔을 경험하는 것을 피실험자가 보았을 때 뇌의 대상피질*cingulate cortex*이 유의하게 반응하는 것을 관찰하였다. 이 반응은 피험자가 자신의 손끝을 바늘로 자극받았을 때 일어나는 대상피질의 반응과 같았다. 그러나 이 실험으로 인간이 타인의 고통을 나누는 담당 부위가 대상피질 하나만 있다고는 할 수는 없다. 추후 이 같은 실험을 되풀이하면서 얻은 결과가 말해 주는 것은 인간이 고통을 나누는 기전에는 대상피질 이외 다른 부위들이 복잡하게 개입되어 결국 뇌 전체가 관여하게 된다는 것이다. 토론토의 모길 교수의 실험에서 보다시피 고통받는 대상이 누구냐에 따라 반응이 다르고 아픔 이외에도 감정, 기억, 관계 등이 개입되어 종합적으로 반응하기 때문에 쥐의 실험에서 관찰한 고통 나눔의 현상은 단순히 동물이나 인간이 타고나는 일종의 반사적 본능 반응임을 시사한다.

뇌의 어느 부위에서 사회적 아픔이 관여되는지는 아직도 밝혀지지 않고 있다. 반면 인간의 '공감'에 대한 신경과학적 근거의 발판이 될 수 있는 유력한 뇌 구조를 최근에 알게 되었다. 소위 '거울 세포'다.

우리가 즐겨 먹는 피자나 이탈리아 음식에 많이 사용되는 파마산 치즈의 원산지인 이탈리아 파르마*Parma*에 유명한 신경생리학 연구소가 있다. 그 연구소의 리졸라티*Giacomo Rizzolatti*라는 연구원은 동물실험을 통해 인간의 뇌 속에 소위 거울세포*Mirror Neuron*가 있다는 것을 증명하게 되는데 이 사건은 많은 이들에게 큰 충격을 주었다.

마카카 네메스트리나*Macaca Nemestrina*라는 원숭이는 인간의 신피질*neocortex* 크기의 1/4에 해당되는 뇌를 가진 원숭이로 신피질 연구에 주로 쓰인다. 이 연구소에서는 원숭이의 전 운동성 피질*premotor cortex*의 F5 부위를 중심으로 원숭이의 팔의 움직임을 연구하고 있었다. 이 부위의 수백만 신경 세포들이 관련된 팔과 손의 움직임을 코딩*coding*하는 곳이다. 리졸라티의 동료 연구원인 비토리오 겔레시*Vittoria Gellese*와 포가시*Leo Forgassi*는 우연히 원숭이가 실험자의 손 움직임을 보았을 때 마치 자기가 그 행동을 하는 것 같은 현상을 발견하고 F5 피질의 신경세포 방전*firing*이 일어나는 것을 보았다. 이들은 이 실험을 거듭하여 얻은 결과를 1976년, 「복합적 시각반응 *Complex Visual Response*」이라는 제목의 논문으로 발표하였다. 당시는 그 발견이 담고 있는 가능성과 뜻을 알지 못했으나 20년 뒤에 이 논문은 거울신경세포 시스템*Mirror Neuron System*의 역사적 첫 기록으로 평가받게 되었다.

이 실험에서의 원숭이는 실험자의 손 움직임을 보기만 했을 뿐
인데도 마치 자기가 그 행동을 하는 것과 같은 세포반응을 보였다.
반면 원숭이가 연구원의 움직임을 보지 못하게 스크린으로 가릴
경우에 원숭이의 반응은 일절 없었다. 보다 놀라운 것은 원숭이가
연구원의 손이 움직이는 목적까지 알아차리고 이에 준한 거울세포
반응을 한다는 것이었다. 원숭이가 연구원이 빈 물컵을 옮겨 놓는
행동을 하는 것을 보았을 때, 원숭이의 거울세포 반응은 원숭이가
물이 담겨 있지 않은 컵을 옮겨 놓을 때와 같았다. 즉, 원숭이가 거
울세포 반응에서 마치 실험자의 의도를 알아차린 것과 같은 반응
을 보인 것이다. 원숭이가 실험자의 '의도'를 아는 것 같은 거울세
포의 반응이었다.

2010년에는 미국 UCLA 연구소에서 약물 효과가 일절 없는 21
명의 심한 뇌전증 환자들이 뇌 수술을 받는 기회에 직접 전기판
*electrode*을 신경세포에 삽입하여 손을 움직일 때의 뇌세포 방전을 기
록하는 일이 있었다. 그리고 다른 사람이 똑같은 동작을 하는 것을
관찰했을 때도 같은 부위의 신경 세포들이 방전하는 것을 기록하
였는데 인간에게도 원숭이 실험에서 본 거울세포체계가 있다는 것
을 증명하였다. 인간의 경우는 하부전두피질*inferior frontal cortex*과 상
부측두피질*superior parietal cortex*의 신경세포들이 활성화되는 것을 보
아 이 부위가 원숭이의 거울세포 체계에 해당된다고 주장하는 이
논문은 2010년 생물학 학술지 「Current Biology」에 게재되었다.

모방과
거울신경세포인간

인간은 사회적 동물이다. 출생 직후에는 어머니 곁에 있는 애착 관계가 형성되고 자라면서 차차 어머니 곁을 떠나 유치원이나 학교 등 공동체의 일원이 된다. 공동체의 소속원끼리는 서로가 비슷하고 같은 부류라고 믿어야 상호 관계가 평탄하고 매끄럽다. 서로 비슷하고 닮아야 이해가 잘 될 것 같고 서로 간의 예측도 쉬워져 친밀감을 느낀다. 실제로도 무의식적으로 상대방을 모방하면서 서로 안정감을 갖는 것을 일차적 공감이라고 하는데, 이 모방은 자연히 뇌를 쉬게 해 준다. 그리고 내가 동료들과 닮은 기색을 보여야 상대방도 마음을 놓는다. 만일 내가 상대방과 전혀 다른 태도를 보이면 상대방은 긴장하며, 나 역시 상대방이 나와 닮지 않은 모습을 보면 불편해진다. 내가 상대방을 잘 예측하지 못하게 될 경우 그것이 스트레스가 된다.

우리는 나도 모르게 남을 닮는 삶을 살고 있다. 몸과 몸이 서로 전하는 무언의 소통을 통해서다. 누가 하품을 하면 나도 하품을 하는 것이 그 예다. 특히 어린 시절에는 부모나 가까운 가족을 무의식에서 닮으며 성장한다. 남자 아이는 아버지를 여자 아이는 어머니를 닮으면서 자기의 젠더에 맞게 성장한다. 심리학에서는 이를 동일시_identification_라고 한다.

원숭이를 기르는 사람은 원숭이가 흔히 주인의 흉내를 내는 것을 본다. 인간도 자랄 때는 무의식적으로 친근한 남을 닮으면서 '나'가 되어 간다. 나는 어려서부터 축구를 좋아해서 공 차는 연습도 열심히 하고 시합에도 나가는 등 연습을 게을리하지 않았다. 지금 내 나이 아흔이 넘어 다리의 힘은 약해졌지만 TV에서 축구 경기를 보면서 중요하거나 아슬아슬한 순간을 보는 순간 나의 발은 반사적으로 선수처럼 움직인다. 이것도 거울세포의 개입으로 내가 남의 행동을 보면서 순간적인 모방의 기전을 통해 발을 움직이는 것은 아닌지 모르겠다.

이탈리아 출신의 신경과학자이자, 현재에는 미국의 UCLA 교수인 이아코보니*Marco Iacoboni* 교수는 '닮음'에 대한 기전을 자세하게 연구했다. 2009년에 저서 『남을 거울 삼는다: 공감의 과학과 우리가 남과 연결하는 방법*Mirroring People: The Science of Empathy and How We Connect with Others*』을 썼는데, 동물실험에서 관찰한 공감의 기전을 문화인류학적으로 해석하여 설명하고 있다. 그는 피에르 페러리*Pier Francesco Ferrari*라는 원숭이를 연구의 대상으로 뇌의 F5 즉, 원숭이 손과 입의 움직임에 관여하는 세포들을 코딩하였다. 이 부위는 손의 움직임에는 전체 세포의 1/4밖에 참여하지 않으며, 1/4은 입의 움직임에, 나머지 1/2은 입과 손 동시 움직임에 관여하였다는 것인데 실험자의 행동을 관찰했을 때는 거울세포의 거의 전부가 참여했다. 그리고 실험자가 손으로 도구*tool*를 우발적*robust contingent*으로 사용하는 것을 보았을 때는 20%의 거울세포만이 관여하였다. 흥미로운 점은 원숭이는 자기가 관찰한 그 도구를 사용해 보거나 관찰한 적이 일절 없었기에 거울세포는 행동의 목적만 주목하고 어떤 도구를 어떻게 사용했느냐에는 관심이 없었다. 다시 말해 거울세포는 실험자의 의도*intention*를 식별하는 데 관여할 뿐, 콩깍지를 벗기는 일에 있어 손으로 부수건 망치로 부수건 상관하지 않는다는 것이다. 팔마 연구소는 이에 관한 실험을 수없이 계속한 결과, 원숭이가 해당 실험을 반복하는 동안 실험자가 쓴 도구를 끊임없이 보았기 때문에 실험자가 그 도구를 사용하지 않아도 그것을 본 경험만으로 손만 움직여도 거울세포의 20%가 도구를 쓸 때와 같은 반응을 한다고 설명하였다. 다시 말해서 원숭이가 실험자의 똑같은 도구 사용을 계속 보면서 원숭이의 뇌가 그 행동을 닮는 학습효과를 보여 주었다는 것이다.

오늘날 많은 학자들이 인간이 관찰한 원숭이를 흉내 내는 행동은 거울세포의 기능으로 인정하고 있다. 그러나 일부 학자들은 거울세포의 기능은 남의 행동을 인식할 뿐이지 거울세포가 직접 닮는 역할을 하는 것은 아니라고 주장한다. 아직도 닮음에 대한 거울세포의 역할에 대해서는 이견들이 있으나 UCLA의 자코모Giacomo 교수는 원숭이의 닮는 행동에는 거울세포가 핵심적인 역할을 한다고 주장한다.

현재로서는 동물실험에서 발견된 거울세포의 존재와 기능이 인간의 공감에 해당하는 동물형 원형 기능형질이라고 단정할 수 없다. 인간의 공감에는 '감정'이 핵심 역할을 한다. 남의 고통이나 곤경에 처한 정황의 감정을 내가 닮거나 상상으로 같이 느끼기 때문이다. 이 가설이 성립되려면 인간의 거울세포 체계가 감정을 담당하는 변연계邊緣系, limbic system와 해부학적으로 연결되어 있다는 증거가 있어야 한다. 드 발de Waal 교수는 이를 집중적으로 연구했는데 그 결과 인간의 거울세포와 변연계가 연결된 사실을 밝혔다. 즉, 연결의 고리는 대뇌의 중심부에 위치하여 우반구와 좌반구 뇌를 연결하는 인슐라*insular*라는 것이다. 이것은 놀라운 발견은 아니다. 인슐라가 감정과 의식을 연결짓는 역할을 하는 것은 이미 알려져 있었고, 기타 여러 가지 뇌 부위를 연결시켜 인지-감정 기능을 뇌 전체가 개입하는 통로의 역할을 하는 것도 알려진 사실이었기 때문이다. 물론 거울세포와 변연계가 해부학적으로 연결되어 있다고 해서 이를 통해 공감이 감정을 동반한다고 단정할 수는 없다. 드발 교수는 이를 좀 더 확인하기 위해 건강한 실험 지원자들을 대상으로 자연스러운 다양한 얼굴 표정을 흉내 냈을 때의 표정을 영상으로 보여 주면서 fMRI를 통한 변연계의 변화를 관찰하였다. 그 결과 뇌의 인슐라와 변연계의 감정 담당 부위가 편도체*amygdala*와 같이 동시에 활성화되는 것이 관찰되었다. 다른 사람들의 표정을 보고 피실험자가 자기가 그 감정을 느낄 때를 내적으로 흉내 내어 이에 해당하는 뇌 세포의 반응이 일어난다는 것이다. 거울세포가 인간의 감정적 공감에 직접 관여하고 그 감정 반응은 내적 흉내 *inner imitation* 기전으로 이루어진다는 것을 증명한 셈이다. 그의 지론은 하나의 가설이지만 여전히 그 가설이 갖는 의미는 크다.

일부 신경과학자들은 거울세포의 발견은 생화학에서 처음으로 제임스 왓슨*James Watson*이 DNA 더블 핼릭스-이중나선*double helix* 구조를 발견한 것에 버금가는 획기적 발견이라고 한다. 무엇보다도 인간의 신비이자 숙제인 '뇌와 마음'의 연결의 가능성을 열어 준 발견임에는 이견이 없다. 에드워드 오 윌슨*Edward O. Wilson*이 주장한 컨실리언스*consilience* 즉 다른 영역의 지식과 만나서 새로운 증거로 미래의 연구 방향을 잡는 통섭*convergence*의 쾌거라고 할 수 있다.

원숙한
공감

미국 UCLA 대학교의 심리학 및 교육학 교수이며, 아동 발달기 정서 교육 연구로 저명한 노먼 페시바흐*Norma D. Feshbach* 교수는 공감의 세 가지 과정의 통합을 제창한 것으로 잘 알려져 있다.

> 1. 타인의 감정 상태를 지각하고 인식하고 분별하는 능력
>
> 2. 타인의 입장에 들어가 그 사람의 관점에서 볼 수 있는 성숙한 인지 기능
>
> 3. 타인의 감정 상태의 경험을 인식하고 이에 조응(調應)하는 행동이나 감정적 반응을 보이는 것

이것은 높은 수준의 원숙한 공감으로 세련된 인지기능을 통해 남을 이해하는 것부터 시작된다. 그다음, 상상하는 숙고의 과정을 거쳐 대상에게 정서적으로 가까워지는 움직임을 만들어 상대방의 희망이나 신념이나 목표에 조응하는 긍정적인 전망을 보여 주는 형태다.

남에게 봉사하는 사회의 리더들은 반드시 원숙한 공감 능력을 갖추고 있어야 한다. 특히 의료진*healthcare workers*, 정신치료사, 심리상담사, 사회사업가, 간호사, 법률가, 목사, 교육자, 자선사업가, 자원봉사자 등의 도우미*helper*들에게는 더더욱 그렇다. 이런 분야의 전문가라면 남을 돕는 기법도 필요하지만, 특수한 기술 이전에 원숙한 공감으로 대상자와 치유적관계를 유지하는 것이 매우 중요하다. 공감으로 남을 돕는 전문가들에게는 세련된 소통 역시 중요하다. 치유적 공감*healing empathy*으로 남을 돕는 소통 방식에서 지켜야할 수칙은 다음과 같다.

> 1. 편견이나 선입견을 버리고 열린 마음으로 잘 듣고 자신과 대상자의 마음에 초점을 맞춘다. 어떤 다른 일에 대한 생각이 동시에 떠오르지 않아야 한다.
> 2. 자기 자신과 대상자의 신체적 감정 표현, 얼굴 표정이나 몸짓 등에 주의를 기울이고 이야기가 잘 흐르도록 유도하면서 그가 숨기고 있는 감정이 있는지 상상해 본다.

이때, 남을 돕는 전문가들이 지켜야 할 수칙이 있다.

첫째, '치유-구제 본능'을 내려놓아야 한다. 나는 전문가로서 대상자를 무조건 구재해내야 한다는 관념은 의식적인 자아-통제로 내려놓아야 한다. 물론 전문적인 지식을 총동원하여 최선을 다해 도와야 함은 맞다. 그러나 정신장애나 심리적 갈등이나 대인관계의 복잡한 문제들은 반드시 완전 치유로 해결되는 것이 아니다. 도움에도 한계가 있다.

둘째, 전문적인 이론이나 기술에 지나치게 의존하는 것은 결과적으로 치료자 스스로를 중심으로 만들 뿐, 대상자는 중심으로부터 멀어지게 만든다. 또한 자신의 전문 견해만을 기준으로 접근하면 대상자의 중요한 정보들을 간과하고 넘어가기 쉽다.

셋째, 증상이나 비정상을 찾는 일에 골몰하면 그 증상을 둘러싼 당사자가 처한 정황을 놓치기 쉽다. 내가 전문적으로 치유 사역을 추진하지만 남을 돕는 과정에서 나 자신이 하는 일이 옳고 적절한지에 대한 스스로의 평가가 있어야 한다.

넷째, 원숙한 공감은 혼자서 배우는 것이 아니다. 훈련 과정에서 감독자*supervisor*의 도움으로 여러 가지 사례 경험을 토론하면서 자신의 공감 능력을 평가해야 한다.

나는 일제강점기 근로 동원의 노역에도 나가 보고, 8·15 해방 후의 이념적 격동기도 겪었고, 6·25 사변으로 큰 위험의 고비와 자산 피해도 겪었고, 한국의 산업화 단계에 이어 군사정권의 독재 그리고 맹렬한 민주화 운동도 목격하였다. 지금까지 우익좌익의 정권 교체와 이에 따르는 격심한 정쟁政爭으로 국민들이 시달리는 경험도 같이하면서 살아 왔다. 최근에는 코로나19의 팬데믹을 겪으면서 나 자신도 코로나19에 감염되어 위기를 겪었다. 연속되는 위험과 스트레스를 겪으면서 무엇보다도 내가 실감한 것은 '나와 나의 안전'을 우선하는 문화의 변천이었다. 온갖 위험을 겪고 외롭게 걸어 온 긴 여정에서 내가 가장 소중하고 값지다고 믿는 것은 인간성 *humanity*이다. 나 개인의 기우이기를 바라지만 코로나로 사람과 사람이 만나는 기회가 제한되면서 우리가 서로 돕고 나누고 더불어 사는 공동체 생활의 즐거움을 잃어가는 것이 아닌가 걱정된다.

이웃 사랑에서 말하는 그 이웃이 '나' 중심에 밀리고 이웃에 대한 배려가 우리의 삶에서 사라져 가는 것이 아닌지 안타깝다. 세상은 문화 전쟁으로 인한 분열과 경쟁과 적대로 미움이 득세하고 있다. 예수님이 보여 주시고 가르치신 완전한 인간성*full humanity*이 아쉽다. 새삼스럽게 이웃 사랑의 기본인 공감의 절실함을 느낀다.

1. 공감과 인간성

가난과 질병 그리고 장애인들도 우리의 이웃이다. 건강한 내가 그들을 도와야 한다. 이것이 휴머니티의 기본이다. 휴머니티와 공감의 연결을 정리해 보면 다음과 같다.

1. 남에 대한 동정과 공감은 인간성과 항상 함께 한다.
2. 정의로운 행동은 공감과 뛰어난 상상력에서 나온다.
3. 공감 능력의 차이에 따라 친화력에 차이가 있다.
4. 공감적 배려와 염려가 기초가 되어야 진정한 이타주의가 가능하다.
5. 남과의 차이를 아는 것도 중요하지만 공통점을 확인할수록 공감의 가능성이 높아진다.
6. 남의 입장을 상상을 하면 할수록 공감 능력은 향상된다.
7. 공감 능력이 좋은 사람은 남을 닮으려는 동화 능력을 통해 친밀감을 높인다.
8. 공감은 보편적인 친사회적 동기 역할을 한다.

우리가 남이 처한 곤경을 상상하면 그들의 고통을 느끼게 되고 우리가 남의 감정을 느끼면 그들의 관점에서 세상이 어떻게 보이고 어떻게 느끼는지를 이해하게 된다. 그러므로 자연히 사회적으로 바람직한 인간이 된다.

- 언론인, 데이비드 하우(David Howe)의 글 「공감의 힘」에서 -

2. 공감 능력을 향상시키는 방법

1. 일상생활에서 기회가 주어질 때마다 남의 입장이 되어 보며 상대의 마음을 이해하는 노력을 한다. 평소에 꾸준히 상상하는 능력을 키운다.

2. 상상하는 능력은 좋은 문학작품을 읽으며 얻어지는 공감 능력으로부터 온다. 작품에 등장하는 인물들의 행동이나 언어에서 그들의 감정과 생각을 닮아 공감하게 된다. 공감한 것을 섬세하게 다듬어 주면 상상력은 더욱 향상된다.

3. 소설이나 희곡이나 시를 직접 쓰는 것은 공감 능력을 향상시킬 수 있는 뛰어난 방법이다.

4. 미학적 경험: 예술활동은 공감의 잠재력을 보강해 준다.

5. 예술에 몰두하면 감정의 수준뿐만 아니라 그 느낌과 인지적 이해력을 연결시켜 말로 표현하면 공감적 소통 능력이 향상된다.

6. 토론하는 공동체가 있으면 거기서 오고 가는 대화 내용을 기억하고 다시 모여 서로가 공감한 내용들을 교환하는 훈련은 인지적 공감 능력을 향상시키는 탁월한 방법이다.

7. 문학이나 예술 작품이 품고 있는 인간적 요소들을 받아들이고 동일시하여 내 것으로 만드는 노력을 한다. 이것이 공감의 깊이와 범위를 확대 시키고 동시에 나의 창의적 상상력도 풍부하게 만들어 준다.

3. 내적 성찰

공감 능력은 누구나 갖추고 있다. 낮은 수준의 공감을 넘어 높은 차원의 창의적 인지-감정 공감 능력을 노력으로 키우면 삶의 가치가 달라진다. 창의적 공감 능력을 향상시키는 데 필수적인 것이 '내적 성찰'로서 우선 자기 자신을 아는 것이다. 자신의 감정을 느끼고 이를 인식할 수 있어야 공감 기능을 발휘할 수 있다. 공감과 관련한 자기 성찰에서 반드시 명심해야 할 것은 공감에도 바이어스*bias* 즉, 편향이 문제된다는 것이다. 내가 공감하고 이해한 것이 나의 바이어스로 과장되거나 왜곡되거나 옳지 않은 것이 될 수 있다. 예를 들면, 중학교에 다니는 자식을 가진 부모들은 세월호 참사로 희생된 학생의 부모나 가족이 갖는 비통함을 예민하게 공감한다. 암에 걸려 본 사람은 암 선고를 받는 이웃들의 실존적 불안을 절실히 공감한다. 공감이 나의 처지에 따라 지나칠 수도 있고 부실할 수도 있다. 내가 감정적으로 흥분했거나 생리적으로 각성 상태에 있을 때 공감 능력은 더욱 활발해진다. 그러나 내가 우울한 상태에 있으면 공감이 쉽지 않다.

한 연구에 의하면 배가 고프지 않을 때보다 배가 고픈 상황에서 먹을거리를 살 때, 평균 2만 5천원 정도 더 소비한다고 한다. 내가 특수한 생리적 상태에 있을 때 상상한 공감은 현실과 다를 수 있다.

문화적인 차이도 공감에 큰 영향을 준다. IMF 외환 위기로 나라가 경제적 위기에 처했을 때 위기를 극복해야 한다는 것에 모두가 공감하여 귀한 금품을 서슴지 않고 내놓은 우리의 역사가 있다.

바이어스 영향 중에서 가장 부정적인 것이 '이해 타산'이다. 자기의 이익이 크게 좌우되는 상황에서는 공감에 차질이 올 수 있다. 정치가들은 국민들의 감정이나 요구를 잘 공감한다고 믿고 있지만, 그 공감의 결과가 자기의 차기 선거를 불리하게 한다면 공감한 내용에 대한 반응이 달라진다. 그에게는 공감한 내용의 가치보다 당의 공천이나 투표수가 더 이롭고 중요하기 때문이다. 공감한 내용이 추진되어 나에게 불리한 결과가 온다면 공감을 해도 이를 행동으로 옮기지 않는다. 내가 공감한 감정이나 생각이 이와 같은 바이어스의 영향을 받는지 냉철하게 살피고, 편향으로부터 자유로워질 수 있다면 이보다 더 바르고 세련된 공감은 없을 것이다.

Chapter 3

공포와 불안은
창조주가 준
방어기전

불안이란
무엇인가

불안이라고 하면 증상으로서의 불안을 의미하는 '불안증'을 떠올리기 쉽다. 임상에서 다루는 소위 불안장애는 정상적인 불안이 과장되거나 부적절한 경우 즉, 불필요한 걱정과 두려움 같은 것을 느끼는 상태를 말한다. 이때 불안을 느끼지 않으려는 무의식의 방어기전이 대리증상으로 나타나기도 한다. 예를 들면 공포증, 강박증, 신체병 기우증 등이다. 그러나 여기서 논하고자 하는 불안은 정신장애의 불안증이 아니라 살면서 어떤 위험에 처하거나 위험을 예측할 때 겪는 정상인이 겪는 불안이다.

불안에 대한 사전적 정의는 다음과 같다.

우리가 적응할 수 있는 기법이 충분치 않은 해로운 도전이 있을 때 일어나는 편안하지 않은 정신 상태.

편안하지 않은 정신 상태는 우리의 마음을 불편하게 하지만 동시에 우리를 보호해 주는 위험신호다. 불안은 창조주가 생존을 위해 자기방어를 하라고 마련해 주신 소중한 감정이다. 특히 예측 불안은 나에게 오는 위험을 미리 예고해 주는 귀중한 위험신호로 우리를 보호하기 위해 미리 대비하라는 경고다.

온 세계는 여전히 신종 코로나19의 대유행을 겪고 있으며, 백신이 급속히 보급되고 있음에도 변종 바이러스의 전염과 백신 돌파 감염으로 그 끝이 보이지 않고 있다. 이런 위기에 정도의 차이는 있지만 누구나 불안을 경험하고 있다. 집 밖에 나가야 할 일이 있어도 나갔다가 혹시나 감염되지 않을까 두렵고 그래서 외출했다가 집에 돌아오면 제일 먼저 손부터 씻는다. 두려움이 있기에 만사 제쳐 놓고 손부터 씻는 것이다.

공포는 불안과 비슷한 의미로 쓰이고 있으나 차이는 있다. 공포는 위험이 무엇인지 아는 경우이고, 불안은 위험의 원인이나 대상이 막연하고 모르는 경우에 쓰인다. 불안과 공포는 이를 느끼는 순간에 일정한 신체반응이 일어난다. 자율신경계통 반응으로 땀이 나고, 맥박이 빨라지는 심계항진, 혈압상승, 호흡 곤란, 흉부 압박감, 근육긴장, 등골이 오싹하는 전율감 등이다. 이와 같은 신체증상이 일어나면 불안은 더 심해진다. 신체증상을 예민하게 느끼고 또 느낀 것을 확대 해석하기 때문이다. 숨이 막힐 것 같다, 이러다가 심장마비가 오지 않나, 어지러워서 실신하지 않을까 등의 부정적 사고가 불안을 악화시킨다.

이전에 심한 불안증을 경험해 본 적이 있는 경우 그것이 다시 반복되지 않을까 하는 걱정에 휩싸이면 불안은 더욱 악화된다. 안정하려고 해도 쉽게 가라앉지 않는다. 신체증상 외에도 다양한 불안 보강 요소들이 있다. 그렇기 때문에 우리가 불안의 본성을 잘 이해하고, 불안을 대적하지 않고, 누군가와 관계를 맺을 때 나를 보호해 줄 수 있는 내 편으로 만드는 것은 굉장히 중요하다.

우리는 어린시절에 거쳐 온 발달단계에서 이별불안을 경험한다. 인간은 태어나면 즉시 어머니 또는 어머니를 대신하여 돌봐 줄 이가 있어야 한다. 아이가 돌봐 주는 어머니를 인식한 후로는 어머니가 곁에 있어야 안심이 된다. 어머니가 곁에 없거나 보이지 않으면 두려움을 느낀다. 본능적으로 항상 어머니 곁에 있으려 하고, 매달리는 애착관계가 형성되는 것도 이 때문이다. 동물들도 출생한 후 먹이를 혼자서 챙길 수 있을 때까지는 어미 곁을 떠나지 않는다. 애착단계에서 어머니의 부재는 관계의 단절의 전조이기 때문에 아이는 어른의 단절불안에 해당되는 행동을 보인다. 울거나 보채거나 어머니를 찾는 애처로운 모습이다. 이것이 어른의 이별불안에 해당되고 성인이 돼서도 무의식에 단절 불안으로 잠겨 있어 이별 신호나 자극이 있을 때 즉시 불안을 느끼게 된다.

불안의
신경과학

일반적인 불안과 불안장애에 관한 신경과학을 이해하기 위해서는 불안에 대한 뇌의 '기전'부터 알아볼 필요가 있다. 우선 위협을 당했을 때 뇌에서 일어나는 변화에 대한 연구들을 소개한다.

심리학자인 조셉 르뒤*Joseph LeDaoux*는 1994년 동물이 위험 상황에 처했을 때 동물의 뇌에는 두 단계의 다른 시스템이 작동되는 것을 관찰하였으며, 인간에게도 이 두 시스템이 있다고 주장하였다. 그 하나는 빠른 시스템*fast system*이고 또 하나는 느린 시스템*slow system*이다.

1. 빠른 시스템: 위협을 당했을 때 반사적인 행동으로 눈, 귀, 피부, 코, 혀 등의 감각기관에서 들어오는 정보를 직접 시상체(視床體, thalamus)와 편도체(偏桃體, amygdala)에 보낸다. 그리고 즉시 그 감각을 평가해서 3F(fight, flight, freeze) 반응에 해당되는 자율신경계통의 활성화가 일어난다. 잘 알려진 대로 인간이 위기에 처하면 즉시 아드레날린(adrenaline)이 분비되고 이때 편도체의 역할이 크다.

2. 느린 시스템: 들어오는 감각 정보를 시상체에서 좀 더 위험을 평가하기 위해 신호를 해마(hippocampus)와 대뇌피질로 보낸다. 동물에게서도 이것을 볼 수 있다. 위기에 처했을 때 즉시 3F 반응을 일으켜 일단 주춤하고 상황을 살피다가 반응을 바꾸는 행동이 그것이다. 인간의 경우는 의식 과정을 거치면서 위험상황을 평가하기 때문에 시간이 지연된다. 대뇌 피질에서는 과거에 지금과 같은 위험에 처했을 때의 경험을 비교 평가하면서 행동을 결정한다.

이 두 시스템은 일상생활에서 늘 작동된다. 가령 밤길을 걷던 도중 골목에 들어서자 한쪽에 검은 짐승 같은 것이 보이는 상황이라고 가정해 보자. 순간 가슴이 덜컹하고 맥박이 빨라지고 오싹하면서 걸음을 멈춘다. 그런데 자세히 보니 그것은 쓰레기를 담아 놓은 검은 비닐봉지였다. 빛이 잘 들지 않았던 탓에 마치 동물 같은 형태로 보였던 것이다. 실체가 무엇인지 알아차린 순간 큰 숨을 쉬고 긴장이 풀린다. 빠른 시스템의 공포반응이 일어났다가 느린 시스템의 개입으로 공포반응이 가라앉는 것이다. 빠른 시스템의 반응은 반사적으로 일어나며 이때는 고차원의 의식이 관여하지 않고 자동적으로 반응하고 오로지 뇌의 피질하 구조 즉, 편도체와 시상체만이 관여하는 위험 반응이다. 이 빠른 시스템의 경고 반응은 경험에서 학습된 반응이 아니라 타고나는 경고반응이다. 동물과 인류가 생존하기 위해 갖추고 태어나는 원초적인 보호본능의 반응이라 할 수 있다.

미국의 신경과학자이며 의사인 폴 맥린*Paul D. MacLean*은 1969년에 예일의과대학교와 국립정신건강연구소*NIMH* 공동연구에서 진화적 인간 뇌 모델을 구상하고 이를 삼인조 뇌三人組腦 즉, 트라이윤 브레인*Triune Brain*이라고 명하고 사이언스지에 발표했다*Science, vol. 204, pp 1066-1068, 1979*. 그 후 1990년에 그의 저서, 『삼인조 뇌 진화*The Triune Brain in Evolution*』를 출간하였다. 이 뇌 모델은 다윈*Darwin*의 진화론과 프로이트의 무의식 이론과 칼 융*Carl Jung*의 원형原形, *Archetype* 이론을 통섭하고 융합함으로 인간의 행동을 뇌의 구조로 설명하는 것에 크게 공헌한 모델이다. 그러나 일부 신경과학자들은 여전히 이 모델을 하나의 가설로 인정하지 않고 있다. 이 모델은 쉽게 풀어서 말하면 '뇌 안의 뇌 안의 뇌'라는 뜻이고 '마음 안의 마음 그 안의 마음'이란 뜻이다.

이 개념은 예부터 동양에서 인간의 마음을 마차馬車에 비유한 것과 비슷하다.

인간의 마음은 '마부와 말과 수레'와 같다. 마부는 이성 즉 합리적인 마음을 뜻하고 이 마부는 '감정적 마음'을 대표하는 말을 조정하는 데 한계가 있다. 그리고 이 말은 '본능적 마음'을 뜻하는 수레를 조정하는 데 한계가 있다.

마음속에 3개의 독립된 마음이 있다는 뜻이다. 이것은 일찍이 플라톤*Platon*이 이야기한 "인간의 마음은 독립된 몇 개의 마음으로 되어 있다"는 표현과 맥을 같이한다.

맥린의 3인층 뇌 이론에 따르면 우리의 뇌는 3개의 계통 발생적 시스템으로 되어 있다. 즉, 뇌가 3층의 계급 시스템*hierarchical system*으로 이루어져 있으며 각 층이 서로 연결된 채로 제각기 복잡한 기능을 가지고 있다는 것이다.

- 1층-파충류 뇌(Reptilian brain): 이 부분의 뇌는 고정되어 있어 진화에서 변하지 않고 몸과 마음의 활성화, 각성, 항시성(homeostasis), 생식기능 등을 관장한다.
- 2층-고 포유류 뇌(Paleo-mammalian brain): 학습과 기억, 감정 등에 관여한다.
- 3층-신 포유류 뇌(Neo-mammalian brain): 대뇌의 피질과 뇌량(corpus Callosum)이 관여하고 의식과 자기 인식 등 고차원의 인지기능을 담당한다.

그런데 이 3개의 뇌가 각각 다른 정신성향*mentality*을 가지고 있어 때로는 문제를 일으키기도 한다. '사람'과 '말'과 '바퀴'가 각각 다른 성향으로 존재하고 있어 주어진 조건에서 따로 논다는 이야기다.

예를 들어 인간이 갑자기 어떤 위기에 처하면 즉시 파충류 뇌의 편도체가 이를 감지하고 3F에 해당되는 반응이 일어나는 상황이라고 해 보자*Fight 싸우기-Flight 도망가기-Freeze 얼어붙기*. 심장은 빠르게 뛰고 근육이 긴장되고 호흡이 가빠지는 원초적 공포반응*primordial fear response*을 일으키고 인간은 두려움에 휩싸인다. 이때의 반응은 파충류 뇌에서 이루어진다. 즉 우리의 의식과 별도로 작동하고 있어 이성적인 판단이나 조절을 받지 않는다. 임상적인 예로 이러한 급성 불안과 공포를 일으키는 공황장애*Panic Disorder*를 들 수 있다. 공황발작은 생존의 위기에 처했을 때 발동되는 3F 반응 중 도주*Flight*에 해당되는 경고 반응이라는 해석이 유력하다. 따라서 공황발작이 일어나면 호흡이 빨라지고 심장이 뛰고 근육의 긴장이 오면서 압도적인 공포에 휩싸인다. 공황발작은 실제로 원초적인 경고 반응을 일으킬 만한 위험이 없는데도 갑자기 일어난다. 경우에 따라서는 과거에 겪었던 충격적인 경험과 연결되는 상징적인 자극이 큐*cue*가 되어 경고 반응이 유발되는 경우도 있다. 그러나 공황발작은 아무런 위험이 될 만한 자극이 없는 휴식 중 갑자기 일어나기도 한다.

문제는 일단 공황발작이 일어나면 당사자가 실제로 위험 사항이 없다는 사실을 인지하더라도 공포나 증상은 가라앉지 않는다. 이것은 이미 소개한 폴 맥린의 뇌의 진화적 계통 발생학의 이론으로 설명할 수 있다. 맥린의 삼인조 뇌 중에 파충류 뇌*reptilian brain*, 모형도의 검은 부위는 의식을 담당하는 신 포유류 뇌*neo-mammalian brain*가 현실 검증으로 위험이 없다는 것을 알려 주어도 경고 반응을 멈추지 않는다. 그래서 누가 곁에서 현실에 위험이 없다고 안심하라고 타일러도 그것이 전혀 먹혀들지 않는다. 3인조 뇌의 특징으로 이 세 가지 뇌가 때로는 서로 협조하거나 절충하지 않는다는 이론이 이를 뒷받침한다.

두려움과 공포는 인간의 생존을 위해 우리를 보호해 주는 경고이다. 만일 인간에게 두려움이 없다면 인류가 살면서 겪는 위험에 적절히 대처하지 못해 결국은 멸종되었을 것이다. 인류는 원시인부터 생명에 위협이 되는 위기를 끊임없이 겪어 왔다. 그 경험에서 특별한 위험 상황들을 학습한 것도 계승되어 본능적인 경고 반응과 자극을 통해 불안을 일으킨다는 이론도 있다. 그러나 아직도 학습된 위험이 계승된다는 유전학적 증거는 없다.

인간이 공통적으로 두려워하는 대상들은 분명히 존재한다. 뱀, 어둠, 높은 곳, 함정 같이 빠져나가기 힘든 갇힌 장소, 동물들의 응시, 혼자 있는 것, 집에서 멀리 떨어지는 것, 폐쇄되어 숨 쉬기가 어려운 공간 등이다. 흥미로운 사실은 공황발작을 겪은 사람들은 이러한 처지나 대상에 노출되면 몹시 두렵고 때에 따라서는 공포 증상도 생긴다는 것이다. 임소공포증agoraphobia이 바로 그것이다. 이 공포증은 현실적으로 크게 두려워할 이유가 없는 불합리한 공포로 정상인은 두려워하지 않거나 약간 두려워도 피하지 않는 대상들이다. 임소공포증 환자들이 주로 흔히 두려워하는 장소나 상황은 아래와 같다.

> 수퍼마켓, 백화점, 혼잡한 곳, 버스, 전철, 비행기, 높은 곳, 빠져나가거나 도피하기 어려운 갇힌(trapped) 장소, 어두운 곳, 집 떠나는 것, 혼자 있는 것, 여행 가는 것, 사람들 앞에 나서는 것, 승강기 타는 것, 혼자 있는 것 등.

만일 임소공포증 환자들이 이런 장소나 상황에 노출되면 심한 불안을 느끼고 자율신경계통의 활성화로 신체반응이 일어나 견디기 어려워한다. 위험이 없다고 제아무리 설명해도 소용이 없다. 위험에 대한 과장된 사고로 스스로 공포를 설명할 뿐이다. 예를 들어 비행기가 비행 중 사고를 일으키는 빈도를 통계로 보여 준 뒤, 치명적 사고로 이어질 확률이 자동차 사고에 비해 훨씬 안전하다고 안심시키려 해도 어쨌든 비행기가 공중을 날아가다가 고장이 생길

'가능성'은 있지 않느냐고 반문한다. 자신이 비행기를 탔을 때 그 고장이 생기지 않는 것을 어떻게 보장하느냐고 되묻는다. 가능성과 확률을 혼돈하고 있다. 임소공포증 환자들은 이런 것 저런 것을 피하다 생활 범주가 극도로 위축되고 남에게 의존하게 되어 2차적인 우울증이 온다.

불안은 삶에서 겪는 위험을 준비하고 적응하기 위해 타고나는 자기 보호 장치라는 사실을 충분히 이해한다고 해도 불안은 일어난다. 그리고 그 불안은 몹시 불쾌하고 고통스럽다. 게다가 불안해지면 위험에 대한 인지적 왜곡이 일어난다. 즉 위험을 과대 평가하고 동시에 위험에 대처할 수 있는 자신의 능력을 과소 평가하게 된다.

역사적으로 종교가 인간의 불안을 다루고 안정과 위로를 제공하는 역할을 해 온 것은 사실이다. 하나님의 보호를 믿음으로써 불안이 덜어지고 그래서 마음이 안정되기도 한다. 그러나 불안증이 심한 경우는 이러한 믿음의 효과는 미약하다. 있다 해도 일시적이다. 많은 여론조사나 학술적 조사에서 종교를 가진 사람들이 비종교인보다 안정적이고 마음이 평화롭고 삶에서 더욱 행복감을 느끼며 좀 더 장수한다는 보고가 있다. 비록 종교가 인간에게 마음의 안식처 역할을 하고 걱정도 덜어 주는 효과가 있는 것은 사실이지만 그 효과는 임시적이고 생명을 위협하는 경우에 일어나는 큰 불안에는 그 효과를 기대할 수 없다.

애착, 이별불안,
심리도식

모든 동물은 태어나면 어미가 새끼 곁을 떠나지 않고 돌봐 준다. 포유류는 젖을 먹이고, 조류는 어미가 먹이를 물어다 주고, 그 동물들은 자라면서 스스로 먹이를 찾아 먹게 된다. 어미는 새끼가 홀로 자생할 수 있을 때까지 새끼 곁에서 보호해 준다. 동물마다 어미와 새끼가 밀접해 있는 기간은 다르나 자생할 때까지의 성장 기간이 제일 긴 인간의 경우는 보통 5세까지를 애착기간으로 본다. 이 기간은 아이의 인격 발달에 중요한 시기이기도 하다. 볼비는 애착 종류를 4가지로 나누었는데 안정애착 65%, 아이가 반응을 보이지 않는 회피애착 20%, 울고 보채고 항거하는 저항애착

10~25% 그리고 회피와 저항을 더한 혼란애착 5~10%이다. 혼란 애착의 경우 아이가 성인이 되었을 때 대인관계나 충동 조절에 문제가 생긴다.

애착기간에 어쩌다 어머니나 대리인이 보이지 않고 접촉이 멀어지거나 끊겼을 때 '애착행동'이 나타난다. 강박적인 매달림, 단절에 대한 항거, 분노 그리고 이별 기간이 길어지면 우울, 절망 등의 반응을 보인다. 이와 같은 행동은 자신의 곁을 떠나는 것을 마다하거나 주저하게 하는 효과는 있으나 일단 애착 대상의 이별이 길어지면 아이는 보채다 지쳐서 무기력 상태에 빠지고 매달린 대상을 잃은 좌절로 우울 상태가 된다. 이 우울에는 분노가 담겨 있다. 그러나 그 분노가 표현되면 단절이 더 악화된다는 본능적 불안 때문에 자아가 이를 억압한다. 이별이 두려워 아이가 계속 애착 대상에게 매달리고 보채면 이것이 애착 대상을 더욱 피곤하고 화나게 하고 또 어찌할 줄 몰라 무기력하게 만든다. 결국 아이의 우울과 매달림은 애착관계를 더욱 불안정하게 하고 이로 인해 이별은 무의식의 트라우마로 남는다.

애착기간 동안의 부정적인 경험은 아이의 기억에 남아 인격 발달에 영향을 준다. 예를 들면 애착관계에서 부모가 아이의 존재를 부담스러워한다고 가정해 보자. 이때 부모에게 아이는 귀찮고 짜증스러운 대상기에 부모가 아이를 볼 때마다 무시하고 싶은 존재라는 메시지를 보내게 될 수 있다. 이것이 아이의 자기-의식에 새겨져 결과적으로는 낮은 자존감의 뿌리가 되며, 성인이 되어 자신감 있는 삶을 펼치고자 할 때 지장을 준다. 특히 애착관계에서 심리적 트라우마로 마음의 상처를 받았을 경우에는 본능적인 자기 보호의 전략으로 이에 대처해서 적응한다. 그런데 이 방어 전략은 성장하는 동안에는 도움이 되는 적응방식이지만 이 방식이 뿌리 깊은 심리도식*schema*으로 인격에 새겨졌을 경우 성인이 되면 그 도식이 비적응적이 될 수 있다. 가족 내 폭력이 심한 가정, 몹시 엄격하고 처벌적인 부모, 지나치게 바쁜 부모, 사랑이 결핍된 가정 분위기, 부모의 돌봄이 없는 경우, 심지어 아이들이 폭력의 대상이 된 경우에는 자기 보호를 위해 채택되는 적응 방식으로 자기 부정, 회피, 희생, 복종, 의존, 인정, 부정, 투사, 방어를 위한 선제 공격 등이 있다.

이러한 어린시절의 적응방식이 성격의 일부로 고착되었을 때 성인으로서는 비적응적이 될 수 있다. 예를 들어 부모의 거절에 대한 방어로 항상 복종적이고 자기희생을 마지않는 행동 패턴이 성격으로 굳어진 채 성인이 되면 남과 경쟁해야 하는 사회적 환경에 적응하기가 어려워진다. 자기가 거절당할까 봐 그리고 남들의 인정을 받으려고 자기를 희생해가면서 복종하는 성격이 될 수 있다. 이런 성격은 오늘의 경쟁사회에 어울리지 않는다. 어린아이가 애착단계에서 겪는 심리 및 육체적 트라우마나 사랑의 돌봄이 결손

된 경험은 성격 형성에 큰 영향을 준다. 그렇기 때문에 애착관계부터 이해하는 것은 매우 중요하다.

애착관계의 시조인 존 볼비*John Bowlby*는 원래 정신분석가였다. 우연히 고아원에서 자란 아이들을 보고 그들이 영양 부족으로 쇠약해지고 무기력해지고 자라서도 그 무기력을 회복하지 못하는 것을 관찰했다. 그는 이것이 어린시절 일정한 대상에게서 받아야 할 사랑의 돌봄이 결핍되었기 때문이라고 보았다. 그래서 동물과 인간이 출생하여 맺는 모자 간의 유대와 애착을 중심으로 그 관계를 연구하였다.

인간은 애착 본능을 타고난다고 믿었던 그는 원숭이를 대상으로 여러 실험을 진행했다. 태어나고 자라는 과정에서 어미는 부재한 채 먹이만 먹고 자란, 소위 '엄마 결손'부터 시작하여, 어미 모양의 마리오네트*marionette*를 여러 가지 외모로 만들어 어미 대역으로 제작하여 실험했다. 새끼는 본능적으로 어미를 접촉하고 시각적으로 인식하면서 항상 그 곁에 있으려고 하였는데, 이 밀착의 본능은 인류의 생존과 번식을 위해 필수적이다. 그는 어려서 어머니와 아이가 맺는 관계가 아이에게 안전 기지*secure base*가 된다고 하였다. 또한, 아이가 엄마 곁에서 떨어지면 이별불안이 생겨 어머니를 찾고 또 찾으면 매달린다*cling*고 하였다. 이별불안은 또한 단절불안으로 이어진다.

애착 이론 이전에는 성인이 되어 남에게 의존하는 경향이 클 경우 원숙하지 못한 의존적 인격으로 인식했다. 그러나 애착 이론 후에는 인간은 누구나 중요한 대상과의 관계를 유지하고 이를 지키려는 기본 동기가 있음을 인정하게 되었다. 성인들도 서로 의존해야 생존하고 인간에게 완전 독립 또는 지나친 의존이란 없다는 것이다. 다만 의존이 효과적이냐 비효과적이냐가 있을 뿐이다. 애착 단계에서 어머니가 사랑으로 돌봐 준 덕분에 안정감이 보장되면 이것이 아이에게 자율성과 자신감을 심어 준다. 더 나아가 긍정적인 자기의 감각sense of self을 갖게 하고 타인과도 좋은 관계를 맺도록 도와 준다. 결국 '내가 사랑받을 충분한 자격을 갖추었다'는 기본적인 자기 신뢰가 형성되는 것이다.

안전한 애착관계가 제공하는 '기본적인 자기 신뢰'는 자신감을 갖고 밖의 세상을 탐험하게 한다. 그리고 건전한 자아가 발달하면서 환경에 순조롭게 적응할 수 있도록 해 준다. 마음에 새겨진 안전 기지가 모험하는 용기를 주고, 나아가 새로운 정보에 인지적으로 개방하고 어려워도 꾸준한 탐색을 가능하게 한다. 또한, 안전한 애착이 자기의 위치를 알게 하고 그 위치에서 생각하는 능력을 갖게 하며 자기 자신 즉, 스스로의 행동과 정신 상태를 똑바로 볼 수 있게 한다. 동시에 세상에 질서가 있고 조직화되어 있음을 자각하고 이것에 익숙해지면 안정감을 가질 수 있다는 것을 배운다.

애착단계에서 어린아이의 곁에 어머니가 없으면 아이는 불안해하고 이 때문에 울고 보채는 행동을 종종 보이게 된다. 이는 정상적인 불안으로 어머니가 다시 보이거나 근접해 있으면 소실된다. 그러나 어머니의 부재의 기간이 길어지고 기다리는 동안 유지했던 어머니의 심적 표상도 흐려지면 아이의 불안은 지속된다. 보통 이별불안은 특별한 트라우마나 현실의 위험이 없는 한 18개월 무렵에 주변의 가족들과 관계를 맺으면서 사라진다. 성인이 된 후에도 이별불안의 정도가 심하거나 부적절한 경우에는 치료를 받아야 한다.

애착 시기 이별 불안이 나타나는 시기에 낯선 사람에 대한 불안 *stranger anxiety*을 보일 때도 있다. 낯선 사람이 접근했을 때 아이가 울음을 터트리는 경우가 그 예인데 이것 역시 정상적인 불안이다. 낯선 사람에 대한 불안은 돌봐 주는 사람이 가까이 있어도 쉽게 가라앉지 않고 어머니 혹은 익숙한 사람이 한참 달래야 진정이 된다. 간혹 낯선 사람에 대한 불안이 자라서도 지속되는 경우가 있다. 가령 낯선 사람을 만나면 어머니나 아버지 뒤에 숨는 습관 같은 것이다. 그러나 성인이 되면 이 불안은 사라지고 갑자기 낯선 사람들 틈에 내가 끼거나 또는 새로운 사람이 갑자기 내 그룹에 들어왔을 때 느끼는 불편 정도로 정상화된다.

안정된 애착관계에서 가장 중요한 것은 어머니의 공감 능력이다. 애착관계에서 어머니와 아이는 활발한 감정 반응을 주고받는다. 그런데 이때 꼭 긍정적인 감정만 주고받는 것은 아니다. 어머니가 아이를 귀여워하고 사랑할 때도 있지만 잠도 못 자고 돌봐 주느라 예민해진 나머지 소리 지르고 아이를 침대에 내동댕이치는 등의 부정적 감정의 상호 반응이 나타나는 경우도 있다. 중요한 것은 어떤 형태의 감정이건 아이에 대한 공감의 정서가 담겨 있으면 아이가 느끼는 기본 안정감은 사라지지 않는다. 또한 어머니의 공감을 무의식 속에서 동일시하기 때문에 아이도 서서히 공감 능력이 생긴다. 남을 의식하고 그를 이해하고 또 남의 편이 되는 기초로 공감 능력을 갖추게 된다. 안전한 애착관계로 안전 기지가 있고 나아가 남을 의식하고 공감하는 능력을 갖추게 되면 자기도 위험에 처해 도움이 필요할 때 누군가로부터 감정적 지원이 와서 자기를 돕는다는 신뢰가 있다. 성인이 되어 공동체의 일원이 되었을 때도 그 공동체가 내가 필요할 때 의존할 수 있는 안식처가 된다는 신뢰도 생긴다. 그래서 종교인은 어느 신앙공동체에 속하면 어려움에 처했을 때 공동체의 이웃들과 의논하고 위로받으며 어려움을 극복할 용기를 얻을 수 있다는 기대가 있다. 위기에 처했을 때도 내가 신뢰하는 대상과 연결되어 있다는 느낌이 있으면 이것이 인간의 위기감 조절의 기초가 된다. 무기력과 삶의 무의미에 대항할 수 있는 기본 방어는 안전한 애착관계에서 이루어진다.

애착관계에서 반드시 있어야 하는 5가지 핵심 경험은 아래와 같다.

- 대상과의 애착에서 아이가 안정감 유지하기
- 자율, 능력 발휘, 주체 감각을 가질 수 있는 보장
- 정당한 욕구와 감정을 표현할 수 있는 자유
- 자발성 발휘와 놀이를 즐길 수 있는 분위기
- 현실적 한계 지키기와 자기조절 학습

불안과
종교

종교에 찬물을 끼얹는 이론들은 수없이 많다.

- "종교는 일종의 신경안정제다"

- "종교는 인간에게 마약(morphine)이다"

- "하나님과 인간의 관계는 일종의 애착관계다"

- "신은 하나의 환각(illusion)이고 인간 유아기의 안전과 용서에 대한 욕구를 되찾으려는 인간의 상상력에서 생겨난 것이다"

- "종교는 인류의 발달 과정에서 생긴 중요한 인지적 사회적 부산물이다"

종교인에게는 듣기 불편한 이야기들이다.

이러한 이론들이 나오는 이유는 하나님을 수호신으로 모시고 숭배하고 예배 드리고 계명과 가르침을 지키는 것을 통해서 인간이 영적인 존재로 승화된다는 사실을 부인하기 때문이다. 그러나 심리적으로는 예배를 드리고 나를 지켜 주시는 하나님을 믿는 것이 안정감과 위로를 주고 불안을 무마해 주는 효과가 있다. 하나님께 의존하면 보호해 주신다는 확고한 믿음은 마음에 안정을 가져다 준다. 또한 종교 의식을 행하는 것도 심리적으로 안전의 의미가 있다.

온 세계를 위협하는 코로나19의 대유행으로 모든 사람들이 감염을 두려워하게 되었고, 이를 피하기 위해 방역 수칙을 지키고 긴장한 채 살아가고 있다. 코로나 감염병은 주로 인간 대면으로 전염되기 때문에 집회가 금지되었던 시기에는 교회 역시 오랫동안 문을 닫고 온라인으로 예배와 행사를 진행해야 했다. 온라인을 통한 목사님들의 설교에는 "두려워 말라" "걱정하지 말라" "하나님을 믿고 기도하면 틀림없이 우리를 지켜 주신다"는 내용이 많았다. 전염병으로 부득이하게 교회를 멀리하고 있어 신앙이 흔들리거나 약해지는 것에 대한 경고도 흔하다. 신도들은 '아멘'으로 호응하지만 현실적으로 이런 설교가 감염의 위협과 이에 대한 불안을 진정시키는 효과가 있을지 의문이다. 생명을 지키기 위해서는 하나님께 보호해 달라고 기도하는 것보다 바이러스의 정체를 이해하고 감염의 기전을 알아보는 것이 더 중요하다. 감염에 대한 과학적 정보를 접할 수 없는 이들에게 방역의 정확한 수칙을 따르도록 권하는 것이 감염은 물론 불안까지 덜어 주는 효과가 있다. 역경에 처했을 때 하나님을 찾고 믿음으로 위안받을 수 있는 희망적인 성경 구절은 얼마든지 있다. 그 구절들을 현실에 맞게 적용시키고 강조하고 되풀이하는 설교는 많은 사람들을 권태롭고 피곤하게 한다. 교인 중에는 코로나19에 감염된 분도 있고 사망한 분도 있는데 하나님을 믿는 사람들만을 특별히 보호하신다고 다짐하는 것이 효과가 있을 수 없다. 실제로 믿음으로 감염을 이길 수 있다며 대면예배를 드려 집단 감염의 원인이 되고 교회가 비난을 받은 경우도 있었다. 범세계적 코로나19 전염에 관한 통계에 의하면 종교국인 카타르나 미국이나, 영국, 이스라엘이나 브라질 혹은 인도의 전염률이 높고 비종교국인 대만, 중국, 일본의 전염과 사망률은 훨씬 낮았다.

성경에는 "두려워 말라"라는 표현이 365번 쓰여 있다. 그만큼 성경은 인간의 불안을 다루고 있다. 두려워 말라는 구절이 성경에 자주 나타나는 이유는 삶에서 겪는 여러 가지 위험으로부터 느끼는 불안의 감정이 인간에게 큰 심리적 부담이기 때문이다. 하나님께 의지하고 마음을 진정시키는 것이 인류 역사의 시작부터 오늘까지 이어져 온 것도 이 때문이다. 그러나 하나님이 우리를 보호해 주신다고 믿으면 잠시 마음이 편해지기는 하나 그 효과가 오래가지는 않는다. 그렇다고 그 믿음을 보강하기 위해 교회에 자주 간다면 이 것은 건전한 신앙이 아니다.

구약성경을 보면 이스라엘 민족들은 여호와 하나님을 양들을 지켜 주는 목자로 묘사하고 있다. 그래서 위험이 있어도 목자가 우 리 양들을 지켜 주기 때문에 두려울 것이 없다고 다짐한다. 창세기 21: 17절에 하갈이 광야에서 헤매다가 가진 물이 떨어지자 그의 아 들이 목 말라 죽을 것이 두려워 우는 소리를 내자 하나님이 그것을 들으시고 사자를 보내 두려워 말라고 타이르는 구절이 나온다. 하 나님은 하갈의 눈을 밝혀 주셔서 샘물을 발견하게 하고 이를 가죽 부대에 담아 아이에게 마시게 한다. 하나님이 목자이시니 부족함 이 없다는 시편 23편은 기독교인이면 누구나 암송할 수 있는 유명 한 구절이다.

이러한 구절들은 당대의 삶에서 절실하고 필요했던 내용들이지 만 오늘날 젖소 양육장에서 짜내고 정제한 우유를 마시고 더운 날 에도 수도꼭지만 돌리면 찬물이 나오는 세상에서는 어울리지 않는 다. 그러나 성경의 두려워 말라는 구절들은 당시에는 절실했던 내 용들이다.

신약성경에서도 하나님의 사랑이 불안을 씻어 준다고 쓰여 있 다. 베드로 전서에는 "너의 염려를 다 주께 맡기라. 이는 그가 너희 를 돌보심이라"고 다짐하고5:7 요한 일서에는 "사랑 안에 두려움이 없고 온전한 사랑이 두려움을 내쫓나니 두려움에는 형벌이 있음이라. 두려워하는 자는 사랑 안에서 온전히 이루지 못하였느니라"4:18 라고 쓰여 있다. 예수님이 가르치고 보여 주신 사랑 특히 이웃 사랑은 두려움을 덜어 주는 구절이다. 그러나 두려움에는 형벌이 있다는 구절은 문자대로는 납득할 수 없다. 두려움 자체가 고통스러운 감정이기에 형벌에 해당되는지는 판단하기 어렵기 때문이다.

그러나 생명이 급속도로 위협받는 상황에 처했을 때 생기는 불안은 기도나 성경에 쓰인 위안의 말씀을 되새긴다고 해서 사라지지 않는다. 우리가 코로나19를 통해서 배운 사실은 전염을 피하고 안전을 확보하는 조치를 '내가' 취해야 한다는 것이다. 내가 아는 지식으로, 내가 행동하여 위험에 대처해야 한다. 이런 상황에서 하나님이나 종교적 믿음이나 기도를 통한 안도감은 직접적인 도움이 되지 않는다. 오히려 나의 두려움이 나를 지켜 준다고 생각하는 것이 이치에 맞다. 사실 창조주께서는 인간이 위험에 처했을 때 우리를 보호하기 위해 공포나 불안을 느끼게 하여 위험을 예방하고 대책을 세울 수 있는 경고장치를 마련해 주셨다. 그런데 종교는 이를 알아차리지 못하고 있다.

인간이면 누구나 실존에 끝이 있고 예외 없이 죽는 것에 대한 불안이 있다. 하나님이 약속하신 영생에 대한 메시지도 사람이 죽어 영원한 세계로 간다는 것은 맞다. 그러나 어떤 사람이 일단 죽었다가 다시 살아나 영원히 산다는 표현은 이해되지 않는다. 죽음을 상상하면 내가 태어나기 이전 즉, 무無로 돌아간다는 것만 상상하게 된다. 동시에 제로_zero_에 가까운 확률로 아버님의 정자와 어머님의 난자가 만나 내가 생겨난 것이 신기하기만 하다. 부모의 정자와 난자의 만남 이전에 나는 무無였다. 내가 죽으면 그 무의 상태로 돌아가는 것이다. 성경에도 흙에서 오고 흙으로 돌아간다고 쓰여 있다. 나의 존재가 없어진다는 것을 생각하는 순간 일종의 전율감이 오고 그 생각을 없애기 위해 서둘러 다른 생각을 떠올리게 된다. 그러나 죽음은 공포의 대상이 될 수가 없다. 내가 유일하게 확신할 수 있는 것은 나의 죽음이고 내가 공포를 느끼든 느끼지 않든 죽음은 반드시 온다는 것이다. 그리고 사랑하는 가족을 비롯한 이웃들과 내가 좋아하는 와인이나 파스타를 비롯한 모든 것과의 영원한 이별이다. 죽음으로 삶이 끝나면 영원한 삶이 시작되고 그 삶에서는 이별불안도 단절불안도 없다.

Chapter 3_공포와 불안은 창조주가 준 방어기전

종교 의식의
배경

　종교 의식이 갖는 뜻은 무엇이며, 종교 의식에 참여하고 따르는 것으로부터 오는 인간 심성의 영향은 무엇일까? 의식에 관한 천주교와 개신교의 차이를 보면 천주교는 예부터 지켜온 전통적인 의식이 있고, 개신교는 교파마다 의식의 차이가 있다는 것이다. 예를 들면 세례 의식, 성만찬, 십자가를 모시는 방식, 강단의 위치, 예배의 순서, 찬송의 예배 참여 방식 등에 다름이 존재한다. 특히 최근에는 하나님을 신성화神聖化하는 장식이나 찬양의 언어 및 자세가 상당히 변화되었다. 과거에는 하나님을 저 멀리 두고 경건하게 신성화시켰다면 요즘에는 하나님을 인간과 더욱 가깝게 모시도록 바꿰었다. 교역자들의 언어와 종교적 관례인 스테레오타입stereotype들도 많이 변하여 지금은 개신교 예배에서 가운을 입지 않는 목사님들도 있다. 설교나 기도가 있을 때를 제외하고는 강단에 올라가지 않고 신도들과 같이 예배를 보는 분들도 있다. 다만, 예배에서 목사님들의 언어가 좀 더 평범하고 부드러워진 점은 천주교와 큰 차이를 가진다. 천주교에서는 미사 시에 무언의 의식과 침묵으로 행동하는 순서도 있지만 개신교에서는 묵도하는 순서 외에는 성경 봉독, 설교와 찬양으로 인간의 목소리에 보다 강조점을 둔다. 시끄럽고 떠들썩한 분위기를 장려하는 경우도 있다. 1906년 4월 9일 미국 로스엔젤레스LA 아주사Azusa 거리에서 시작한 영적 부흥 운동은 소리 지르고 발을 구르고 몸을 흔들며 열정적으로 흥분하는 분위기를 특징으로 한다. 이는 성령의 치유 역사를 재연한 흑인 종교 운동에서 시작되었다. 실제로 순복음 교회의 고 조용기 목사님은 미국의 아주사 운동을 한국에 심어 놓았다고 한다. 지금 한국 개신교 일부 교회에서는 주일예배 모임이 열정의 흥분을 동반한 부흥 집회로 변하고 있다. 교회 젊은이들의 예배는 대중적으로 인기 높은 방탄소년단BTS이나 케이 팝K-pop의 분위기를 닮아 간다. 젊은 목사들은 악기뿐 아니라 디지털 방송 장비를 잘 다뤄야 한다. 예배당에 드럼 같은 타악기도 등장하고 여러 악기로 구성된 밴드가 예배를 인도한다. 교회에 파이프 오르간이 있음에도 지금은 현대적인 키보드가 이를 대신한다. 찬송가를 부르는 방식도 많이 변했다. 마치

군가를 부르는 음조로 손뼉 치고 빠른 템포로 찬송가를 변곡시켜 부른다. 멜로디는 중요하지 않고 작곡가의 속도 표시는 전적으로 무시된 채 신나는 분위기로 편곡해서 부른다. 하나님을 기쁘시게 하고 열정적인 축제로 모신다는 취지다. 이러한 모습은 예부터 인간이 신에게 올리던 제사의 의식과 다르고 오히려 토속 신앙 무녀巫女들이 소리 지르고 춤추는 의식에 가깝다.

이러한 개신교의 예배 의식의 변화는 한국의 천주교에서는 볼 수 없다. 물론 개신교에서도 많은 교회가 전통적인 예배 의식을 지키면서 별도로 젊은 층을 위해서만 축제 분위기로 예배를 보는 교회도 있고 전통적 예배 의식을 그대로 유지하는 교회들도 많다.

역사학자들에 의하면 구석기시대 아프리카 토착 부족들은 신으로부터 보이지도 않고 알 수도 없는 힘의 행적이 온다고 믿었다. 사계절의 변화가 오고, 달은 일정한 주기를 둔 채로 모양이 변하고, 태양은 낮과 밤 그리고 아침이면 틀림없이 다시 뜨는 현상들을 보면서 이를 주관하는 초자연적인 힘이 존재한다고 믿었고 그 힘을 신으로 모셨다. 그 신은 신기한 인격체로 인간의 삶에서 멀리 떨어져 하늘에 계시며 초자연적인 에너지로 자연현상을 주관한다고 믿었다. 달이 변하는 주기와 여성의 월경이 일치하고 있어 달을 여신女神으로 믿었던 부족도 있었고, 태양을 신으로 믿는 부족도 있었다. 원시족들은 자연의 변화로 오는 여러 가지 위험에 노출되어 생명을 잃은 경우가 자주 있었고 신생아 사망도 많았다. 또한 맹수의 습격 그리고 각종 질병으로 쉽게 생명을 잃었기 때문에 신의 보호를 기원했다. 여기에 신에게 호소하는 기도와 의식에는 춤과 노래가 가세하였다. 당시의 신에 대한 제의祭儀는 오늘의 종교, 즉 진리와 도덕을 가르치는 종교라기보다는 각종 재난을 막아 주기를 기원하는 제사 즉, 오늘의 무속Shamanism의 제사에 가까웠다. 역사학자들은 기원 3천 5백 년 전 수메르 쐐기 문자로 동굴에 쓰인 유적들을 연구하면서 당시의 문화를 상상하였고, 기원전 1만 5천 년으로 추정되는 유명한 프랑스 남쪽 라스코 동굴Lascaux caves 벽화 그림을 종교적 의식의 유적으로 인정한다. 이 동굴의 벽화는 동물들의 그림이지만 벽화가 천장에 그려져 있다. 동굴이 길고 좁은 통로로 되어 있는 것으로 보아 천장 벽화가 있는 공간은 의례儀禮의 장소였다고 추정하고 있다. 그려진 동물의 쌍들이 신을 뜻하는지 또는 제사에 쓰인 희생 제물이었는지는 확실하지 않다.

대부분의 역사학자들은 오늘날의 종교적 시조는 다양한 신을 모시고 숭배했던 의식이며, 동시에 신의 위대한 힘에 도움을 호소하는 신과의 소통이라고 말한다. 옛날 신에게 드리는 제사가 수만 년을 거치면서 현재의 종교로 발전한 것을 두고 결국 신은 인간의 영적 갈망에 의해 인간이 창조하였다고 말하기도 한다. 그리고 신을 모시는 의식은 인류에게 특별한 도움, 예컨대 위안, 안식, 소망, 기대, 용기, 자신감 등을 베푸는 힘을 제공한다고 믿었다. 인간의 절실한 필요에 따라 생긴 종교는 결국 인간의 영혼이 나아갈 길을 안내해 주는 길잡이가 되었고 인류의 역사 속 주류에서 전통으로 이어졌다. 따라서 종교는 결코 사라지지 않는다. 인간과 신은 동시에 창조되었으며 인류가 살아 있는 한 신은 없어지지 않고 없어질 수 없다. 누군가가 신이 죽었다고 외친다고 해서 없어질 수 있는 신이 아니다. 다만, 지구의 종말이 와서 인간이 멸종된다면 신도 같이 없어진다고 할 수 있을 것이다.

프로이트는 신을 믿고 숭배하는 의식이 갖는 심리적 기전으로 의식 중에서는 특이하게 무언으로 되풀이되는 거동擧動을 지목하였다. 그리고 심리학적으로 이런 행동은 감정을 격리시킨다고 주장하였다. 이를 강박행동의 역동에 비하면서 이러한 행동이 불안이나 죄책감 등의 감정을 격리시킨다는 것이다. 예를 들면 더러운 것에 오염되는 것에 대한 불안을 손을 자주 씻는 강박행동으로 제거하는 것 등이다. 문화인류학에서는 원시종교의 어떤 의식은 강박행동이 죄책감이나 불결한 마음을 정화시킨다는 원리에서 강박적으로 몸을 흔들고 움직이면서 죄를 씻는다고 한다. 특히 원시종교 의식 중 몸이나 얼굴에 여러 가지 모양의 칠을 하고 다 같이 걸어가는 침묵의 행렬이 있다. 여기에 참여하는 사람들의 얼굴에는 표정이 없고 일정한 몸짓 발짓만 되풀이하며 걸어간다. 이 의식을 통해 죄책감을 씻고 신의 용서를 받는다고 한다. 또한 불안감은 덜고 안정감은 얻는다고 한다. 이 가설은 종교 의식은 그 자체로써 죄책감과 불안을 덜어 주고, 위안과 평안을 얻을 수 있는 효과가 있다는 근거가 된다. 종교적 관점에서 보면 이러한 효과는 단순한 안도감을 넘어 영혼 차원의 평화라고 해석할 수 있다.

종교에는 예부터 지켜온 소위 통과의례*Rite of Passage*가 있다. 일 년 중 어떤 특수한 날이나 시기에 올리는 제사나 축제나 예식이다. 유태교에서는 아이가 성인이 되는 날을 기념으로 시나고그*synagogue*에서 바 미쯔바*bar mitzvah* 의식을 성대하게 올리고 큰 잔치를 베푼다. 기독교에서는 유아 세례식이 있고 성당이나 교회에서 올리는 교인들의 결혼식 역시 통과의례다. 그 외 모든 신도가 지키는 통과의례는 매년 일정한 날이나 시기에 행하는 것으로 유태인들의 유월절逾越節, *Passover*과 기독교에서는 부활절 그리고 이슬람교면 반드시 지켜야 하는 5가지 기둥의 하지*hajj*와 사움 등이 있다. 이와 같은 의식을 주기적으로 갖는 이유는 그 의식을 통해 인간이 변하고 새로워진다고 믿기 때문이다.

통과의례는 변화의 계기가 되며 씻음으로써 깨끗해지는 순화가 그 목적이다. 다시 태어남*reborn*의 뜻도 된다. 유태교의 유월절은 해방의 날로 이를 기념하기 위해 저녁에 특수한 식사를 한다. 네 컵의 포도주와 구운 떡과 유월절 요리로 유대 민족이 노예 생활로부터 해방되어 다시 태어남을 축하한다. 기독교에서는 부활절을 기리며 새벽 예배를 드리고 색칠한 삶은 계란을 나누며 축하한다. 계란은 부화하면서 새로운 생명체인 병아리가 된다. 이슬람교에서는 이슬람력으로 9월이 되는 한 달 동안 해가 떠 있을 때에는 금식하는 라마단을 수행한다. 5행 중 사움을 지키기 위한 것이다. 이러한 전통적인 의식은 시대와 문화가 변해도 지속되어 왔다. 최근 들어서는 바 미쯔바나 성지순례가 간소화되기도 했으나 시대나 문화의 변화와 상관없이 이어지고 있다. 이런 의식은 영적으로 새로워지고 깨끗해지고 충실하게 하나님을 믿는 쇄신의 기회가 되기 때문에 신앙생활을 유지시키는 지혜로운 행사라고 할 수 있다. 전통적인 의식을 의미 없는 요식 행위로 안다면 큰 오산이다.

언젠가 내가 한 목사님에게 이성과 믿음 간의 갈등을 호소한 일이 있었다. 그런데 의외로 목사님의 대답은 간단했다. "하나님을 우선 믿고 그다음 이성적으로 따지라"는 충고다. 우선은 믿고 무엇을 따지라는 것인지 이해되지 않았다. 불안의 경우도 마찬가지다. 우선 하나님의 보호를 믿고 불안을 지식으로 알아보는 것이 순서라는 이야기다. 그러나 나는 그 순서를 바꾸는 것이 순리라고 본다. 불안의 경우도 우선 이성적으로 그 감정의 본성과 속성을 이해하고 우리 편으로 만들면 제어가 가능해진다. 이를 위해 예지叡智를 준비해 주신 하나님에게 감사를 전하고, 불안을 일으킨 원인과 배경을 이해할 수 있게 해 달라고 기도하는 것은 매우 자연스럽다. 그러나 내가 마땅히 해야 할 일은 접어둔 채 하나님이 두려워 말라고 말씀하신 것만 믿고, 기도에만 몰두하는 것은 건전한 신앙이 아니다.

교회가 하나님 중심이어야 하는 것은 당연하다. 그러나 세속적 지식도 하나님 안에 있고 그 누구도 이성을 하나님 밖으로 추방하지 못한다.

판에 박은 하나님 변론을 위해 세속적인 지식을 부인하고, 합리화와 부정否定의 기전으로 성경 구절을 인용하는 것은 이제 듣기조차 거북하다. 역사나 과학의 지식을 피하고 부정하며 지나가는 것은 스스로 확증편향confirmation bias임을 증명하는 셈이다. 진화론이나 신의 역사 이야기가 나오면 이해하는 모양만 갖추고 흘려 버리는 것이 바로 회피이다. 성경에 없는 지식은 진리가 될 수 없다는 식으로 종교에 도전하는 지식을 외면하는 것은 부정이다. 세속적인 지식도 모두 하나님이 창조하셨고 진리는 성경에만 있는 것이 아니기에 세속적인 지식도 과학도 모두 하나님 안에서 살아 움직이는 과정이다.

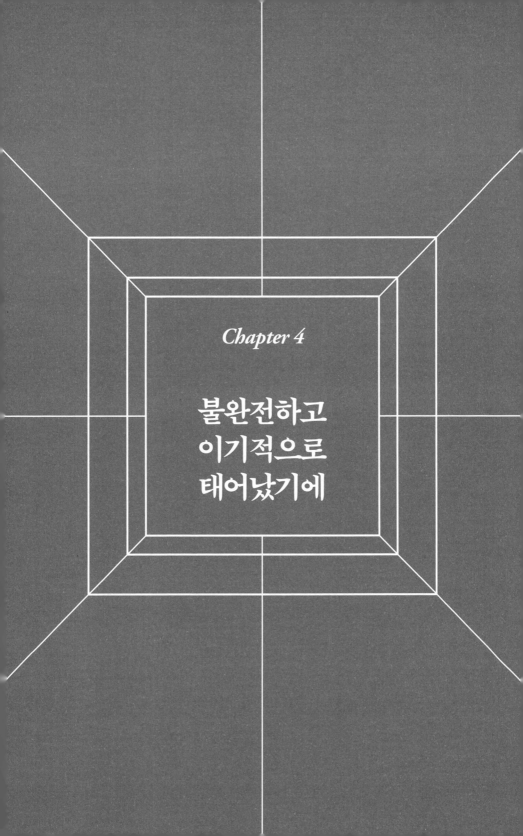

Chapter 4

불완전하고
이기적으로
태어났기에

인간의
생존과 번식

강은 자신의 물을 마시지 않고 나무는 자신의 열매를 먹지 않으며

태양은 스스로를 비추지 않고

꽃은 자신을 위해 향기를 퍼트리지 않으며

남을 위해 사는 것이 자연의 법칙입니다.

우리 모두는 서로를 돕기 위해 태어났습니다.

아무리 어렵더라도 말입니다.

인생은 당신이 행복할 때 좋습니다.

그러나 더 좋은 것은 당신 때문에 다른 사람이 행복할 때입니다.

- 프란체스코 교황 -

모든 생물이 태어난 목적은 생존이다. 식물도 동물도 그리고 인간도 일단 태어나면 살아 생존하는 것이 지상과제至上課題고 다음이 번식이다. 모든 생물은 수명이 있고 살아 있는 동안에 자손을 낳고 키워서 종족을 번식시키는 것이 신의 지상명령至上命令이다. 이 두 가지가 없으면 나도 없고 인류도 없다. 인생은 복잡하고, 성취와 실패를 반복하고, 희비애락 등의 파란곡절을 겪으며 다양한 형태로 전개되지만 가장 중요한 것은 오랫동안 생존해서 자손들을 잘 키우는 것이다. 물론 독신으로 한 평생을 잘 살고 또 결혼을 해도 자식이 없는 경우도 있지만 이것은 정도가 아니다. 독신으로 살면서 훌륭한 성취로 이름난 사람들도 많지만 이것은 예외고 예외는 어디에나 있다. 창세기에 아담과 하와를 부부로 만드신 하나님의 뜻이고 나의 유전인자가 대대로 잘 이어지는 것이 삶의 정도다.

생물들의 생존 본능 못지않게 중요한 것이 번식이다. 때로는 번식이 생존보다 우선시되기도 한다. 자연에서는 하나의 생명이 죽어야 비로소 번식이 가능해지는 현상을 종종 볼 수 있는데, 그럴 때면 생존이 번식의 전제가 아닌가 싶다. 어쨌든 생물이 계속 살아남기 위해서는 생존과 번식이 모두 필요하다. 동물은 살아 있는 동안에는 대를 잇기 위한 경쟁에서 이겨야 한다. 내가 태어난 것도 나에 해당되는 정충이 경쟁에서 이겼기 때문이다. 출생 후에도 형이나 누나나 또는 동생들과 부모의 돌봄과 사랑을 두고 묘한 경쟁이 있다. 자라서 학교에 가면 동급생들과 앞서고 뒤지는 경쟁이 있고 성인의 세계에서는 적자생존, 자연도태, 약육강식弱肉强食에 따라 심한 경쟁이 있다. 그때마다 버티고 이기려면 기본적으로 자기중심적이어야 한다. 그래서 인간은 이기적으로 태어난다.

인간은 자기중심적으로 태어나지만 혼자서는 생존이 불가능하다. 타인과 어떠한 관계를 맺고 서로 협조하며 살아가야 하기 때문이다. 만약 모든 인간이 태어난 그대로 자기중심적이라면 이것은 큰일이다. 우리는 남에게 의존도 하고 서로 배려도 하는 등의 이타적 행동을 하면서 살아간다. 따라서 공동체의 삶에서는 각자가 자기중심성과 자기애自己愛적 충동을 억제하고 조정해야 한다. 태어날 때의 자기중심성은 현실에 적용해서 살아야 하는 관점에서 보면 불완전한 상태다. 우리가 태어날 때는 육체적으로나 정신적으로 미성숙의 불완전 상태다. 그렇다면 우리는 자기중심적인 욕구가 마음 한가운데에 있는 불완전 상태로 살다가 죽는 것이다. 우리가 이기적인 욕구를 버리지 못하면 그 욕구의 발로로 언제 어떻게 남에게 해로운 행동을 할지 모른다. 기독교에서는 불완전하게 자기중심으로 태어난 상태를 죄성罪性으로 간주하며, 이를 놓고 인간은 누구나 죄인이라고 부른다. 그러나 이것은 인간은 이미 죄를 지었다는 판단을 내린 것처럼 들린다. 기독교에서 창세기의 드라마인 아담과 하와가 저지른 타락을 근거로 모든 인류가 하나님을 떠난 죄인이라고 믿는다. 그러나 타락 이전에 하와는 이미 죄성이 있었다. 뱀의 유혹에 넘어가 하나님이 금하신 과일을 따 먹은 것은 자기가 먹고 싶은 충동이 있었고, 먹은 후의 육체적 만족도 있었다. 아담에게도 과일을 먹으라고 유혹한 결과 아담 역시 하나님의 금기는 아랑곳하지 않고 맛있게 먹었다. 아담과 하와는 이미 불완전한 죄성이 있었는데 이를 두고 이미 죄를 지은 죄인이라고 보는 것은 문제가 있다. 종교적으로 인간은 죄성을 타고났지 죄인으로 태어난 것은 아니다. 그리고 아담과 하와가 죄를 저질렀다고 해서 모든 인간이 죄인이라는 것도 이해하기 어렵다. 타락이 실린 성경을 기독교와 같이 믿는 유대교와 이슬람교는 원죄를 인정하지 않는다. 완전하지 못한 인간이 타락했다는 것도 어울리지 않는다. 인간의 타락이 도심道心에서 속심俗心으로 떨어지는 것을 말하는데 인간은 속심으로 태어났으니 더 떨어질 것도 없다.

기독교에서는 유아 세례로 원죄를 사함받고 우선적으로는 자유를 얻는다. 그 후에 지은 죄는 회개하라고 가르친다. 논리적으로 원죄를 회개할 수는 없고 회개는 본인이 지은 죄여야 가능하다. 타고나는 자기중심적 본능은 유아 세례를 받았다고 없어지지 않고 죄성은 무엇으로도 없어지지 않는다. 아이에게 동생이 생기면 어머니는 동생부터 돌봐 주게 된다. 하루아침에 동생과 라이벌 관계가 되어 부모님의 사랑을 독점하지 못하는 좌절을 겪게 되는 것이다.

어머니 양육의 일부를 손해 보고 동생과 나누어야 하기에 부분 만족으로 자기중심을 양보해야 한다. 이 아이가 자라서 사회적 존재가 되면 남과 공존하면서 서로 나누는 것을 배우고 양보도 하고 절충도 하며 적응해 나갈 것이다. 이것이 성숙의 길이다. 나아가 자기의 이기성을 내려놓고 남을 돕는 이타적 행동도 배운다. 사회에서는 이타적 행동이 환영받을 뿐 아니라 칭찬과 관심을 얻는 보상도 있어 자기의 욕구만을 고집하고 살 수 없다는 것을 알게 된다. 라이벌인 동생이 밉지만 돌봐 주고 귀여워해 주면 부모님은 착하다고 좋아하신다.

정신분석에서는 타고나는 자기중심적 욕구를 원초적 자기애 *Primary Narcissism*라고 한다. 프로이트의 원초적 자기애는 어린아이가 현실을 알기 전, 오로지 자기 자신만 알고 자기에게만 관심을 갖는 시기를 말한다. 원초적 자기애 시절은 탄생 직후이기 때문에 우리의 기억에는 없지만, 자신만 알고 자신만 사랑하는 것을 뜻한다.

종종 타고난 자기애를 내려놓고 남을 돕는 선한 행위를 하는 사람들을 볼 수 있다. 이기적으로 태어난다는 전제로 이러한 이타적 행동을 볼 때면 이 역시 타고나는 이타적인 본능이 있는 것은 아닌지 알아보게 된다. 그렇다면 이타적 성향은 성장 과정에서 배움을 통해 얻는 것일까? 아니면 이타성도 타고나는 것일까?

생물학자인 리차드 도킨스는 이기적 유전자*Selfish Gene* 이론을 주장하며 유명해졌다. 반대로 표트르 크로폿킨*Peter Kropotkin, 1842-1921*은 문화의 영향으로 인간이 이기적이 된다고 주장하였다. 크로폿킨은 한때 러시아 사회주의 운동의 선봉에 있었고 무정부주의자로 활약하다가 볼셰비키 독재권력에 항거한 상호부조주의자다. 그가 주장한 상호부조 협력 이론은 원래 인간은 선하고 평등하게 태어나지만 세상의 불평등과 경제적 계급의 차이에서 비롯되는 갈등으로 인해 인간은 악해지며 이기적이 된다고 하였다. 이것은 18세기 스위스 철학자 장 자크 루소*Jean-Jacques Rousseau*의 성선설 즉, 자연은 평화롭고 선하고 도덕적이기에 따라서 우리가 자연으로 돌아가야 한다는 이론과 맥을 같이한다. 표트르 크로포트킨의 이와 같은 주장을 20세기에 영국 출신의 언론가 매슈 리들리*Matt Ridley*가 이어받아 인간이 살면서 상호부조하는 것은 이성이 고안한 것이 아니라 인간의 본성의 일부로 진화된 것이라 하였다. 이 두 사람 외에도 이기성과 이타성에 대해서 유전학, 심리학, 철학, 인성학, 사회학 분야에서 많은 논의가 있었다.

정신의학에서는 프로이트의 원초적 자기애의 이론을 유전자 이론과 접목하여 도킨스의 이기적 유전자 설을 받아들인다. 도킨스는 1976년에 유전자 연구를 통해 이기적 유전자를 주장한 것에 이어 강력하게 무신론을 주장하고 신의 존재를 부정한 것으로 더욱 유명해졌다. 그는 하나님이나 영혼 같은 형이상학적 믿음을 일절 거부하였다. 이기적 유전자에서 그는 "모든 생명은 실재들의 반복으로 차별적 특징의 생존에 의해 진화된다"고 하였고 "인간의 몸은 '생존 기계survival machine'에 불과하다"고 하였다. 그리고 이타적 행동에서 자기희생을 마다하지 않는 이유는 자기희생이 오로지 종족의 생존과 번식을 위한 것이기 때문"이라고 설명한다. 즉, 이타성은 자기 가족, 부족, 종족 그리고 모든 생물체를 이롭게 하기 위한 것이고 그래서 바람직하다고 하였다.

도킨스의 이기성은 생물학적 개념이다. 동물의 세계에서도 자기 종족을 위한 이타적 행동을 볼 수 있다. 그러나 인간이 이성적으로 자신의 손해를 감수해 가면서 남을 돕는 이타성과는 다르다. 본능적인 이타적 행동의 예시는 다음과 같다. 박쥐가 자신의 피를 토해서 굶주리고 있는 동료들에게 먹이는 행동, 원숭이가 사냥 중인 맹수를 만났을 때 동료들에게 큰소리로 경고하지만 이 때문에 자신이 있는 위치가 발각되어 먹이감이 되는 등이다. 치타를 비롯한 여러 맹수들은 일단 먹이를 하나 잡아먹고 배가 부르면 더 이상 사냥을 하지 않는다. 들소들의 이동에서 연약한 들소 하나가 치타의 먹이가 되면 우선적인 위험은 사라진다. 들소들은 그 틈을 타서 안전하게 이동한다.

자손 번식을 위한 자기희생은 물고기에서도 볼 수 있다. 연어의 경우 바다에서 약 4년간 살다가 암컷이 수컷과 함께 민물이 흐르는 강을 헤엄쳐 올라간다. 암컷이 꼬리를 흔들어 접시 같은 진흙 땅을 파고 그곳에 산란을 한다. 수컷은 주위에서 암컷의 산란을 지켜보고 있다가 산란이 끝나면 그 위에 정자를 뿌려 수정시킨다. 이 작업은 한 번에 끝나지 않기 때문에 계속해서 반복된다. 그 과정에서 암컷은 지쳐서 죽는다. 분명 이러한 자기희생은 유전에 의해 본능적으로 이루어지는 번식 행동이다. 인간에게도 이러한 본능적 이타 행동을 볼 수 있다. 산후에 산모는 젖이 불고 아이에게 수유하여 영양분을 공급하는 것이 이에 해당된다. 이러한 생물학적인 이타성은 타인의 웰빙과 행복을 위해 자기가 의식적으로 선택하여 손해 보는 도덕적 행위와는 별도의 것이다.

이타성은 종교와 관계 있다. 모든 종교가 공통적으로 갖는 특징 중 하나가 이타적 행동을 가르치고 남에게 도움을 주는 행동을 적극 권장한다는 것이다. 불교에서는 자기를 희생하면서 남을 돕고 베푸는 자비慈悲를 근본적이고 실천적인 사랑으로 본다. 감각적이고 감정적인 사랑은 자기의 애욕이 중심이기 때문에 자비와는 다르다. 불교의 사무양심四無量心은 자慈, 비悲, 희喜, 사捨로 되어 있다. 여기에서 말하는 버릴 사捨는 '차별을 두지 않는 사랑'을 의미하는데 이것은 나에게 이로우냐 이롭지 않느냐의 차별을 두지 않는다는 뜻이다. 철저한 이타利他다.

이슬람교에서는 다섯 기둥이 삶의 실천 원칙이다. 신앙고백샤하다, 기도살라드, 자선자카트, 단식사움, 메카 순례하즈 등이 이에 해당한다. 이 중에 자선자카트은 실천적 규범으로 무슬림들은 자기가 번 자산의 2.5%, 농업생산의 5~10%, 교역품의 2.5%를 가난한 사람에게 기부한다. 철저하게 실천적이다.

공자님은 인仁을 설파하셨지만 인에 대한 구체적 설명보다는 실천 윤리의 기본 이념인 포괄적인 개념으로 설명하셨다. 공자님의 가르침은 후학들이 개념을 정리함으로써 뚜렷해졌다. 인仁의 속성으로 예禮, 충忠, 경敬, 신信 등을 제시하고 그중의 하나가 애인愛人이다. 공자님도 사람을 사랑하는 것을 인仁이라 하셨지만 여기서의 인은 차별적인 사랑으로 착한 사람을 사랑하고 악한 사람을 미워하는 것이 참사랑이라고 하였다. 단 무엇이 착하고 악한가는 나에게 좋고 나쁜 것에 따르지 않는다고 하였다.

기독교의
이웃 사랑

기독교의 구약성경의 십계명에는 이웃 사랑은 없다. 그러나 신약성경 마태복음에서 예수님이 강조하신 '이웃 사랑'이 첫째 가는 계명이다 마태복음: 22; 37~40.

예수께서 가라사대 마음을 다하고 목숨을 다하고 뜻을 다하여 주 너의 하나님을 사랑하라 하셨으니 이것이 첫째 되는 계명이요 둘째로는 그와 같으니 네 이웃을 네 몸과 같이 사랑하라 하셨으니 이 두 계명은 온 율법과 선지자의 강령이라.

여기서 눈여겨볼 것이 있다. 예수님이 말씀하신 첫째 되는 계명과 둘째 계명 사이에 "그와 같으니"라는 구절이다. 예수님에게 도전한 율법사가 "율법 중에서 어느 것이 크나이까"라고 질문을 했기에 첫째와 둘째로 순위를 매기셨지만 그 사이에 "그와 같으니"라는 표현을 보면 첫째와 둘째가 동격이라는 뜻으로 보인다. 이 뜻을 나름대로 해석하면 하나님을 사랑하는 것이 이웃을 사랑하는 것과 같은 것이다. 하나님은 실체의 존재가 아니므로 인간이 이웃을 사랑하는 것이 곧 하나님을 사랑하는 것이다. 이 구절의 핵심은 이웃 사랑이 모든 계명의 중심임을 예수님이 강조하신 것이다. 이웃 사랑이 기독교의 핵심 정신이라면 여기서 말하는 이웃은 누구를 가르키는 것일까?

이웃이라는 표현은 구약, 신약 여러 곳에서 볼 수 있으나 특별히 이웃이 누구라고는 분명히 드러나 있지 않다. 사전적 정의에 따르면 이웃은 나와 근접한 곳에 사는 사람이다. 구약의 잠언에도 이웃이라는 표현은 있으나 여기서는 가난한 사람을 지칭하는 것 같다.

이웃을 업신여기는 자는 죄를 범하는 자요. 그러나 가난한 사람에게 관대한 사람에게 복이 있도다.

이외에도 성경 여러 곳에 "형제를 사랑하라"는 구절은 있다. 형제라는 표현은 가족의 형님이나 동생을 가리키기도 하지만 한겨레 또는 동포와 같은 개념으로도 쓰인다.

내 형제들아. 만일 사람이 믿음은 있노라 하고 행함이 없으면 무슨 이익이 있으리요. 그 믿음이 능히 자기를 구원하겠느냐? 만일 형제나 자매가 헐벗고 일용할 양식이 없는데 너희 중에 누구든지 그에게 이르되 평안히 가라, 배부르게 하라 하며 그 몸에 쓸 것을 주지 아니하면 무슨 이익이 있으리요. 이와 같이 행함이 없는 믿음은 그 자체가 죽은 것이라(야고보서 2:14-17).

예수님의 동생인 야고보는 같이 자란 관계로 친형인 예수님을 잘 알고 있다. 이 구절은 가난하고 배고픈 사람들에 대한 예수님의 사랑으로 이웃이라는 표현은 없지만 형제 자매라는 표현으로 이웃의 개념을 대변하고 있다. 행함이 없는 믿음은 그 자체가 죽은 것이라는 말씀이 날카롭다.

기독교의 하나님은 옛 유대 땅 12부족의 신으로 시작하여 이스라엘 민족의 하나님으로 모시다가 예수님의 생애를 거쳐 바울을 통해 이방인에게 전파되어 세계의 하나님이 되었다. 인간의 의식의 확장과 지식 및 과학의 발달로 오늘의 기독교는 우주의 하나님을 믿는다. 따라서 기독교 가르침의 핵심인 이웃 사랑에서 이웃의 개념도 확장되어 지금은 온 인류가 나의 이웃이다. 성경의 요한복음에서는 예수님은 이웃이라는 표현 대신에 '친구'라는 표현으로 그리고 '너희가 서로 사랑하라'고 가르치셨다.

> **내 계명은 곧 내가 너희를 사랑한 것 같이 너희도 서로 사랑하라 하는 것이다. 사람이 친구를 위하여 자기 목숨을 버리면 이보다 더 큰 사랑이 없나니 너희는 내가 명하는 대로 행하면 곧 나의 친구라**(요한복음 15:12-14).

요한복음에서는 예수님이 1인칭으로 말씀하시고 여기서 말씀하신 '나의 친구'는 온 인류를 뜻하고 '이웃'도 마찬가지다.

이웃 사랑을 예수님이 구체적인 이야기로 설명하신 구절이 선한 사마리아인의 비유다. 어느 율법사가 예수님을 시험하는 질문으로 이웃이 누구냐고 물었을 때 강도를 만난 사람이 지나가던 사마리아인의 극진한 도움을 받는 이야기로 답하셨다. 강도 당한 사람은 분명 유태인이고 지나가던 지도급의 제사장과 레위인도 유태인이다. 동족 사람이 강도 맞은 참담한 모습을 보고도 모른체 지나갔지만 서로 미워하던 사마리아인이 강도 맞은 사람을 도와준다. 이 이야기가 끝나자 한 율법사가 예수님께 질문을 던진다. 이에 예수님은 빈틈없이 답변하신다.

> **네 생각에는 이 세 사람(제사장, 레위인, 사마리아인) 중에 누가 강도 맞은 자의 이웃이 되겠느냐 이르되 자비를 베푼 자니이다. 예수께서 이르시되 가서 너도 이와 같이 하라(누가10: 35-37).**

예수님은 "누가 강도 맞은 자의 이웃"이 되겠느냐고 물으셨다. 아래는 내 나름대로 이 구절을 대화로 만들어 본 것이다.

> 율법사: 나도 이웃을 도와야 한다는 것은 알고 있습니다. 그런데 나의 이웃이 누구죠?
>
> 예수: 이제 폭행 당한 사람과 사마리아인의 이야기를 했는데 누가 이웃인지 당신이 말해 봐요.
>
> 율법사: 그 사마리아인이죠.
>
> 예수: 그렇다면 당신은 사마리아인을 사랑해야죠. 당신을 돕기 위해 다가온 배척받는 그 사람 말이요.

즉, 예수님의 대답은 이웃을 사랑해야 하는데 사마리아인이 그 '이웃'이면 율법사는 사마리아인을 사랑해야 한다는 것이다. 그런데 당시에는 사마리아인은 유태인들의 차별의 대상으로 이웃으로 인정하지 않았고 도둑 맞은 자는 동족이기에 이웃이다. 여기서 예수님은 율법사에게 정곡을 찌르는 질문으로 되물으신다.

"누가 강도 맞은 자의 이웃이 되겠느냐?"

사마리아인이 강도 당한 자에게 이웃 사랑으로 자비를 베푼 차원을 넘어 누가 강도 맞은 자의 이웃이 되느냐고 물으신 것이다. 예수님의 답변은 종족주의의 차별 의식을 초월한 만민이 이웃이고 형제임을 지적하신 것이다. 이웃이란 이쪽 저쪽으로 갈라놓고 어느 것이 나의 이웃이 되는 것이 아니라 인류 모두가 서로의 이웃이라고 은유의 이야기로 들려 주셨다.

예수님을 주님으로 믿고 이웃 사랑을 실천하고 있느냐는 질문은 네가 이타적으로 살고 있느냐는 물음과 같다. 기독교인이라면 비록 나에게 불리하더라도 남을 의식하고 배려하고 남을 돕는 마인드셋mindset을 가지고 살아야 한다. 이것이 어려운 이유는 인간은 자기중심적으로 태어나기 때문이다. 일단은 생존을 위해 자기 중심적으로 태어나지만 이기적인 나를 접고 하나님이 준비해 주신 사회적 뇌를 이용하여 남의 처지를 공감하면서 평화를 이루라고 가르침 받은 것이다. 예수님은 우리와 같은 인간의 몸으로 우리의 언어로 이 땅이 하늘나라가 되기 위해 누구나 차별 없이 서로 사랑하라고 가르치셨다. 이 말씀이 복음 즉, '좋은 소식'인 이유는 그 타자적 메시지가 인류의 '희망'이기 때문이다. 기독교를 비롯한 모든 종교의 기본정신은 남을 돕는 이타利他이고 불교 신자도, 이슬람교

기독교의 이웃 사랑

인도, 유태인, 천주교인 그리고 무신론자와 무종교인도 다 나의 이웃이다. 특히 예수님은 가난한 자, 소외된 자, 불구자, 신체 및 정신 장애인들은 물론 성적 대상이 나와 다른 동성애자들도 다 우리의 이웃인 것을 강조하셨다.

그런데 오늘의 한국의 개신교는 노골적으로 성 소수자들을 죄인시 하고 미워하고 적대하고 있다. 성경에 성 소수자는 죄인이라고 쓰여 있기 때문이라는 게 그 이유다. 이로 인해 미국의 연합감리교는 동성애자를 죄악시 하느냐 이웃으로 보느냐를 놓고 대립 끝에 분열될 조짐을 보이고 있다. 동성애자를 우리와 다르다고 보는 것이 아니라 선과 악으로 나누어 악으로 판단하고 죄인시 한다. 누가 동성애자의 이웃이냐고 예수님이 물으셨는데 대답으로 그들은 우리의 이웃이 아니라고 답하고 있는 것이다.

자기애

자기를 사랑하는 것 자체를 나무랄 수는 없다. 남에게 해를 끼치지 않는 한 자기 중심은 우리가 살아가는 데 필요하다. 다만, 사회생활에서는 그 정도에 따라 받아들여지고 받아들여질 수 없는 문턱이 있다. 자기애의 정도가 심한 자기애적 인격장애인의 경우는 공동체적 삶에서 해가 되고 갈등과 문제를 일으킨다.

심리학에서의 자기애는 타고나는 것이다. 태어날 때 우리의 눈의 조직들이 미숙하여 사물에 초점을 맞추지 못하는 것은 눈의 신경 조직의 수초화*myelination*가 완성되지 않았기 때문이다. 따라서 갓난아이가 보는 세상은 성인이 보는 세상과 달라 모든 것이 분명치 않다. 어머니 배 속에서 막 태어난 인간은 사물을 정확하게 보지 못하고 생후 24주가 되어 신경조직의 수초화가 완성된 후에야 어머니를 뚜렷하게 볼 수 있다. 그 다음에 다른 사람들과의 만남으로 그들이 어머니와 다르다는 것을 식별하고 비로소 남과의 관계가 시작된다. 그런데 애착단계에서 어머니가 사라지면 아이는 매우 불안해한다. 배가 고파 울어도 소용이 없다. 이런 좌절이 되풀이되면서 결국 어머니가 오실 때까지 기다려야 한다는 것을 깨닫게 된다. 프로이트는 이 좌절과 기다림이 자아$_{ego}$의 발달을 촉진시키고 또 좌절을 경험하면서 세상이 즉시 만족의 원칙에 따르지 않는다는 사실을 알게 된다고 말한다. 이때 현실원칙을 따르면서 자기 중심만으로 살 수 없는 현실을 받아들인다. 동생이 생기면 현실원칙을 알고 유치원에 가서 동료와의 나눔을 배우면서 자기애는 현실과 타협한다.

프로이트는 우리가 갓 태어났을 때의 자기 중심을 원초적 자기애$_{primary\ narcissism}$라고 하였다. 희랍신화에 나오는 이야기에서 유래된 이름이다.

희랍신화의 '강의 신' 세피수스$_{Cephissus}$에게 절세 미남인 아들이 있었다. 외모가 뛰어났던 만큼 그를 사랑의 대상으로 탐내는 여신들이 많았다. 그러나 그는 스스로를 사랑했기 때문에 사랑의 대상은 필요치 않았고, 이 때문에 많은 여신들이 거절당했다. 그중에 에

코*Echo*라는 여신도 거절을 당하고는 혼잣말로 불만을 속삭였는데 이를 '복수의 신'인 네메시스*Nemesis*가 듣고 복수해 준다. 그 복수의 이야기인즉, 이 아름다운 소년이 연못을 지나다가 수면에 비친 자신의 얼굴을 보고는 자기 영상에 매혹되어 한없이 자기의 얼굴만 들여다보는 것이다. 연못에 비친 자신에게 반해 버린 나머지 먹는 것을 포함한 모든 행위를 접고 자기의 얼굴만 내려다보다가 그 호수에 빠져 죽는다. 희한한 자살이다. 그가 죽은 연못에 꽃이 피었는데 그것이 수선화다. 그 미남의 소년 이름이 나르시시스가 된 것도 이 때문이다.

프로이트는 이 희랍신화의 주인공 이름을 따서 자기 사랑을 나르시시즘*Narcissism*이라 하고, 인간이 처음 세상에 탄생했을 때를 원초적 자기애 상태라고 하였다. 원초적 자기애는 자라면서 현실원칙에 의해 욕구들이 좌절되면서 조금씩 자기애를 양보해 나간다. 성장 과정에서 언제 얼마나 자기애가 좌절되고 수정되느냐에 따라 자기애적 성향이 성인의 인격에 영향을 미친다. 자기애적 성향이 인격에 지니치게 많이 남는 경우에는 자기애적 인격장애가 되어 인간관계나 사회적 생활에 지장을 주어 정신과적인 병으로 규정하고 있다. 자기애적 인격장애자는 심리적으로 자기와 타인과의 경계가 분명치 않아 매사를 본래의 자기중심으로 보게 된다. 이들은 오만하고 자기가 우월하다고 믿고 권위적인 자세로 매사를 자기에게 유리하게 과장하며 때로는 거짓말도 일삼는다. 남들에게 자신을 칭찬할 것을 요구하고 무엇이 본인 뜻대로 되지 않으면 남을 탓하고 비난한다. 스스로 반성하지 못하고 자기의 기대대로 이루어지지 않을 경우 실망하거나 좌절하는 법 없이 남 탓으로 돌리거나 거짓으로 합리화시킨다. 그로 인해 자신의 마음은 편하고 갈등이 생기지 않으며, 항상 자기의 우월성을 유지하는 궤변을 만든다.

최근에 긍정심리학이 등장하면서 자기애가 새롭게 조명되고 있다. 무엇보다도 자기애는 생존에 필요하고 또 사회적 경쟁에서 버티고 이길 수 있는 동력이 되기 때문에 정도에 따라서는 바람직한 것으로도 볼 수 있다. 자기애를 부정적으로만 볼 것은 아니다.

과거에는 도덕적인 가르침으로 겸손하고 자기애를 억제하는 것을 권장했었다. 자기 자랑을 하지 않는 겸손은 미덕이고 욕심 부리지 않고 남에게 양보하는 것을 원숙한 인격으로 보았다. 모든 종교도 남을 위해 자기를 내려놓는 것을 가르치고, 나누고 남을 사랑하는 것을 기본으로 하고 있다. 따라서 이기적인 인격은 혐오와 미움의 대상이 되기도 하고 또 세상의 모든 사람이 이기적이면 인류는 망할 것이 뻔하다. 그래서 한동안은 동서고금을 막론하고 자기 중심적인 인격은 비난의 대상이 되었었다.

하지만 자기애를 버릴 수는 없다. 오늘의 삶에서 자기애는 필요하고 이것이 없으면 자본주의 사회의 치열한 경쟁에서 낙오자가 될 수밖에 없다. 미국 문화 비평가인 크리스토퍼 라쉬*Christopher Lasch* 교수는 그의 저서 『자기애적 문화*Culture of Narcissism, 1979*』에서 미국이 집단적 문화에서 개인중심의 문화로 전환하는 과정을 잘 설명하고 있다. 이 전환은 자본주의 경쟁사회에서 필연적으로 오는 변화이고 성공이 삶의 목표가 되고 개인적 가치가 사회적 가치보다 중요하기 때문에 만들어진다고 말한다. 이제는 개인적으로 앞서고 뛰어나는 것이 우선이지 양보하고 함께 가기 위해 자기의 욕심을 버리는 것이 성공의 길이 아니다. 오늘의 문화는 자기애적인 사람을 보상해 준다. 일단 앞서고 특이하고 빠르고 돋보이는 사람이 칭찬의 대상이 된다. 성공으로 가는 길에서 어느 정도의 비리나 부도덕한 행위나 심지어는 남을 해친 일이 있어도 일단 성공을 거두면 이해도 해 주고 덮어 주기도 한다. 더군다나 각종 SNS를 통한 자기주장과 홍보와 네트워크의 활성화는 자신의 존재감을 높일 수 있는 자기 홍보를 할 수 있게 만들었다. 특히 코로나 감염병을 전 세계가 겪으면서 만남이나 연결의 대면이 제한되고 온라인으로 이루어지기 시작했다. 출근하던 사무실도 축소되거나 사라지고 내 집 내 방에서 나의 컴퓨터로 일하는 시대가 왔다. 분명 이와 같은 문화의 변화는 집단보다는 개인에게 초점을 맞추는 자기애적 문화에 공헌하고 있다. 자기애적 욕구를 무조건 억압하는 시대는 이미 지나간 것이다.

Chapter 5

공격성

공격성이라는
본능

고대 그리스시대부터 오늘에 이르기까지 기록된 역사 이야기는 개인 간, 부족 간, 종족 간 그리고 국가 간의 적대와 전쟁으로 가득 차 있다. 역사뿐만 아니라 수많은 소설이나 연극이나 특히 영화에서 독자들을 매혹시키는 극적인 요소로 사용되기도 한다. 나라가 강해지면 다른 나라를 정복하려 들고 나라 안에서도 상하, 좌우로 갈라져 서로 적대시하고 싸운다. 싸움은 학교 내에도 가족 내에도 존재한다. 평화의 상징이고 평화가 목적인 종교계 그리고 개체 교회 안에도 적대와 미움과 분쟁이 있다.

사람과 사람 간의 분열과 대립은 불가피하지만 이로 인해 미움의 감정이 커져 폭력적인 싸움이 되고 서로를 죽이는 전쟁으로 치닫는 것은 비극이다. 인간은 생존을 위해 공격성을 타고나지만 이것이 폭력으로 전환되면 생존이 아닌 죽음이 된다. 인류 역사는 어제도 오늘도 폭력의 피로 물들어 있다.

문화인류학자들에 의하면 구석기시대 호모 에렉투스*Homo erectus*들 사이에는 전쟁이 없었다고 하여 이 시절을 '무無전쟁 시대*Warless age*'라고 부른다. 역사학자들은 신석기시대 호모 사피엔스가 번성하면서 활과 화살 등의 무기를 사용한 폭력의 싸움이 있었다고 말한다. 그러나 이와 같은 무기가 사냥을 위해 만들어진 것인지 전쟁을 위한 것인지는 확실치 않다. 실제로 전쟁이 있었다는 증거로는 고분에서 살상을 시사하는 화살촉을 발굴한 것이 약 3만 년 전의 유물이고, 화살 촉이 무덤 속 시신의 두개골이나 몸에 꽂혀 있는 것은 1만 3천~1만 4천 년 전 유적에서 확인할 수 있었다. 전쟁에서 서로 간의 살상이 있었다는 확실한 역사는 1만 3천 년 전쯤부터인 셈이다.

공격성은 동물이나 인간이 타고나는 생물학적 본능이다. 싸움과 폭력은 공격성의 발동이고 공격성이 행동화 되어야 싸움이 되고, 싸움이 있어야 승패나 타협 등으로 갈등이 끝나게 된다. 크고 작은 전쟁은 인류가 생존하는 한 불가피하고 앞으로도 계속될 것이다. 그래서 인간 공격성의 본성과 속성을 알아보고, 특히 생물학과 심리학에서 말하는 공격성에 대한 이론들을 살펴보려 한다.

공격성의
생물학

공격성은 인간의 본능 중 하나이고 공격적 본능*aggressive drive*은 생존을 위한 것이다. 예를 들어 맹수의 공격을 받았거나 인간 사이의 싸움이 있을 때 살아남기 위해서는 반드시 공격성이 있어야 한다. 생물학에서는 공격성이 타고나는 본능인지 혹은 2차적인 반응인지에 대한 많은 연구가 있었다. 생화학, 유전학, 심리학, 정신의학, 문화인류학, 철학, 인성학 그리고 동물학이 그 분야이다.

공격성이 본능이라면 유전으로 계승될 것인가? 우선 공격성이 유전이라는 것을 확인하려면 공격성의 유전인자*gene*가 있어야 한다. 그러나 아직까지는 유전학에서 공격성의 유전인자는 확인되지 않고 있다. 즉, 공격성의 유전인자는 오늘날의 연구로는 확인할 수 없다. 그러나 공격성을 타고나느냐 또는 유전되느냐는 별개의 문제다.

공격성을 염색체로 연구한 논문들이 있다. 1966년 염색체 이상으로 XYY 유전형*gene type*을 가지고 태어난 아이들은 정상적인 아이들에 비해 공격성이 강하다는 보고가 있었다. 즉, 남성을 결정짓는 Y 염색체를 하나 더 가진 아이가 공격성이 강하다는 것이다. 정상의 남아는 염색체가 46개이고 마지막 염색체가 XY로 끝난다. 그런데 비정상으로 Y가 하나 더 첨가되어 XYY가 되는 일종의 기형이 있다. 이러한 유전 기형은 천 명에 한 명 정도로 발생한다. 이것을 'XYY 증후군'이라 하고 한때는 초남자超男子 증후군이라는 별명으로 불렸다. 이 증후군의 특징은 신장이 보통 남자보다 크고 사춘기에는 여드름이 많이 나고 약간의 행동 장애도 있다. 과잉행동으로 안절부절하고 말도 잘 못하기 때문에 약간의 학습장애를 유발한다. 물론 충동적인 행동을 보이기도 하지만 고의로 나쁜 행동을 하거나 남을 해치는 일은 없다. IQ는 정상 범위거나 약간 낮은 편이다. 이러한 특징 때문에 한때 Y 유전자 하나가 공격성과 연관되었다고 본 것이다. 그러나 후에 밝혀진 많은 사례 보고에 의하면 XYY 증후군은 공격성과는 관계없으며, 염색체 Y가 공격성과 관련된다는 초기의 보고는 잘못된 것이었다.

　전통적으로 쌍둥이는 비정상의 신체 장애나 난치병이 생기는 유전학적 원인을 연구하는 대상이 된다. 한때 난치의 정신질환 조현병정신분열증도 유전 여부를 알기 위해 쌍둥이를 대상으로 조사를 했었다. 일란성 쌍둥이는 유전인자가 같고 이란성 쌍둥이는 각각 다른 유전인자를 가지고 태어난다. 그렇기 때문에 일란성 쌍둥이 중 한 명이 가지고 있는 병이 유전이라면 쌍둥이 둘 다 해당 병을 갖고 있을 일치율$concordance\ rate$이 높다. 그리고 이란성 쌍둥이의 경우에는 일치율이 낮다. 1930년도 쌍둥이 조현병 조사에서 일란성 쌍둥이의 경우는 일치도가 50%, 이란성인 경우는 10~19%로 보고되었다$Fischer$. 이 결과를 근거로 유전학에서는 조현병은 유전이라고 주장한다. 또 다른 예로, 자폐증$autism$은 유전적 요소가 강한 병이다. 이 병이 환경의 영향으로 발생할 가능성은 거의 없다. 자폐증이 있는 쌍둥이를 대상으로 한 연구 결과에 의하면 일란성 쌍둥이는 남자 쌍둥이의 경우에 일치율이 58%였고, 이란성의 경우는 21%로 나왔다. 여자의 경우는 일란성 쌍둥이의 경우가 60%이고 이란성인 경우가 31%였다. 일란성과 이란성의 일치율의 차이가 크다. 따라서 자폐증은 유전을 원인으로 보는 것이 타당하다. 한편 공격성을 두고 일란성 쌍둥이와 이란성 쌍둥이의 일치도를 조사한 결과 양쪽 모두 일치도가 매우 낮고, 또 양자 간의 차이도 없었다.

따라서 쌍둥이를 대상으로 한 연구에서는 공격성이 유전적이라는 근거는 없다.

그러나 확실한 것은 어린아이는 남녀 가릴 것 없이 모두가 공격적인 행동을 보인다는 것이다. 저명한 심리학자 실반 톰킨스*Silvan Tomkins*는 그의 저서 『감정 이론』에서 생후 1년 이내의 아이들을 대상으로 감정 표현을 조사한 결과, 인간은 아홉 가지 감정을 본능으로 타고난다고 하였다. 그는 이 아홉 가지 감정을 긍정적 감정, 중성적 감정 그리고 부정적 감정으로 나누었다.

- **긍정적 감정**
  1. 흥미로운 흥분(interest-excitement)
  2. 기쁨(joy)
- **중성적 감정**
  3. 놀라움(surprise)
- **부정적 감정**
  4. 두려움-공포
  5. 고통-괴로움
  6. 분노-격노
  7. 악취로 찡그림
  8. 욕지기(disgust)
  9. 부끄러움(shame)

따라서 심리학에서는 공격성은 타고나는 것으로 인정한다. 공격성의 표현은 분노와 격노이며, 이는 타고나는 감정이기 때문에 사회적 경험이 없는 6개월 유아에서도 예외 없이 볼 수 있다.

공격성은 생존을 위해 반드시 필요하므로 타고나는 것은 당연하다. 인간은 잡식동물로서 생리적으로 육식과 채식을 다 먹을 수 있다. 육식동물이 사냥 때 먹이를 쉽게 물어뜯기 위해 마련된 견치도 발달되지 않았다. 그 대신 씹는 치아와 근육은 잘 발달되어 있어 인간의 치아는 생리적으로 채식동물에 가깝다고 할 수 있다.

인류는 수렵시대에 주로 먹잇감을 사냥해서 먹고 살았다. 사냥을 할 때 공격성이 없으면 먹이를 잡을 수 없다. 먹잇감이 되는 동물도 크기나 대항하는 힘이 만만치 않아 서로가 생사를 걸고 싸워야 할 때도 있다. 그리고 호랑이나 사자 같은 맹수가 인간을 먹이로 공격할 경우 살아남기 위해서도 싸워야 했다. 수렵시대에는 공격력이 생존력이나 마찬가지였다.

공격성의 문화인류학과
심리학

신석기 시대에 들어서면서 농사를 짓거나, 양이나 돼지나 소를 유목으로 키워서 잡아먹는 시대가 시작된다. 사냥을 하지 않아도 육식이 가능해졌다. 사냥을 할 필요가 없어지고, 공동체를 형성하여 서로 협조하고 더불어 사는 부족사회 시대에 접어든다. 공동체의 삶은 인류 생존과 발달에 크게 기여한다. 그러나 모여 사는 형태에서 발생되는 부작용도 있다. 새로운 땅을 개척하고 정착하고 자손을 낳고 살면서 인구가 늘어나 한 부족이 60세대를 넘으면 갈등이 생긴다. 이 갈등이 일어나는 과정에는 흔히 분쟁이 있고 공격성이 발동되어 싸우다가 결국은 분열에 이르게 된다. 분열이 계속

되면서 여러 지역에 정착한 부족들은 영토나 가축을 키우는 데 필요한 강물이나 초원 등 자연 조건을 두고 이를 사용할 수 있는 권한을 가지려고 경쟁도 하고 또 소유권이나 사용권을 두고 싸움을 벌이기도 한다. 애초에 인류는 먹이 사냥과 자기방어를 위해 공격성이 필요했다. 그런데 부족사회에 들어서 부족 간의 갈등이 생기면서 공격성은 부족을 보호하기 위한 집단 생존의 힘이 된다. 인류는 활이나 창이나 검을 만들기 시작했고 또 이를 사용하는 전사들은 싸우는 훈련을 받아 군인이 되고 전쟁 준비를 위해 군비를 비축하기에 이르렀다. 지금도 여러 나라들이 군대를 조직하고 무기를 만들거나 구입해서 전쟁에 대비하고 급기야는 핵무기를 비롯한 대량 살상 무기를 만드는 경쟁도 끊이지 않는다. 강대국이 되기 위해 핵무기 소유국이 되고, 동시에 이웃 나라에게 엄청난 위협의 대상이 된다. 인간을 죽이기 위한 무기는 모두가 인간 공격성의 상징이다.

공격성이 개인 차원에서 폭력이 되면 이것은 사회나 공동체의 조화를 위협하는 요인이 되므로 억제되어야 한다. 그리고 폭력 이전의 감정인 미움이나 분노나 언어 폭력도 많은 나라들은 폭력과 같이 취급한다. 영국에서는 언어 폭력에 대한 법적 처벌이 이루어지고 있고, 미국은 주마다 이에 관한 법이 다르지만 폭언이 범죄적 위협인 경우*misdemeanor*에는 법으로 이를 제재한다.

인류사회는 문명이 발달함에 따라 복잡해졌다. 인구가 급증하고 생존에 대한 경쟁이 치열하고 분열과 양극화로 인한 대립이 빈번해지면서 공격성은 법이나 제도나 규범만으로 쉽게 조절되지 않게 되었다. 오늘날 공격성의 폭력화는 빈번하고 노골화되고 있다. 이때 종교는 공격성이 폭력화되는 것을 조절하는 데 큰 역할을 할수 있다. 모든 종교는 평화를 표방하고 분노, 미움, 시기, 복수심, 반감 같은 부정적 감정을 억제하고 관리하도록 가르치고 있다. 그럼에도 공격성의 행동화는 날로 악화되어 총기 살상 및 각종 폭력사건 기사가 끊임없이 보도되고 있다. 미국에서는 여러 가지 이유로원한을 품은 사람들이 무고한 이들을 살상하는 사건이 빈번히 발생한다. 우크라이나를 침범한 러시아는 무고한 시민들을 수없이희생시켰다. 사회에서는 어린시절부터 공격적인 감정이나 행동을참고 억제할 수 있도록 교육시키고 있다. 폭력과 그로 인한 피해를막기 위함이다. 누구든 파괴적 감정과 행동은 억제해야 할 책임이있다.

누가 나의 감정을 건드리고 나에게 해를 끼치게 되면 대응할 것인지, 참고 피할 것인지를 스스로 선택해야 한다. 대응해서 싸우는경우 나에게 상해나 생명의 위험 같은 리스크가 있지만 일단 분노가 치솟아 싸움이 시작되면 이런 위험 리스크는 의식에 떠오르지않는다. 만일 싸우는 동안 머릿속에 위험이 감지되면 그 싸움은 대개 상대방이 이기는 쪽으로 기운다는 무언의 신호다. 참는다는 것 역시 적지 않은 심리적 부담이다. 의식적으로 자아를 억압시켜 분노나 복수의 감정을 억제하는 데 에너지가 필요하다. 무엇보다 일단 강한 분노의 감정이 한번 치솟으면 분노의 표현은 막지 못한다. 다행히 우리의 심성에는 무의식의 억압 기전이 있는데 프로이트가 제창한 억압*repression*이 그것이다. 억압의 기전이 작동하면 분노의 감정을 당연히 느낄 만한 상황에서도 분노를 느끼지 않는다. 즉, 누군가가 나의 감정을 건드리고 화가 날 만한 짓을 했음에도 불쾌감은 있을지언정 분노는 느끼지 못한다. 무의식의 억압 때문이다. 프로이트의 정신구조설에 따르면 분노, 공격, 충동을 감정으로 느낄 만한 상황에서 마음속의 도덕적 기준 설정자인 초자아*super ego*의 금기의 문턱에 걸리면 자아가 격한 감정을 느끼지 못하게 억압한다는 것이다. 이것이 정신분석에서 말하는 자아의 무의식의 방어기전이다. 나의 부친이 나에게 억울하게 지나친 처벌을 했을 때 부친에게 화를 낼 수 없어 억압으로 반항 없이 벌을 받는 경우가 그 예다.

프로이트의 정신구조설은 심리적 기능 중심으로 분류한 정신장치 이론으로 하나의 가설이다. 이런 장치가 인간의 마음에 실재하는지에 대한 유무는 알 수 없다. 그러나 정신구조설은 인간의 무의식과 의식에서 역동하는 정신적 기능을 설명하는 데 적합하고 편리하다. 단, 무의식의 억압이 자동적인 것 같지만 실은 억압을 위한 에너지가 필요하다. 억압하는 에너지의 동원은 마음의 부담으로 이어지기 때문에 지나친 스트레스 상황에서 심한 분노의 자극을 받았을 때 억압 에너지의 고갈로 억압되지 않는다. 또한 분노를 자극하는 도전의 힘이 압도적일 경우에도 억압하는 에너지가 부적합하여 불안을 느끼게 된다. 프로이트는 물리학의 질량-에너지 합의-보존 법칙을 인용하여 심리 기전을 에너지의 역동으로 설명하였다. 억압하는 에너지가 어디서 별도로 생겨서 공급되는 것이 아니라 자기가 가지고 있는 전체 정신적 에너지에서 나누기 때문에 그 부담이 지나칠 경우에 견디기 어려워 불안이 된다는 것이다.

프로이트는 초기에 성적 본능*libido*을 중심으로 본능설을 제창하였다. 이후 공격성을 본능으로 추가하여 두 본능이 동시에 작동한다고 하였다. 그 근거로 들어 설명한 것이 이상성행위異常性行爲다. 즉, 인간의 성적 충동에는 가해적 요소가 포함되어 있어 정상 성행위에도 가해적加害的 행동이 어느 정도 함께한다고 본 것이다. 성적 본능과 공격적 본능의 두 본능 간의 배정이 잘못되어 공격적 본능이 우세해질 경우 이상성행위로 가학증*sadism*이 된다. 후에 프로이트는 공격성이 성적 본능과 함께 있다는 것에 회의를 느끼고 자신의 주장을 거두었다. 오늘의 심리학에서의 공격성은 자기와 자기의 영역을 지키기 위해 타고난 본능으로, 생존과 번식을 위해 인간에게 필수적인 본능으로 인정한다. 다음으로는 공격성이 억압과 억제로 통제되지 않아 일어나는 비정상 정신 병리의 경우를 알아 보고자 한다.

정신질환으로 자아의 기능이 마비되거나 위축되면 공격성이 밖으로 드러날 수 있다. 이는 파괴적인 행동으로 이어져 타인은 물론 자기에게도 해를 끼칠 가능성이 있다. 정신과에서는 정신 병리로 폭력이 우려되는 경우, 환자의 공격력을 평가한다. 만약 리스크가 있다고 판단되면 우선 그 원인인 정신질환을 적극적으로 치료한다. 예를 들어 반사회적 인격장애, 정신증, 편집적 인격장애, 가학적 인격장애 등에서 파괴적인 공격 행동의 리스크가 있으면 이 장애의 증상들을 적극 치료한다. 그러나 조사에 의하면 정신 증상의 발현으로 파괴적인 행동을 저지른 경우가 정상적인 억압-억제 기능을 갖춘 정상인들이 자신의 통제력을 잃거나 또는 의도적으로 남을 해치는 경우보다 훨씬 드물다. 그리고 정상인이 공격적으로 폭력을 발휘할 때는 대부분이 고의적인 경우이며 특히 억울한 일을 당하거나 해를 입었을 때다.

큰 문제 중 하나는 공격성이 자기 자신을 향해 있는 경우, 즉 자해와 자살이다. 우울증의 원인 중 하나는 자기 자신에 대한 분노다. 예를 들면 어떤 특수한 상황에서 억울하고 심한 분노가 유발되었으나 그 울분을 발산할 표적이 없거나 또는 표적 대상은 있지만 표적이 되어서는 안되는 경우, 공격성이 자신에게 향해 자살하는 경우가 있다. 또 다른 예로 뜻하지 않게 사랑하는 아내나 남편이 갑자기 병이나 불의의 사고로 사망했을 때 심한 애도의 슬픔에 빠져 고민하다가 그 고통이 너무 심한 나머지 그로부터 벗어나기 위해 스스로 목숨을 끊는 경우도 있다. 심한 슬픔이나 노여움을 느끼지만 누구를 탓할 수 없는 애처로운 경우다. 사랑하는 이를 질병으로 잃었을 때 최선을 다해서 인명을 구하려고 애쓴 의사를 원망할 수도, 왜 이런 슬픔의 고통을 주셨냐고 하나님을 원망할 수도 없다. 그래서 자신의 고통으로부터 기인되는 격노를 발산할 대상이 없는 경우 결국 '나'라는 존재가 분노의 표적*target*이 된다.

정신의학에서 공격성의 생물학적 기전에 대한 많은 연구가 있었다. 인간이 공격적으로 변했을 때 체내에서 생화학적으로는 어떤 물질들의 변화가 생기는지에 대한 논문들이다. 그중 공격성에 대한 유력한 소견이 인간의 감정을 좌우하는 뇌의 신경전달 물질들의 역할이다. 세 가지 아민계 물질들이 인간의 감정을 담당한다는 사실이 밝혀졌다. 그중 하나가 주로 쾌감을 느끼게 하는 도파민*dopamine*이다. 신경전달 물질의 작용은 화학적으로 신경세포 사이의 시냅스에서 신경전달 물질의 분비-흡수의 양적 조절로 이루어진다. 시냅시스에서 도파민의 재흡수가 억제되어 도파민의 수치가 높아지면 쾌감을 느끼게 된다. 동물실험에서 이런 기전으로 도파민의 수치가 오르면 동물이 쾌감에 해당되는 행동을 보인다. 바 *bar*를 누르면 뇌의 일부를 자극하여 도파민이 분비되도록 장치하면 그 동물은 식사나 짝짓기를 무시하고 계속 도파민이 분비되는 바를 누른다. 또 다른 신경전달 물질인 노아드레날린*noradrenalin*도 있다. 이 물질은 원초적인 경고 반응으로 싸우느냐-도망가느냐*fight-flight* 반응에 관여하고, 위협을 느끼는 비상시에 분비되어 동물을 긴장시킨다.

마지막 물질은 세로토닌*serotonin*이다. 이것의 기능은 매우 복잡하고 다양하나 그중 도파민과 노아드레날린이 과분비되었을 때 일어나는 인간의 감정 반응을 조절한다. 이 때문에 세로토닌이 인간의 공격성을 조절해 줄 것으로 기대하기도 한다. 그러나 아직까지는 세로토닌의 분비를 증가시키거나 재흡수를 억제하여 분노 조절하는 약도 없으며, 실제로 세로토닌을 체내에 투입했을 때 분노 감정을 조절하는 효과도 일어나지 않는다. 근본적으로 이와 같은 아민계 신경전달 물질들이 어떤 감정을 느낄 때 이차적으로 분비되는 것인지, 이런 물질들이 분비되어 특정한 감정을 느끼는지 확실치 않다. 그러나 화학물질들의 조작으로 과격하고 파괴적인 감정을 진정시킬 수 있는 가능성은 높다고 보고 있다.

그러나 공격성을 약으로 조정할 수 있게 된다고 하더라도 그것이 격렬한 분쟁이나 전쟁을 효과적으로 막지는 못할 것이다. 폭력이 일어나기 전에 의사를 찾아가 자신의 공격성을 억제시켜 줄 약을 처방해 달라는 사람은 없을 것이다. 오히려 싸우기 위해 공격성을 높여달라는 경우는 있을 수 있다. 공격성의 발로가 문제된다고 공격성을 없앨 수는 없다. 남을 굴복시키고 전쟁을 이르킬 야욕이 있는 이상 공격성은 필요하다. 앞으로는 제2차 세계대전 같은 대규모의 전쟁은 없을 것이라고 한다. 그러나 그 자리에는 국지전이나 테러 혹은 기타 총기 난사사건 같은 이름만 다른 전쟁들이 계속될 것이다.

공격성은 개인 차원에서 이를 억제하고 관리할 수 있어야 한다. 따라서 각자가 공격성을 조정하고 관리할 책임이 있다는 것을 어릴시절부터 기르치고 분노를 말로 표현하도록 훈련시켜야 한다. 일찍이 동양 철학에서 수신修身과 인내를 가르쳤고 서구에서도 종교를 통해 남을 사랑하는 하나님의 계명이고 온유하고 오래 참는 인내가 천국에의 길이라고 가르치고 있다.

다시 읽어 보는
성경

성적 욕구가 지나치 면 성중독이나 성적 비행의 원인이 되듯, 모든 본능적 욕구는 지나치면 문제가 된다. 기독교 구약성경의 십 계명에서는 간통을 금하고 있다. 신약성경에서는 간통의 개념을 궁극의 한계까지 확장하여 눈으로 간음하는 것도 간음이라고 말한 다. 아름다운 여인에게 성적 매력을 느끼고 성행위의 환상을 마음 에 그리면 그것은 실제로 간음하는 것과 같다는 것이다. 성경은 성 적 욕구의 억제뿐만 아니라 공격성의 억제도 가르친다. 산상수훈 에서는 마음이 가난한 자와 온유하고 오래 참는 자가 복이 있다고 하셨다. 사도 바울 역시 사랑을 오래 참는 것과 온유한 것 그리고 성내지 않는 것으로 공격성의 억제를 당부하고 있다. 그러나 인간은 성을 비롯한 공격성과 그 외 다른 본능을 한 평생 완벽하게 억압해 가며 살 수 없다. 어느 정도는 자신의 본능을 행동이나 환상으로 부분 충족하면서 살게 된다.

종교는 평화의 상징이다. 그러나 종교가 전쟁을 방지하고 평화를 유지하는 데 공헌한 바를 돌이켜보면 실망스럽기 한이 없다. 인류의 역사에는 종교가 원인이었던 전쟁이 적지 않다. 구약이나 신약 가릴 것 없이 성경에도 폭력과 살인 사건이 상당 부분 담겨 있다. 기독교의 역사에도 종교가 원인인 전쟁이 많았다. 명분은 의로운 하나님의 뜻이다. 십자군 전쟁은 예루살렘을 이슬람의 관할로부터 해방시키는 명분으로 1095년 기독교가 성전聖戰을 선언하면서 시작되었다. 십자군이 무슬림 국가들을 세 차례에 걸쳐 침공하였으며 많은 살상이 있었다. 16세기에는 프랑스 종교전쟁에서 카톨릭과 개신교 간의 전쟁이 있었다. 이슬람 국가는 국가와 교회가 하나이기 때문에 국가가 전쟁에 휘말리면 자칫 종교 전쟁이 된다. 7세기에서 11세기까지 지금의 터키를 중심으로 엄청난 영토를 장악했던 오스만 제국이 15년간 침략전쟁에 휘말렸다. 상대는 스페인, 베네치아 공화국과 이를 도운 유럽 기독교 연합군이다. 히브리 성경에 의하면 이스라엘은 수없이 많은 침략의 전쟁을 치렀다. 불교라고 전쟁이 없었던 것도 아니다. 불교가 일본에 상륙하고 전파

되면서 일본의 신토神道와 충돌이 있어 결국 전쟁으로 발전하였다. 서기 522~587년, 오랜 기간에 걸친 신토와 불교 간의 소위 소가-모노노베 전쟁이 바로 그것이다. 힌두교는 이슬람교와의 충돌로 인도와 파키스탄 간의 오랜 갈등과 전쟁이 오늘날까지 지속되고 있다. 인도와 파키스탄 양국은 오늘날 핵무기로 대립하고 있다.

성경에는 전쟁뿐 아니라 많은 폭력과 살인 사건들이 담겨 있다. 구약성경의 창세기 1장 아담과 하와가 첫 인간으로 창조되었을 때를 성경에 쓰여 있는 족보와 당시 인간의 수명을 고려하여 계산해 보면 약 6천 년 전으로 추산된다. 아담과 하와 사이에는 두 아들이 있었다. 형 가인과 동생 아벨은 형제간의 라이벌 관계로 결국 가인이 아벨을 죽인다. 성경이 보고한 인류 최초의 살인 사건이기도 하다. 하나님이 아시고 동생을 죽인 가인의 죄에 대한 처벌로 그가 땅에서 저주를 받고 유리하는 신세로 선고하시자 가인이 그 처벌이 너무 무거워 감당하지 못하겠다고 애원하니 하나님이 불쌍히 여겨 에덴 동산에서 추방만 하신다. 그러자 가인이 에덴동산 밖을 헤매다 만나는 사람들이 죄를 진 자신을 죽이려 할 것이라 호소했다. 하나님은 가인을 죽이는 자는 몇 배 더 큰 처벌을 받게 하시겠다는 경고 표를 주신다. 가인은 인류 최초의 인간인 아담-하와의 아들이다. 그런데 당시 에덴동산 밖에는 분명히 선악과를 따 먹고도 타락하지 않은 인간들이 살고 있었다. 에덴에서 쫓겨나 동쪽으로 놋이라는 곳에 가서 가인은 한 여인과 결혼한다. 어쨌던 성경 첫 머리 첫 인간의 아들이 폭력으로 아우를 죽이고 살인한 범죄에 비해 가벼운 처벌로 용서받고 쫓겨나 새로운 고장에서 결혼하고 자식 낳고 산 가인이 먼 우리의 조상이라고 한다. 억울하게 죽은 아우 아벨은 죽음으로 잊혀지고 없어졌으니 인간은 죽으면 끝이다.

동생을 죽인 살인 사건을 필두로 구약성경에는 미움, 폭력, 적대감 그리고 살인 사건들이 줄지어 일어난다. 하나님도 인간의 생명을 말살하는 것을 마다하지 않는다. 하나님이 하시는 일은 감히 판단할 수 없고 하나님의 계시로 믿어야 한다. 하지만 성경에 쓰인 살인은 문자 그대로 살인일 뿐 어떤 뜻도 배후에 존재할 수 없다.

사실 성경에 담긴 대량 살인 사건들은 꾸며낸 것이며, 하나님의 뜻에 의한 것도 아니었으면 하는 바람이 있다. 구약성경의 폭력이나 살인들이 하나님이 이스라엘 민족을 보호하기 위해서 하신 일이라고 하지만 이방인의 생명도 다 같이 귀중하다. 이스라엘 족속이 모세를 통해 홍해를 갈라 무사히 건너갔으면 그것으로 되었다. 그런데 시간을 정확히 맞춰 이집트 군병들이 지나갈 때 다시 갈라진 물이 덮쳐 군병들을 익사시키셨다는 것은 의도적으로 보인다. 군병들은 오직 상사의 명령에 따랐을 뿐이다. 이스라엘 민족을 보

다시 읽어 보는 성경

호하는 하나님의 기적도 시대에 따라 변해서 제2차 세계대전 당시 나치정권이 수많은 유태인을 학살했을 때 하나님 구원의 기적은 없었다. 노아의 홍수도 하나님이 의로운 노아의 가족만을 살리시고 잘못된 세상의 모든 생명을 그리고 동물까지 다 멸하시고 인류의 역사를 다시 시작하셨다는 이야기도 신학적으로는 절묘하게 설명이 될지언정 하나님이 의도적으로 많은 생명을 멸하신 것은 확실하다. 욥기에서 인상적인 구절이 있다. 살아남은 노아가 친구들을 잃고 애통하여 술 마시고 취한 이야기다. 퍽이나 인간적이다. 친하게 지냈던 친구와 친지들을 잃고 얼마나 슬펐으면 술을 마시고 잊으려 했을까?

이스라엘 민족을 이집트의 노예 생활에서 구출한 모세가 약속의 젖과 꿀이 흐르는 땅으로 가는 도중 홍해를 가르고, 백성들을 살린 것은 이스라엘 입장에서는 두고두고 기념할 만한 승전사다. 반면, 진격하는 도중 갈라진 물길이 다시 복귀하는 바람에 익사한 것은 이집트 편에서 본다면 하나님에 의해 많은 목숨을 잃은 참사다. 이 사건이 이집트에게는 큰 비극이지만 이스라엘 민족에게는 하나님에 의한 해방과 구원의 역사이며 오늘의 기독교인들도 하나님이 승리를 주신 역사적 사실로 믿는다. 그러나 출애굽기에 관한 이야기는 성서에만 있다. 이집트를 비롯한 어느 나라의 역사적 자료에도 이 이야기는 없다. 심지어 많은 학자들은 이를 역사적 사실로 인정하지도 않는다. 나는 이 이야기가 하나님이 직접 하신 일이라고 생각하지 않는다. 오직 성경에만 나와 있는 유태인들의 신화적 전설에서 파생된 이야기라고 믿는다. 이 이야기는 유태 민족의 전설로 그 시대에 그들이 바라고 상상했던 하나님의 형상을 반영한 이야기요 드라마라는 것이 나의 생각이다.

신약성경의 4복음서에는 하나님이 직접 인간사에 개입하신 기록은 없다. 예수님의 행적만이 담겨 있을 뿐이다. 그리고 예수님의 이미지는 부활 이전의 4복음과 바울과 추종자들의 기록한 부활 후의 모습은 판이하게 다르다. 4복음의 예수님의 모습은 서민적이고 인간적인 반면, 부활 후는 신적인 존재로 성화聖化되어 있다. 하나님도 유태 민족을 구원하기 위해 다시 오시는 메시아로, 예수님은 하나님의 아들 그리스도에서 바울의 묘사에 의하면 우주적 하나님이 되셨다. 엄청난 변화다. 그러나 성경도 지금은 옛 사람들이 경험한 하나님에 대한 이야기 책으로 이해한다. 시대가 가도 하나님은 변하지 않는다고 하지만 프란치스코 교황이 말한 것처럼 하나님도 변한다. 인간과 문화가 변하기 때문이다.

인간이 남을 죽이려는 살의를 갖게 되는 정황은 매우 드물다. 예나 지금이나 인간의 생명은 귀중하게 여겨져 왔다. 그런데 성경에는 여호와 하나님이 모세를 죽이려 하셨다는 기록이 있다출애굽기

4:24-26. 인간은 하나님의 형상대로 창조되었다면 공격성이나 살의 도 역시 하나님에서 비롯된 것일 수 있다.

> 모세가 길을 가다가 숙소에 있을 때에 여호와께서 그를 만나사 그를 죽이려 하신지라. 십보라가 돌 칼을 가져다가 그의 아들의 포피를 베 어 그의 발에 갖다 대며 이르되 당신은 참으로 내게 피 남편이로다 하니 여호와께서 그를 놓아 주시니라. 그 때에 십보라가 피남편이라 함은 할례 때문이었더라.

모세와 아내 십보라 사이에는 아들이 둘 있었다. 그중 한 아이 가 할례를 하지 않았다고 성경에 기록되어 있는데 둘 중 누구였는 지는 알 수 없다. 노예 생활을 하던 이스라엘 민족을 해방시킨 위 대한 지도자 모세도 정작 자기 아들의 할례는 하지 않았던 것이 하 나님에게는 죽어 마땅한 죄였던 것이다. 모세가 자기의 자식을 할 례 하지 않은 것을 두고 하나님의 명령을 따르지 않은 죄로 해석하 기도 한다. 그러나 할례를 받지 않았다고 해서 자비의 하나님이 그 아들을 두고 죽어 마땅한 죄인으로 여기시는 것은 선뜻 이해하기 어렵다. 할례는 유태교의 전통적 의식이고 하나님께서 특별히 선 택하신 유태인이라는 뜻으로 남자 아이에게 만행한다. 기독교에서 는 할례 의식 대신 세례 의식이 있다. 오늘의 기독교인 중 자식이 세례를 받지 않은 경우가 있지만 이것을 두고 죄를 지었다고 생각하지도, 하나님이 그 죄를 판단하고 처벌하신다고 생각하지도 않는다. 할례를 하지 않으면 하나님의 백성이 아니고 지키지 않으면 죽어 마땅하다는 것은 옛이야기지만 유태인들은 지금도 남자 아이가 태어나면 할례를 한다.

기독교 안에서 분쟁과 갈등으로 서로 미워하는 일들을 보면 안타깝다. 많은 교회가 성경에 쓰여 있는 대로 동성애자는 죄인이기 때문에 반대한다는 성명을 발표했다. 동시에 결코 이 문제로 교회가 분열되어서는 안 되며, 자기와의 뜻이 다르다고 해서 교회를 떠나면 그 또한 안 된다고 강조한다. 분열이 두려우면 애초에 이런 성명을 발표하지 말았어야 한다. 이런 선언 자체가 분열이나 분쟁의 불씨가 될 수 있기 때문이다. 천주교에서는 동성애 문제의 만연을 해결하기 위해 오래전부터 비밀로 논하고 토론하고 대책도 마련해 왔으나 동성애자를 죄인으로 보는 시각에는 변화가 없었다. 1965년 바티칸 II 성명에도 동성애 문제에 관해서는 언급이 없다. 그러나 내부적으로는 과학 분야의 동성애에 대한 지식을 알아보고 참고하고 끊임없이 논의하였다. 그 결과 1986년, 교황청이 카톨릭 주교들에게 보낸 편지에서 동성애자들에 대한 목회 지침을 전달하였다. 그 내용은 이분법적으로 동성애가 죄냐 아니냐로 나누지 말고 성직자가 이 문제를 어떻게 다루느냐에 대한 사목적인 자세를 완곡하게 밝혔다. 한마디로 모든 인간을 '다름'으로 보지 않고 '같음'과 '동등'으로 보고 수용하면서 이 문제로 차별과 시비로 논쟁하지 말자는 것이다. 평화 지향적이고 현명한 처사라고 생각한다. 개신교는 동성애 문제를 놓고 양극화되어 논쟁하고 분열을 앞두고 있는데 반해 카톨릭은 원숙한 방법으로 대처하고 있으니 안타까운 일이다.

구약에서 먼 믿음의 조상들은 하나님을 우리 인간과 같이 기뻐하시고 노하시고 판단하시고 처벌하시는 인격체로 보았다. 인간을 사랑하시는 자비로운 분인 동시에 어렵고 두려운 분으로 수시로 예배를 드려야 기뻐하시는 분이다. 노하시면 용서는 없고 처벌만이 있을 뿐이다. 꾸란과 구약의 신명기와 여호수아를 보면 여호와 하나님께서 이방인 가나안 7족을 전멸할 것을 명령하셨다. 이는 약속하신 가나안 땅을 이스라엘 민족이 차지하게 하기 위해서다. 사실인즉 가나안 땅은 젖과 꿀이 흐르는 비옥한 땅도 아니고 더럽고 황폐한 지역이지만 하나님이 이스라엘 민족에게 약속하신 땅이기에 이스라엘 민족이 차지해야 하고 그 뜻을 거역하는 자는 당연히 처벌받아야 한다는 이유 때문이다. 그래서 가나안의 이방인 7족은 멸하라고 명령하셨다. 오늘의 상식으로는 부당한 이야기이고 여호와 하나님이 공격적이고 이웃을 해치는 분으로 묘사된다.

이슬람교의 islam이라는 어원을 찾아보면 salam 즉, 평화에서 나온 말이다. 그러나 이슬람교의 교리인 소위 다섯 기둥에는 평화가 없다. 이슬람교에서 선포한 지하드에는 이슬람과 비이슬람 사이에서 일어나는 분쟁을 다스리는 지렛대로 칼을 들고 의롭게 싸우라고 써 있다. 생존을 위해 그리고 자기방어를 위해서 싸워야 한다는 것이다. 당연한 이야기다. 그러나 오늘의 일부 극단주의 이슬람교도들이 이 지하드의 내용으로 그들의 테러행위를 합리화시키고 있지만 칼을 들라는 것은 알라신의 명령이 아니다. 지하드를 내세우는 오늘의 극단주의자들은 이슬람교가 '한 손에 칼, 한 손에 코란'이라는 표어로 이슬람교를 호전적이고 공격적인 종교로 둔갑시키고 있다. 이슬람은 지하드를 큰 지하드, 작은 지하드로 구분한다. 큰 지하드는 의롭게 살기 위해 그리고 정의를 위해 개인적으로 싸우는 것을 뜻하고 작은 지하드는 전쟁을 뜻한다.

이슬람 원년에 무하마드와 그 추종자들이 메디나로 이주하여 초기에는 메디나인들의 도움을 받는다. 후에 무하마드가 자신이 신이라고 주장하면서 메디나 주민들의 반감을 사 급기야는 분쟁과 싸움이 일어나고 결국에는 무하마드 일파가 승리한다. 이때 무하마드 진영에서 그 싸움을 정당화하기 위해서 만든 원칙이 지하드다. 극단주의자들은 인간이 시대적으로 필요해서 만든 원칙을 그들의 투쟁 슬로건으로 내세우고 있다. '한 손에 칼, 한 손에 꾸란'이란 슬로건은 13세기 후반 십자군에게 최후로 패한 이슬람인들의 원한과 적개심을 고취시키기 위해 유행시켰던 표어다. 불행히도 이러한 배경이 있어 이슬람교는 평화의 종교라고 말할 수 없게 되었다. 인간이 공격성을 합리화하느라고 왜곡된 원칙을 만든 것이다.

기독교의 구약과 신약성경을 보면 하나님 편에서 폭력과 살인이 있었고 기독교가 전쟁을 일으킨 경우도 있었다. 하지만 실은 기독교 안에서도 교파 간의 적대시, 언어 폭력 나아가 분쟁과 분열이 있었다. 기독교가 인류 문명에 진眞선善미美의 가치를 높인 공헌을 모르고 하는 말이 아니다. 지난 반세기 동안 한국 기독교는 폭발적 부흥과 발전을 이루었다. 특히 6·25 사변을 겪고 나라가 잿더미가 된 후 한국 기독교에는 놀라운 부흥이 일어났다. 교회와 교인의 수가 기하급수적으로 늘고 발전하는 계기가 되기도 했다. 수많은 선한사업으로 세상의 빛과 소금이 되어 각처에 병원, 고아원, 양로원, 장애인 시설 등 성당과 교회가 세운 시설들이 얼마나 많은지 모른다. 한국 교회들이 활발하게 해외 선교사를 파견하여 빈곤한 나라에 교회와 학교, 고아원과 병원을 세우고 복음을 전파하고 있다. 그러나 이와 같이 부흥한 한국 교회에 검은 그림자처럼 교회를 욕되게 하는 분쟁이나 비행들이 끝을 모르고 일어나는 것이 얼마나 안타까운지 모른다.

진보와
교착

    오늘의 교회 언어로는 세상과 소통하기 어렵다. 구시대에 고착된 기독교 문화는 언어부터 변화되어야 한다. 원론적인 교리만 강조할 것이 아니라, 구체적이고 실천적인 각론을 이 시대에 맞는 언어로 설명할 수 있어야 한다. 예를 들어 산상 수훈에 "온유하라"고 당부하셨지만 구체적으로 감정을 어떻게 관리해야 온유한 상태가 되는 것인지는 찾을 수 없다. 각론은 인간이 이성을 사용하여 찾아내고 가르쳐야 한다. 심리학, 사회학, 윤리학이나 법을 활용하고 기독인들이 먼저 감정을 조정하는 모델이 되어야 한다.

    성경에는 옛 언어로 하나님 중심의 가르침이 나온다. 그러나 현실에서 접하게 되는 인간적인 문제들은 종교의 수직성 설교가 아닌 수평적 대화로 다루어져야 한다. 가령 성경에 쓰인 폭력이나 살인 사건들이 다 하나님의 뜻이고 사실로 믿어야 한다고 결론을 내리면 더 이상의 대화는 불가능하다. 성경을 읽다가 성경 구절 간의 모순이 있을 때 이를 물어보는 질문에 하나님의 대답이 있어야 한다. 교회에서는 이러한 현실적인 이슈를 놓고 토론도 할 수 있어야 한다.

성경에는 예수님이 직접 "내가 세상에 화평을 주러 온 줄로 생각지 말라 화평이 아니요 검을 주러 왔노라마태: 10장 34"고 하셨고 예수님을 비방한 바리새인들에게 "독사의 자식들"이라고 폭언도 하셨다마태 12장. 성전을 더럽히는 상인들과 환전하는 무리들은 폭력으로 내쫓으셨다. 상황에 따라 공격성은 발휘되어야 한다. 세례 요한은 로빈 후드 못지않은 의적이었고 예수님은 그의 추종자였다. 그러나 산상 수훈에서는 예수님이 인간의 온유함을 강조하셨다. 신학자들은 이를 두고 구약의 모세법을 뒤집는 새로운 계명이라고도 하고 하나님에게 복종하라는 메시지로도 해석한다. 하지만 이 구절은 인간이 타고난 욕구들을 슬기롭게 조절하는 미덕이 곧 복이라는 가르침일 것이다. 그래서 의를 위하여 싸울 때는 공격성이 발휘되도록 조절해야 진정한 의가 살아난다.

성경에 쓰인 구절 간의 차이를 보자. 복음서 연대 순위로 첫 번째인 마가복음은 가장 초기의 입장에서 쓰였기 때문에 처녀 탄생이나 상산 수훈이 없다고 한다. 일리가 있지만 그 해석으로 의심이 풀리지 않는다. 처녀 탄생은 후에 첨가된 설화일지도 모른다. 누가복음에는 복에 대한 세 구절 말씀으로 가난한 자가 복이 있다 하였고, 주린 자와 핍박받는 자가 복이 있다고 하셨다. 이어서 화를 선포하셨는데 그것도 예수님이 가난한 자, 배고픈 자 그리고 억압받는 자들을 축복하신 뜻으로 읽힌다. 이 부분은 마태복음의 산상수훈과 일치되지 않는다. 가난한 자와 마음이 가난한 자는 그 차이가 크다. 그리고 후세에 누가복음의 이 구절들을 산상 설교라 하지 않고 평지의 설교*Sermon of Plain*라고 평가절하 한다. 나는 단연 예수님이 가난한 자들을 축복하셨다고 믿는다. 교회에서도 이런 이슈를 주제로 활발한 토론을 할 수 있어야 한다고 생각한다.

성서가 완성되는 과정에서 어떠한 절충이나 합리화를 시켰던 편집이 존재했을 것으로 의심된다. 누가복음의 평지의 설교와 마태복음의 산상 수훈의 큰 차이점은 누가복음에는 '가난한 자' 그리고 마태복음에는 '마음이 가난한 자'가 복 받는다고 쓰인 점이다. 마음이 가난한 자와 그냥 가난한 자의 차이는 크다. 그런데 누가복음의 설교는 목사님들의 설교에 많이 인용되지 않고 있으며, 마태복음의 '마음이 가난한 자또는 심령이 가난한 자'가 예수님의 핵심 교훈으로 인정되고 있다.

나는 누가복음에 쓰인 "가난한 자가 복 받는다"는 예수님의 말씀이 진실이라고 믿는다. 예수님의 생애에서 보여 주신 행동 때문이다. 예수님은 철저하게 약자의 편이고 서민의 편이시다. 예수님 스스로도 서민으로 사셨다. 갈릴리는 가난한 사람들이 살던 곳이다. 예수님이 부활하신 후 무덤을 찾은 여인들에게 흰 옷을 입은 천사가 "예수님이 갈릴리에 먼저 가 있으니 그리로 오라"고 전한다. 예수님은 성전이 있고 고위급 인사들이 모여 사는 예루살렘이 아니라 가난하고 병든 자들이 사는 갈릴리에서 기다리신다. 가난한 자, 배고픈 자, 핍박받는 자들이 사는 곳에 예수님이 계신다.

물론 예수님 말씀 중에서도 이해가 어렵거나 서로 모순되는 불편한 구절들이 있다. 그런데 이러한 구절은 교회에서 듣는 설교나 성경 공부에서는 잘 다뤄지지 않는다. 설교 제목에 자주 인용되는 단골 구절뿐 아니라 이해하기 어렵거나 다소 모순되는 구절들까지 다루어 주길 바란다. 어떠한 정답을 바라는 것이 아니다. 솔직하고 이해할 수 있는 설명을 원하는 것이다. 모르면 모른다고 인정하고, 증명할 길이 없으면 없다고 하고, 성경의 저자들의 편향이 반영된 것 같다고 설명해도 좋다. 구약성경 당시 사람들의 사고는 오늘과 같지 않아 신비와 현실의 식별이 뚜렷하지 않았다. 그 결과 성경 역시 사실보다는 진리를 생각하게 하는 방식으로 쓰였다고 말한다면 듣는 이들도 더욱 이해하기 편할 것이다. 나는 성경의 저자들이 예수님을 신격으로 성화하기 위해 포장한 것 같다는 의심을 제기한 목사님의 설교를 들어본 적이 없다. 많은 신학자들이 부활 이전의 예수님은 하나님이 아니고 철저한 인간이었다고 믿고 있다면 이에 관한 해석을 듣고 싶다. 상식으로 믿어지지 않는 구절은 믿을 수 없다고 솔직히 말하는 것이 의로움이다. 하나님의 의로움은 정직과 솔직함이다.

성경에는 예수님의 제자들이나 추종자들 역시 공격적이고 폭력적인 말을 하고 있다. 갈라디아서에서 사도 바울은 예수님을 충실히 따르는 신도들에게 그들이 다른 마음을 품지 않는 것을 확인하면서 "너희를 어지럽게 하는 자들은 스스로 베어 버리기를 원하노라5장: 12절"라고 말한다. 여기서 "스스로 베어 버리기를 원하노라"라는 구절이 잘 이해되지 않는다. 끝내 망한다는 뜻인지 스스로 멸한다는 뜻인지 정확히 알 수 없으나 원수를 사랑하라고 하신 예수님의 가르침과 다른 것은 분명하다. 바울의 격한 성격에서 그리고 갈라디아 신도들의 사기를 높이기 위해 이런 표현을 쓴 것이라면 납득이 된다.

무화과나무에 열매가 없다 하여 저주하고 끝내 말라 죽게 하신 예수님의 말씀에 대한 해석도 구구하다. 생산이 없는 인간은 죽어 마땅하다는 비유는 일리는 있을지언정 진부하다. 이 구절을 놓고

189

예수님을 비난하는 학자도 있다. 그러나 나에게는 이해가 되고 반가운 구절이다. 예수님이 정말로 인간답게 묘사되어 있기 때문이다. 예수님이 화가 나신 것이다. 무화과나무 이야기 이전에 예수님은 예루살렘에 가서 성전의 장사꾼들과 환전하는 상인들을 폭력으로 내쫓으셨다. "나의 집은 모든 백성들이 기도하는 곳이다. 그런데 너희가 도둑들의 소굴로 만들었다마가11: 12-14". 이때에도 예수님이 화가 나신 것이 분명하다.

인간은 화가 나면 평소에는 하지 않던 욕설을 퍼붓기도 한다. 예수님 역시 진심으로 무화과나무를 저주하며 말라 죽으라고 했기에 나무가 시들게 된 것이다. 그러나 무화과나무가 열매를 맺지 못하게 저주하신 것은 화가 나서 하신 말이지 모든 무화과나무를 멸종시키고자 하신 것은 아니다. 성경에 이와 같이 예수님의 인간적인 모습이 생생하게 묘사된 것이 반갑고 성경에 실리지 않은 이러한 일화들이 많은 듯하다.

이 구절을 두고 불편해 하는 기독인이 많다. 이는 예수님이 신격으로만 이 땅에서 사셨다고 믿기 때문이다. 그러나 부활 이전의 예수님을 상상해 보면 2천여 년 전, 먼지 나는 유태 땅에서 샌들을 신고 걸어다니시고 배 고프면 무화과열매 따 먹고 서민들과 어울리고 같이 포도주도 나누며 살았던 인간이셨다. 화가 나서 성전의 장사판을 때려부수던 분이 찾으시던 과일이 없는 무화과나무를 저주하고 욕하신 것은 오히려 당연한 것으로 보인다. 예수님은 우리와 같은 인간으로 이 땅에 오셔서 인간으로 사셨고 인간이기에 처참하게 처형되어 목숨을 거두셨다. 인간이기에 인간다운 것이 왜 불편한지 이해가 어렵다.

예수님이 예루살렘에 입성하신 그때는 신약성경이 쓰이기 전이고 삼위일체 이론도 없었다. 예수는 목수였던 요셉의 아들이었으며 십자가에서 처형받고 죽으셨다. 부활하고 승천하셔서 하나님 우편에 앉으시기 이전이다. 예수님은 자신이 하나님 또는 메시아라고 말씀하신 일이 없고 끝까지 인간으로 인간답게 사셨던 분이다. 4복음 중 간간이 하나님이 1인칭으로 "내가" 또는 "나는"으로 직접 말씀하신 것은 부활 후의 예수님을 성경의 저자들 특히 요한복음에서 권위 있게 기술한 것이다. "아브라함이 나기 전부터 내가 있느니라요한 8:58", "나와 아버지는 하나다요한 10:30", "하나님의 아들 나를 보내셨다" 등에서 예수님이 스스로 하나님의 아들이라고 하셨지만 이 구절들은 요한이 예수님을 우주적 하나님으로 묘사한 것이라고 알려져 있다. 예수님이 "나는 하나님"이라고 선언하셨다고 믿어지지 않고 만일에 예수님이 "나는 하나님"이라고 말씀하셨다면 이 중요한 말씀을 요한복음 이전에 쓰인 마태, 마가, 누가 복음에 없다는 것도 이해하기 어렵다. 학자 중에는 저자 요한이 예수님을 본 적도 만난 일도 없었다고 말하는 이도 있다. 아직까지 요한복음의 저자는 불분명하다.

겟세마네 예수님의 기도는 읽을 때마다 예수님이 처하신 처절한 정황이 떠올라 우리의 가슴에 비장하게 울린다. 제자들은 깊이 잠들었고 예수님 홀로 겟세마네 산에 올라가 기도하신 것을 누가 엿듣고 그 내용이 알려지게 되었는지는 알 수 없다. 그러나 그 기도는 인간의 기도였고 이때 하나님은 침묵하셨다. 십자가에서 마지막으로 외치신 "엘리 엘리 라마 사박다니"는 더욱 처참한 인간의 마지막 절규다. 나에게는 부활 이전 이 땅에 인간으로 사신 예수님이 나의 주님이시다.

마음이 가난한 자는 복이 있다는 산상 수훈도 나는 누가복음의 가난한 자는 복이 있다는 구절을 믿는다. 특히 누가복음에는 "너희 가난한 자는 복이 있나니 하나님의 나라가 너희 것임이요"라고 쓰여 있어 그 첫머리의 "너희"가 얼마나 정다운 부름인지 모르겠다. 그리고 "지금 주린 자는 복이 있나니" 그리고 "지금 우는 자는 복이 있나니"라는 현실적 표현이 더욱 가슴에 와닿는다. 이어서 "사람들이 너희를 미워하며 멀리하고 욕하고 너희 이름이 악하다 하여 버릴 때에는 너희가 복이 있도다"라고 말씀하셨다. 사람들이 미워하고 멀리하고 욕하는 대상, 나는 한국의 동성애자들부터 떠오른다.

동양의 유교 문화권에서는 공격성에 대한 가르침이 돋보이고 특히 유교는 삶에 필요한 실천적 지혜를 상당 부분 가르치고 있다. 주자학에서는 몸과 마음의 미분화인 기氣 즉 서구식 표현으로 에너지를 논하고 있다. 그리고 이 기氣와 이理가 조화를 이루는 경지를 논할 때 조화를 이루려면 우선 자기를 알고 헤아릴 줄 알아야 한다. 자신의 공격성 에너지가 직면해 있는 상황에서 얼마나 지나친지 혹은 부족한지를, 또는 이치적으로 공격적인 감정이 정황에 맞는지 혹시 도리에서 탈선하고 있는지 등 스스로 평가하는 능력이 있어야 한다. 자기 성찰과 평가의 과정이 있으면 이에 따르는 행동 선택이 과제가 된다. 예를 들어 내가 폭력을 휘둘러 남에게 해를 주더라도 이것은 정당한 보복이므로 감옥에 가도 괜찮다는 결심이 서면 행동이 따르게 된다. 반대로 가정을 돌봐야 하기 때문에 감옥에 가는 것은 피해야 한다고 생각되면 차선책으로 상대방에게 협상을 제안한다. 심리학적으로 슬로우 시스템 사고로 현실의 정황들을 이성적으로 숙고한 후에 행동을 결정한다는 뜻이다. 즉, 자신의 행동 선택에서 결과적 접근consequential approach을 취한다. 무해론no harm theory대로 남을 해치거나 어렵게 하는 결과가 있을지 성찰하라는 것이다. 요약하자면 유교에서는 행동 이전에 스스로 숙고의 과정을 거치는 것을 권고하며, 이렇게 충동적 행동을 지연시키다 보면 대부분의 폭력은 예방될 수 있다.

Chapter 6

이기와
이타

이타는
배우는 것인가

아이는 애착단계에서 어머니가 자기의 욕구와 필요를 공감으로 알아차리는 것을 경험하면서 이를 동일시하게 된다. 아이는 타인의 감정과 필요를 모방으로 배우는 것이다. 예를 들어 어머니가 지친 탓에 아이를 돌봐 주지 못하고 있다거나, 아이가 심하게 보채는 바람에 어머니가 아이에게 화를 내는 상황이라고 가정해 보자. 이때 아이는 어머니의 좌절이 자기 때문에 온다는 것을 공감으로 알아차리게 된다. 자아 기능이 성숙해지면서 자신의 행동 가운데 어떤 것이 자기에게 이롭고 어떤 것이 불리한지를 배우게 되고 자신에게 불리한 결과가 되풀이되면 이를 알아차려 이로운 쪽을 선택한다는 것이다. 보채지 않고 어머니에게 순종하는 것이 자기에게 이롭다는 것을 알게 되면 남에게 잘해 주는 것이 결국 자신에게도 이롭다는 것을 배우게 된다.

흔한 예로 아이에게 동생이 태어나 라이벌 관계에 놓였을 때, 어떤 아이들은 부모의 바람을 동일시하여 오히려 동생을 귀여워해 주는 것이 자기에게 이롭다는 사실을 알게 된다. 동생과 라이벌 관계가 되면 동생이 밉고 은근히 없어졌으면 하는 마음이 생겨서 쥐어박고 싶어진다. 몰래 쥐어박거나 안아 주는 척하면서 힘껏 안아 버리고는 동생을 울리는 경우도 있다. 그러나 부모님이 자기가 동생을 사랑하고 아끼는 모습을 보고 싶어 한다고 느끼고 그런 행동을 했을 때 칭찬이 더해지면 동생이 밉지만 귀여워해 주는 것이 본인에게 이롭다는 것을 알게 된다. 이 배움이 이타적 행동의 시초가 된다.

경험도 많지 않고 사리분별도 잘 되지 않는 어린 시절에 이러한 이해관계를 판단하는 능력이 있겠냐고 반문할 수도 있다. 그러나 그것은 몰라서 하는 말이다. 어린아이들의 생존력과 적응 기능이 얼마나 놀라운지 성인들은 잘 모른다.

이타성은 아이가 자라나 친구들*peers*과 같이 놀고 관계가 형성되면서 더욱 성숙해진다. 유치원에서 또래 친구들과 놀이를 하면서 나눔을 배우고 교대하거나 양보하면서 함께 노는 경험은 값지다. 유치원에서는 한 아이가 원하는 장난감을 다른 친구도 원하는 대립 관계에 놓일 때 교대와 나눔을 가르친다. 좋아하는 장난감을 내가 먼저 가지고 놀다가 일정 시간이 지나면 그 장난감을 내주어 상대방이 가지고 놀게 한다. 다음에는 친구가 먼저 가지고 놀고 자기는 기다린다. 친구 중에 예쁘고 호감 가는 아이가 있어서 그 아이에게 선물을 주면 그 친구가 기뻐하고 자기에게 호감을 갖는 것도 경험한다. 이와 같이 나눔의 경험을 통해 남의 입장을 의식하고 나눔의 질서를 지키고 더불어 사는 것을 배우면서 이타적 행동이 생활화되는 것이다. 이러한 배움의 과정이 순탄하게 진행되면 원숙한 사회성 발달로 이어지지만 발달 과정에 장애가 되는 내적 또는 외적 조건들이 개입되면 지나치게 이기적이 되거나 지나치게 남을 의식하는 인정 중심의 인격이 될 수 있다.

이타성이 하나의 본능이라는 이론도 있다. 아직 사회적 경험이 없는 어린아이가 남을 이롭게 하는 행동을 하는 것을 볼 수 있다. 성인의 경우에도 자기를 희생하면서 남을 돕는 행동이 있다. 예를 들면 어떠한 관계도 없는 사람이 물에 빠졌을 때 그를 구하려다가 목숨을 잃는 경우도 있고, 자선단체에 무명으로 많은 돈을 희사하는 사람도 있다. 남이 위험에 처했을 때 이해관계와 무관하게 순간적으로 이타성이 발휘되는 것은 본능 때문이라는 설명이다. 그러나 많은 학자들은 이타성이 결국 자기에게 어떤 형태로든지 이득이나 보상이 돌아오기 때문에 이루어지는 행위로 보아 태생적 본능설을 부인한다.

이타성은
타고난다

공동체 생활에서 남을 돕는 행동은 필수다. 서로 돕는 이타적 행동은 공동체 중에서도 가깝고 견고한 집단*tight knitting group*에서 더 많이 나타난다. 가족이나 가까운 친척 그리고 자기가 속한 집단에서는 대체로 서로가 양보하면서 돕고 산다. 누군가에게 도움을 줄 때 베푸는 것 자체에서 오는 만족도 있지만 공동체 생활에서는 자기도 남의 도움을 이미 받고 있거나 언젠가 도움받을 일이 생길 수도 있다는 신뢰가 있다. 이것을 상호적 이타성*reciprocal altruism*이라고 한다. 여기서는 이기와 이타가 하나라는 뜻이고 이타성도 이기성과 같이 타고나는 본능이다. 이타주의 본능설의 근거는 동물의 세계에서 찾을 수 있다. 흡혈吸血 박쥐*vampire bats*는 다른 동물의 피를 빨아먹고 산다. 그런데 피를 빨아먹고 배부른 박쥐는 동굴로 돌아와 배고픈 동료에게 자기가 먹은 피를 토해서 나누어 준다. 동물학자인 버스*Buss*의 연구에 의하면 피를 토해 동료에게 나눈 박쥐도 이전에 자기와 가까운 박쥐로부터 피를 공급받은 일이 있었으며 그가 피를 나눠 준 박쥐도 역시 동료 박쥐에게서 피를 토해 나눈 일이 있었다고 한다. 이런 점을 보면 박쥐의 이타적 행위는 상호적*reciprocal*이다.

인간의 이타적 행동은 대부분 타인에게 느끼는 동정同情이나 공감共感 같은 감정에 의해 일어난다. 타인의 고통을 같이 나누는 사회적 고통 역시 이타적 행동이다. 우리는 누군가가 바늘로 손톱 밑 부분을 찔려 고통받는 것을 보면 그 고통을 함께 느끼듯이 얼굴을 찌푸리게 된다. 신경과학에서는 앞서 설명한 것과 마찬가지로 고통에 처한 타인을 돕는 이타적 행동을 거울신경세포 체계*mirror neuron system*와 관련하여 설명하고 있다. 그러나 동물의 경우 이러한 고통 나누기에 동정 같은 감정이 동반하는지는 알 수 없다.

한편으로 이타성은 사람이 어떤 가정에서 어떤 도덕적 유산을 물려받으며 자랐는지, 어떤 문화권에 살고 있는지, 어떤 종교를 가지고 있는지 그리고 자신의 경제 상태가 이타적 행위를 감당할 수 있는지와 같은 요소들에 많은 영향을 받는다. 내 배가 고프면 남을 돕기 어렵다.

모든 종교는 이타적 행위를 가르치고 권장한다. 이슬람교에서는 5 기둥의 하나가 자선으로 이슬람교인들은 의무적으로 가난한 사람들에게 희사하는 제도가 있다. 유태교의 10계명은 주로 금기의 조항들로 되어 있었다. 그러나 18세기에 들어서 유태교에 개혁운동이 일어나면서 금기 원칙에 인간 서로의 '사랑'이 추가되는데 이를 무사 운동_Musar Movement_이라 부른다. 이제는 그 결과로 '보상을 기대하지 말고 이웃을 사랑하라'고 가르친다. 1869년에 정통 리투아니아 유태인 랍비들은 유태교의 도덕, 교육 및 문화적 원칙을 정리하고 이웃을 내 몸 같이 사랑하라는 원칙을 포함시켰다. 이것은 구약의 레위기 19장 18절에 기록된 "이웃 사랑하기를 네 자신 같이 사랑하라"는 여호와의 말씀을 근거로 하고 있다.

개신교에서는 예수님의 가르침에 이웃을 네 자신 같이 사랑하라는 구절이 하나님의 계명이고 선한 사마리아인의 예는 이웃 사랑의 모델이다. 이타성을 타고나든지 학습되든지 이웃 사랑은 곧 하나님의 사랑이다.

선민주의와
이타성

기독교는 이웃 사랑의 정신으로 많은 이타적인 사업을 실천해 왔다. 예수님은 인간의 이타적 행동을 실천하는 것이 이 땅을 하늘 나라로 만드는 길이라고 가르치셨다. 이웃 사랑의 실천은 인간의 사명이고 여기에서 사랑이란 모든 차별의 벽을 넘는 포용적 사랑이다. 그러므로 기독교가 독선과 배타적인 태도를 고수하는 것은 오히려 하나님의 계명을 어기는 것이라고 볼 수 있다. 기독교는 유아주의唯我主義를 바탕으로 구심적求心的이어서는 안 된다. '만민'의 구원과 사랑을 위해 원심적遠心的이어야 한다.

형이상학적인 관점에서 많은 개념들은 대립되는 양극적 도식으로 이해될 수 있다. 선과 악, 육과 영, 나와 남 그리고 우리와 남들이 이런 예다. 종교는 오래전부터 내적 결속을 강화하기 위해 '우리'를 강조해 왔다. 이 전형적인 예는 유태 민족의 선민사상에서 볼 수 있다. 구약성경에는 유태 민족만이 유일하게 하나님이 선택하신 민족이고 하나님이 그들만을 보호하고 사랑하신다는 내용이 가득하다. 민족마다 자기 민족은 신이 선택한 특별한 민족이라는 종교적 설명이 흔하지만 이는 주로 종족 정체성 확립의 취지만 활용되는 경우가 많다. 그러나 유태 민족의 선민사상은 특별하다. 하나님이 선택하신 선민으로 하나님께 충성하고 계명을 지키면 그 대가로 하나님이 지켜 주시고 축복하신다는 내용이다.

기독교는 유태교와 같이 구약성서의 하나님을 믿고 있다. 여기에서 한 가지 의문이 생긴다. 그 하나님은 이스라엘 민족만을 택하시고 보호하시는데 왜 다른 민족이 기독교를 믿는다는 이유로 이런 선민사상을 받아들여야 하는 것인가? 아브라함은 유태 민족의 조상이고 성경에는 하나님이 그를 택하신다. "이제부터 나는 너희 하나님이 되고 너희는 나의 백성이다창세기 12장." 구약성서의 대부분은 이스라엘 민족을 위한 야훼 하나님의 계시다. 물론 기독교에서는 예수 그리스도를 믿는 그리스도인들이 모두 선민이고 새 이스라엘이라고 믿는다. 그러나 여기에도 약간의 불편함이 있다. 고작 세계 인구의 31%가 로만 카톨릭을 포함한 그리스도인이라면

전 세계 인구의 약 70%는 선민이 아니다. 이슬람 인구의 증가를 생각해 보면 결국 온 세계가 예수 그리스도의 선민이 되는 날은 요원하다.

예수님이 이 땅에 오신 후 유태 선민의 사명이 끝났다고 하지만 성서에는 선민사상이 그대로 남아 있다. 신약성경에 나타난 초대 기독교인들도 메시아는 유태 민족의 왕으로 오신다고 믿었다. 그러나 신약의 기독교는 예수님이 이 땅에 오셔서 유태 민족의 선민사상을 없애고 이웃 사랑의 구현으로 모든 인간이 차별 없이 한 가족을 이루는 혁명을 그려 낸다. 예수님이 강조하신 이웃 사랑의 그 이웃은 '우리'가 아닌 '남'이다. 선한 사마리아인의 이야기가 이를 확인하고 있다. 강도 당한 사람의 이웃은 유태인들이 아니고 차별받던 사마리아인이다. 기독교는 유태교의 선민사상을 넘어서는 신앙이지만 아직 우리는 선민사상에 머무르고 있는지도 모른다.

한국인들은 '우리'라는 집단 의식이 강하다. 나의 집도 우리 집이라고 부른다. 우리를 강조하면서 남들과의 식별을 분명히 하는 한국인들의 집은 부자나 서민이나 예전부터 담이 있어 왔다. 안팎의 경계를 뜻하는 담은 교회에도 있다. 그런데 외국의 예배당이나 성당에는 대체로 담이 없다. 흥미로운 사실은 초기 해외 선교사들이 선교 지역을 나누고 교파별로 선교를 하였지만 기독교가 토착화되는 단계에서 교파의 구별이 대체로 약해졌다.

한국에 들어온 개신교 교파들은 담을 쌓지 않고 하나가 되려는 경향이 강했다. 남감리회와 북감리회가 각각 다른 선교구역에 자리잡았으나 1927년 조선감리회가 발족하면서 두 교파는 하나가 되었다. 장로회도 미국 남장로회 북장로회 그리고 호주 빅토리아 장로회와 캐나다 장로회 등이 따로 선교를 시작했으나 23년 만에 독립된 한국장로교회 즉, 대한예수교장로회로 통합되었다. 물론 이후의 역사는 분열의 역사라고 할 만큼 복잡하다. 장로회는 우선 일제에 협력한 파와 일제하에서 옥고를 치른 세력 간의 갈등 그리고 신학의 차이 등으로 분열되었고 세계교회협의회WCC 참석 여부도 심각한 분열의 원인이 되었다. 이런 분열의 과정에서 분쟁이나 갈등의 부작용은 있었지만 교회 수가 늘고 자연히 교인의 수도 늘었다. 이러한 점에서 발전이라고도 할 수 있을 것이고 이것이 한국적인 기독교 문화가 되었다고도 볼 수 있다.

그 결과 한국의 기독교는 많은 교파로 갈라졌다. 하지만 넓은 시야로 보면 다름보다는 공통점이 더 많다. 한국 기독교는 외국 선교사들의 선교가 토착화되면서 독특한 기독교 문화Christian Culture를 만들어 냈다. 지난 반세기 동안 기독교 문화는 한국의 문화 주류와 함께 가는 공동 문화co-culture로 자리 잡았다. 일요일이 되면 전국에 있는 수많은 메가처치mega-church는 기독교인들로 넘쳐나는 것은 물론, 기독교 계통 언론사가 TV, 라디오, 신문 방송에서 성업하고 있다. 한국을 방문하는 외국인들은 한국이 기독교 국가가 아닌지 의심할 정도로 이 땅에는 빨간 십자가 종탑이 빼곡히 들어서 있다.

그런데 언제부터인가 기독교가 급격히 뒤처지기 시작했다. 그 전까지만 해도 주류 문화와 공동 문화로 같이 발전하던 기독교가 과거의 교리나 언어에 고착되어 발전이 빠른 사회를 따라가지 못하게 돼 버린 것이다. 이제 한국의 기독교 문화는 하나의 소문화 *sub-culture*로 전락했다. 최근 들어서는 수적으로도 감소 추세다. '번영신학' '성공신학' '근본주의 신학'이 기세를 올리던 2004년에는 한국의 기독교인 수가 전체 인구의 28%였지만, 2021년에는 23%로 감소되었다. 코로나19 이후에는 교인 수가 더욱 줄어들 것이라는 관측이 많다.

사회가 빠르게 발달하는 것에 비해 교회는 과거에 머물러 있다 보니 그 괴리가 더욱 심해진 것이다. 요즘 젊은 세대가 은혜로운 설교로 이름난 목사님의 설교를 듣는다 해도 예전 같은 임팩트는 받지 못할 것이다. 교회와 사회의 언어의 차이가 현저하고 종교의 신비에 대한 동경이 과학의 확실성으로 빛을 잃기 때문이다. 요즘 시대의 사람들이 구원에 대한 설교를 듣게 된다고 한들 그 구원의 실현성이 확실치 않을 뿐만 아니라 구원에 대한 설명도 합리적으로 이해하기 어려울 것이다. 예수님의 재림과 천국은 현대인들이 받아들이기 쉽지 않은 개념이 되었다. 전통적으로 교회에서 사용되는 언어는 최근 언어의 변화와 맞지 않다. 오히려 하나님을 숭배하고 찬양하는 형용사들이 생소하고 이질적으로 느껴지기도 한다.

성경에는 요나의 이야기가 나온다. 예언자 요나가 하나님의 명령을 거역하고 배 타고 도망가다가 하나님의 노여움으로 풍랑을 만나 선원들이 바다에 던져 익사하게 된다. 하나님이 그를 구하시기 위해 큰 생선으로 하여금 요나를 삼켜 위장에 3일간 머무르게 했다가 살아 나와 하나님이 시킨 사명을 다했다는 이야기이다. 이 이야기는 하나의 재미있는 동화로 들리지 사실로 믿어지지 않는다. 물론 기독교에서는 하나님께 반항하는 요나를 용서하시고 결국 귀하게 쓰시는 하나님의 사랑 이야기로 이해하지만 일반인의 시각에서는 실제로 일어날 수 없는 설화로 보일 것이다. 문자주의와 근본주의를 고집하는 개신교 신학은 20세기 초반에 나타나 사회로부터 기독교를 더욱 고립시키고 있다.

기독교가 사회와의 문화적 괴리로 고립되는 상황에서 아직도 한국의 기독교는 근본주의 신학을 강조하고 배타적이며 독선적으로 우리와 이웃을 날카롭게 구분한다. 그래서 한국의 기독교가 성소수자들을 이웃이 아닌 적으로 삼고 있는 반면, 사회 일반은 이들에 대한 차별금지법을 제정하려 한다.

물론 교회 건물을 별도로 짓지 않고 학교 강당을 빌려 예배를 보면서 시설에 드는 비용을 전 세계에 기부하는 훌륭한 교회들도 있다. 성 소수자들과 함께 예배드리는 교회도 있고, 새로운 신학으로 시대와 발맞춰 걸어가는 교회들도 있다. 그러나 이런 교회는 소수에 불과할 뿐이며 대다수의 교회들이 시대착오적으로 이웃을 사랑하라는 예수님의 가르침을 외면하고 있다.

나는 평생 정신과 의사로서, 차별받고 세상이 받아 주지 않아 고통당하는 성 소수자들을 치료한 경험이 있다. 또한, 동성애 동료들과 함께 지역 사회 정신건강 사업을 추진한 경험도 있다. 이런 경험과 동성애에 대한 의학적 지식으로 볼 때, 그들은 선하고 우리 모두의 진실한 이웃이라고 생각한다. 나는 감리교인으로서 감리교의 교리적 선언을 자랑스럽게 생각한다. 8가지 선언 중 7번째는 다음과 같다.

우리는 만민에게 복음을 전파함으로 하나님의 정의와 사랑을 나누고 평화의 세계를 이루는 모든 사람이 하나님 앞에 형제 됨을 믿습니다.

우리 모두가 형제이고 자매이며 이웃이다. 이것이 예수님의 가르침이다.

Chapter 7

나의 삶은
내가 쓰는 이야기

이야기치료

인생은 '내가 쓰는 나의 이야기'라는 말이 있다. 이것은 우리의 삶을 단순히 이야기로 보자는 뜻이 아니다. 우리가 수시로 즉흥적인 마음의 스텝을 생각하고 연결시키며 춤을 추듯이 우리는 우리의 삶을 즉흥적인 이야기로 펼치고 있다는 의미이다. 우리들은 모두가 삶의 이야기꾼이고 그 이야기의 주인공이며 작가이다.

인간의 사고에는 두 가지 모드가 있다. 하나는 '논리-과학적 모드'로 정규적인 논리와 철저한 분석 그리고 합리적인 가설로 유도되는 과학적 과정이다. 또 다른 한 가지는 이와는 상반되는 '이야기 모드'의 사고다. 이는 인간의 경험을 지적으로 이해하고 진리의 조건을 밝히는 것보다는 시간에 따라 전개되는 일들을 연결시키는 과정이다. 이때 정확성과 확실성은 크게 중요하지 않다. 핵심은 전망*perspective*이다. 이야기 모드에서는 사람이 주인공이다. 주인공의 세상에 직접 참여하면서 그 경험을 자유롭게 해석하기 때문에 주인공은 동시에 저자가 된다. 이야기 모드에서는 주인공의 의식으로 주관화된 내용들이 현실로 묘사되기 때문에 이미 알려진 '확실한 것'이 아닌 가능성이 발현된다.

이야기*narratives*는 정신적인 갈등이나 문제를 해결해 주는 힘이 있다. 문화인류학자들이 이야기치료*narrative therapy*라는 방식을 사용하는 것도 이 때문이다. 그들은 인간의 경험을 중요시하기에, 누군가의 삶에 나타난 문제들을 이야기로 정리하여 치료하고자 한다. 기존의 과학적 치료가 치료 대상자들의 삶의 주관적 경험을 깊이 있게 살피지 않았던 함정으로부터 벗어날 수 있는 것이다.

정신의학에는 전문가들이 만들어 놓은 진단 분류 체계가 있다. 증상을 위주로 하여 이 체계 안에서 맞는 진단을 찾고, 이에 준한 치료 알고리즘을 따르게 된다. 문제는 이미 개념이 세워져 구체화된 진단기준을 우선시하기 때문에 환자의 주관적 경험이 배제되기 쉽다는 것이다. 반면에 이야기치료에서는 살아 있는 경험이 중요하고 이 경험의 연계에서 의미를 창출한다.

또한 논리-과학적 사고에서는 자연의 법칙에 따라 언제든 변치 않는 진리를 구성해야 하기 때문에 시간적 차원이 제외된다. 시간적 테스트에 합격한 진리여야 한다. 그러나 이야기 모드의 사고에서는 모든 것이 시간의 흐름에 따르는 사건의 전개로 꾸며진 이야기이기 때문에 시작과 끝이 있고 그 사이의 시간이 흐른다.

이야기 모드에서는 누구나 자신의 삶에 참여하면서 그 경험을 자유롭게 해석할 수 있다. 언제나 새로운 이야기를 쓰는 저자가 될 수 있다는 말이다. 그러나 과학적 모드의 사고에서는 비인격적인 동력이나 에너지 등에 반응하기 때문에 인간의 수동적 자세의 개성이 부각된다. 마치 인격이 고도로 발달한 로봇처럼 여겨질 수도 있다. 이야기 모드에서는 언어가 의미를 만든다. 추정은 물론 다양한 전망을 볼 수 있는 가능성을 열어 주는 가정법적이고 다의적인 언어를 쓴다. 반대로 논리-과학 모드의 사고는 불확실과 복잡성을 줄이기 위해 직설적인 언어를 사용한다. 이를 토대로 현실을 확인하고 구체적 감각을 갖도록 노력한다. 학술 논문이 전형적인 예다. 학술 용어로 쓰인 논문은 결론에 직결하는 딱딱한 글이다.

이야기를 매개로 인간의 심리적 갈등과 고통을 치료하는 이야기 치료를 간단히 소개해 보겠다. 원칙은 다음과 같다.

- 첫째: 이야기 치료에서는 정상-비정상, 기능-역기능, 건강-병리 등의 관점을 버려야 한다. 이와 같은 범주적 시각으로는 대상자가 어떤 주제를 선호하는지 알 수 없다.

- 둘째: 사회가 가지고 있는 우리들 자신, 관계 및 상황에서 쓰이고 있는 정상(norm)을 무시한다.

- 셋째: 치료자는 전문가로 참여하는 것이 아니다. 따라서 전문지식으로 이야기를 여과하면 안된다. 무슨 병인지, 어떤 기능부전이 있는지를 찾으면 안된다.

- 넷째: 치료자는 다원적인 시야로 대상자가 제시한 문제의 중심에 있는 '문화적 이야기'가 무엇인가를 알아보고 문제성인 문화적 이야기가 그에게 어떤 영향을 주었는지를 이야기하게 한다. 치료자는 여기에서 단순한 질문을 던진다. 바람과 꿈과 전망과 가능성과 가치와 목표와 의미를 가질 수 있는 새로운 전망을 찾아 '또 다른 이야기'를 펼칠 수 있게 질문한다.

우리는 문화의 틀 안에서 이야기를 만든다. 우리도 모르는 가운데 지배적인 문화적 이야기 안에서 살고 있고 이것이 우리의 현실이라고 믿는다. 예를 들어 내가 정신과 의사라면 해야 할 일이 이미 정해져 있고 하루하루 정신장애 환자들을 치료하는 것만이 나의 현실이라고 믿는다. 즉, 이야기를 쓰더라도 정신과의사로 살아가는 지배적 문화 이야기만 쓰게 된다. 그렇다면 정작 내가 다양한 가능성과 재능을 가지고 태어났더라도 나의 삶은 의학 문화로 제한되어 위축되어 있다. 아름답고 풍요롭고 의미 있는 다양한 이야기를 통해 새로운 정체성의 가능성을 확인하고 이를 '또 다른 이야기'로 써나갈 수 있는데도 말이다.

이야기 치료는 듣기에는 간단해 보이지만 실은 방법도 어렵고 복잡하다. 충분히 이해하고 익힌 다음, 많은 경험을 쌓아 세련된 질문을 던지는 것에 익숙해져야 한다. 자세한 치료 방법론은 이야기 치료의 거두인 마이클 화이트*Michael White*의 저서, 『치료적 목적의 이야기 방법*Narrative Means to Therapeutic Ends, 1990*』을 추천한다.

문제의
외재화

마이클 화이트의 교육 코스에서 배운 것 중, 내가 실제로 임상에서 시도해 본 치료기법은 문제의 외재화*Externalization of the Problem*다.

문제의 외재화란 사람들에게 심적 부담이 되는 문제들에 대한 객관화 또는 개인화를 권장하는 치료적 접근이다. 즉, 안고 있는 문제를 별도의 실체*entity*로 분리시켜 그 문제를 당사자나 그의 관계 밖으로 벗어나게 하는 것이다. 심하게 고착되어 있는 문제들을 덜 고착되게 하는 방식으로 문제를 풀어 준다.

이 방법은 자녀 문제로 고민하는 가족들을 치료하는 데 효과가 있다. 자녀 문제가 부모의 골칫거리로 포화된 상태에서도 문제의 외재화를 통하면 부드러운 대화가 가능해진다. 치료 이전에는 상상도 못했던 사실들을 발견할 수 있으며, 이를 통해 새로운 전망을 갖게 된다. 발생한 문제 때문에 포화상태가 된 상황에서 새로운 이야기를 구성하는 것으로 초점을 바꾸면 문제는 자연히 해결된다.

'지배적 이야기*dominant story*'에 초점을 맞추어 살아 온 경험을 말하게 하고, 때마다 느꼈던 감정만을 물어 보면 의미 있는 대답이 나오지 않는다. 그러나 문제를 외재화시킨 후 삶의 경험 이야기에 의미를 부여하고 감정을 표현할 수 있는 부분을 선택하게 하면 새로운 삶의 구성과 모양새가 맞춰진다. 다시 말해서 사람들은 문제의 외재화를 통해 자신이 살아온 지배적 이야기로부터 '나'를 분리시킨다. 그간 지배적인 이야기만 따른 채 살아 왔기 때문에 예상할 수도 알 수도 없었던 귀중한 삶의 경험을 발견하기도 한다. 화이트는 이것을 '진기한 결과*Unique Outcome*'라고 하였다. 진기한 결과가 발견되면 이와 연결된 새로운 의미의 성취를 시도해 볼 것을 권장한다. 이것이 새로운 이야기가 된다. 그래서 진기한 결과와 이치에 맞는 새로운 이야기를 만들도록 유도할 수 있는데 이 과정은 치료자의 적절한 질문으로 이루어진다. 새로운 이야기로 새로운 전망을 찾는 일에 진전이 있으면 그것이 자신에게 질적으로 어떠한 변화를 가져왔는지를 조사하도록 한다.

문제의 외재화를 위해 해야 할 두 가지의 중요한 질문이 있다. 하나는 문제가 그의 삶이나 관계에 끼친 영향을 사상화寫像化, *mapping* 하는 질문이고, 또 하나는 문제의 삶에 대해 자기가 어떤 영향을 주었는지를 사상화 하는 질문이다. 이 질문들은 당사자가 문제의 세계에서 빠져나와 새로운 행동의 가능성을 볼 수 있게 한다. 문제 자체를 이야기하는 것이 아니라 문제와 사람들과의 관계를 알아보면서 공유 영역을 넘어 그 문제가 준 영향을 볼 수 있다. 우리가 문제에 고착되는 이유는 우리들 자신이 객관화되기 때문이다. 문제의 외재화는 그 객관화에서 벗어나 독립적으로 상상할 수 있어 자유로워지는 효과가 있다. 이를 통해 새로운 주관성*subjectivity*을 갖게 된다는 것이다.

나는 문제의 객관화 기전과 과정의 이론을 실제 치료 현장에 어떻게 적용할 수 있는지를 모색하다가 이 방법을 알코올 사용장애 환자의 재활 과정에 적용해 보았다. 그 이유는 지금까지의 알코올 사용장애 재활치료에 대한 나의 부정적인 견해 때문이다.

내가 본 한국의 알코올 사용장애 치료 및 재활 현장에서는 알코올에 관한 이야기가 지배적이었다. 또한, 어느 치료 현장에서나 치료 철학과 문화가 획일적으로 고정되어 있었다. 알코올 이야기만으로 포화상태를 이루고 있는 것이다. 치료 현장은 주로 병원이고 치료 대상은 알코올 의존 환자들이다. 고정된 치료 프로그램의 제1

단계는 자기가 알코올 의존이라는 병에 걸려 있고, 자신은 술 앞에서 무기력하다는 사실을 인정하는 일이다. 다시 말하면 치료장의 주인공은 사람이 아니라 알코올 의존이라는 병이다. 치료장에서는 술에 젖은 삶의 경험을 부정적으로 되풀이하는 이야기를 환영한다. 그리고 이야기는 과학적 모드의 확실한 표현을 사용해야 한다. 각자의 삶의 이야기는 이미 쓰인 12단계를 따르는 것으로 정해져 있다. 그러므로 환자의 자세를 수동적으로 만들고 이미 정해진 과정에 순종해야 좋은 환자가 된다. 병원 생활에서 내가 자유롭게 나의 이야기를 펼치지 못하고 기존하는 모범 공식을 따라 생각하고 나의 이야기를 거기에 맞춰야 인정받는다. 지배적 병원 문화 이야기만 하고 있는 것이다.

알코올 사용 문제로 처음 또는 재입원한 환자의 경우 단기적으로는 회복이 되는 것처럼 보인다. 어려운 금단 과정을 치르며 규칙적인 식사 및 영양제 공급으로 서서히 건강을 되찾는다. 갈등으로 포화상태가 된 집을 떠나왔기에 가족 책임으로부터도 자유로워지고 가족들의 비난이나 원성도 들리지 않는다. 입원 중에는 금주 상태에 놓여 있기에 좀 더 객관적인 입장에서 자신과 술과의 관계를 바라보는 시간도 갖는다. 이로 인해 현실로 돌아온 반짝 회복의 모습에 스스로도 가족도 진정으로 회복되었다고 여긴다. 그러나 입원 후에 보이는 일시적 회복은 중독으로부터의 진정한 회복이 아니다. 때때로 이 임시적 회복은 환자들에게 "이러니까 나는 술을 끊을 수 있고 따라서 중독이 아니다"라는 변명의 근거가 되기도 한다. 자신은 중독자가 아니고 스스로 술을 통제할 수 있다는 중독적 사고를 보강시킨다. 자기는 완전히 회복되었고 다시는 술을 마시지 않는다고 주장하며 퇴원을 요구한다. 그로부터 얼마 가지 않아 재발하고 다시 입원한다.

이와 같은 획일적이고 되풀이되는 과정만 존재하는 치료 현장에 어떤 변화를 가져올 수 있을까 생각해 보았다. 고민 끝에 문제의 외재화를 구체화시키는 이야기 치료를 시도해 보았다. 우선, 회복 첫 단계를 거쳐 제한된 외출이 허용되는 약 30명의 입원 환자가 있는 병동의 치료 책임을 맡았다. 그 병동은 환자들에게 외출을 허용하고 있었다. 외부에 나가 술의 유혹을 견디고 단주가 지속되면 퇴원을 하게 되지만 실패하고 술을 마시면 다시 폐쇄병동으로 이동하게 된다. 병동 수간호사에게 이미 몇 차례 재발이 있어 폐쇄 병동에 드나든 환자로 병동에서 불평이 많고 비협조적인 환자 한 분을 나에게 보내 달라고 요청하였다. 그는 40대 후반 또는 50대 초반의 남자였는데 나와의 면접에는 협조적이었다. 내가 그에게 요청한 것은 동료 환자들과의 모임에서 자기에 관한 이야기를 약 20분간 하는 것이었다. 그는 대뜸 무슨 이야기를 하느냐고 질색을 하고 피하려고 했다. 나는 술이나 술로 인해 일어난 문제와 같은 이야기는 절대로 삼가고, 살면서 경험한 것은 어떤 이야기도 좋으니 하고 싶은 이야기를 자유롭게 하면 된다고 했다. 그는 잠시 주저하다가 승낙했는데 이야기 도중이나 나중에 동료들의 질문이 있으면 대답을 해 달라고 부탁했더니 이 또한 침묵으로 승낙했다.

발표하는 날, 단상에 올라 마이크 장치가 있는 책상을 앞에 두고 의자에 앉은 그의 모습은 의외로 태연했다. 동료들과 미소를 주고받는 여유도 보였다. 그는 자신이 할 이야기를 써 놓은 노트를 보면서 말을 이어갔다. 그의 진지한 태도와 펼치는 이야기는 한마디로 충격이었다. 평소 병동에서 보이던 모습과는 전혀 다른 태도로 중독 이전에 공장에서 일했던 삶을 이야기했다. 이야기가 끝나자 숙연했던 동료 환자들이 박수를 치고 이어서 두 환우가 질문하는 과정에서 또 한번 놀라지 않을 수 없었다. 발표한 분의 이야기 중에서 순간적으로 짧게 언급한 긍정적인 발언을 붙잡고 그것을 설명해 달라고 요청한 것이다. 이것이 이야기치료에서 말하는 진기한 결과 얻기 질문이다. 마치 오랫동안 술에 젖어 실종된 자기 감각*sense of self*을 끌어내는 예리한 질문이었다. 이야기를 펼치고 듣고 대화하는 분위기가 평시의 교육과는 차원이 달랐다. 다들 모임이 좋았다는 피드백을 남기고 헤어졌다. 이 모임은 격주로 정례화되어 다른 환자들의 이야기 시간으로 채워졌다. 특히 여성 환자들의 이야기에는 여성으로서의 한스러운 비애와 분노의 이야기들이 감동적이었다. 각자가 자신의 이야기를 부족함 없이 준비하는 것도 전체 분위기를 진지하게 이끌었다.

　불행하게도 나는 이 이야기 모임을 시작한 지 오래지 않아 그 병원을 떠나게 되었다. 그런데 그전부터 이야기 프로그램을 담당해 온 병동의 수간호사에게서 놀라운 이야기를 듣게 되었다. 처음 이야기를 시작했던 불평 많고 비협조적이었던 환자는 이야기 후 계속 모임에 참석했는데 수간호사가 느끼기에 그 환자분이 새롭게 변했다는 것이다. 정확하게는 "그분이 점잖아졌어요"라고 했다. 간호진과 대화가 가능해지고 이전의 부정적인 태도도 없어졌다고 했다. 아쉬웠던 것은 이 변화를 좀 더 일찍 알려 주었으면 그를 만나 알코올 문제를 뺀 자기 삶의 이야기를 더 듣고 혹시 그가 한 이야기가 자신에게 어떤 영향을 주었는지 물어보고 싶었다. 아쉽게도 수간호사의 이야기를 들은 것은 그가 퇴원한 이후였기 때문에 아쉽게도 그를 대면할 기회는 없었다.

Chapter 8

다름과
차이

다름과
차이

모든 대상은 특정한 필요충분 조건의 집합으로 범주화할 수 있다. 일단 범주화를 이루면 대상을 이해할 수 있고 또 범주화해서 얻은 이름으로 이를 기억한다.

20세기에 들어서면서 모든 지식 분야에서 예지적인 과학적 탐색과 연구가 활발해지면서 새로운 범주들이 끊임없이 생겼다. 또 분야가 세분화되어 실재$_{entity}$의 한계와 깊이로 서로 간의 다름이 확실해졌다. 그래서 지식의 세계는 날로 복잡해지고 확장되었다. 20세기에 지식의 범주화와 분화가 활발해진 채로 21세를 맞자 세상은 더 빠른 가지치기로 보다 복잡$_{complex}$해졌다. 한 예로 의학 분야에도 새로운 임상의 전문과들이 많이 생겼다. 내가 의과대학을 다녔던 70년 전만 해도 내과와 외과가 임상의학의 두 기둥이었다. 외과에 신경내과나 정형외과 성형외과 등의 분과는 있었으나 내과가 거의 모든 질환을 떠맡고 있었다. 오늘날 종합병원에서 보는 심혈관내과, 소화기내과, 내분비내과, 감염내과, 호흡기내과, 신장내과, 종양내과, 알레르기내과는 없었다. 소아외과, 흉부외과, 심혈관외과, 외상외과, 신경외과, 손과목외과, 미세외과*microsurgery* 등은 모두 나의 학창 시절 후에 생겼다. 지금은 일반내과나 일반외과는 그 존재 가치가 크게 감소되었다. 결과적으로 우리가 의과대학을 졸업할 당시에는 우수한 학생들이 지원했던 일반내과나 일반외과는 지금은 지원자가 줄어드는 상황이 되었다.

이와 같은 세분화는 의과학 발전에 크게 공헌하였다. 지식이 깊어지고, 각 분야가 연구의 어려움에 빠졌을 때 새로운 연구 방향과 전망을 찾아 공동연구를 시도하는 움직임도 생겼다. 한때 분과 간의 벽이 있기도 했으나 이제는 출입문이 생겨 지식의 융합으로 새로운 연구 방향과 연구 전략의 문이 열리고 있다. 최근에 코로나 대유행으로 감염내과, 응급의학과, 공중 보건학, 역학, 면역학, 약리학, 의료정책 등의 교류가 활발해지고 서로 정보를 나누고 공동으로 연구하면서 새로운 감염에 대한 예방책과 관리와 치료 방법들이 속출하고 있다. 더불어 정신건강의학과의 환자도 늘고 있으니 나의 영역, 남의 영역을 나누기보다는 영역 간의 소통과 통섭이 더욱 필요해졌다. 지식 사이의 경계가 모호해지고*big blur* 통합과 융합을 지향하는 움직임이 활발해지고 있다.

경기도 수원 광교에 테크노 밸리 공업단지가 세워졌다. 지나가면서 눈에 들어온 간판에는 "서울대학교 융합과학대학원"이라고 쓰여 있었다. 그 건물이 세워진 것이 2009년이다. 융합과학이라는 표제에 이끌려 해당 대학원의 소개글을 보니 쓰인 단어나 어휘들 그리고 그 뜻 하나하나가 새로웠다. 학문 분야 간의 벽을 없애고 분야가 다른 과학자들이 모여 지식을 융합하는 새로운 연구 방법을 이미 2000년에 한국이 개척한 것이다. 이러한 융합 연구의 결과들이 어떤 것인지 매우 궁금하다.

융합*convergence*이라는 표현은 이전에도 익히 들어 왔다. 한때 과학과 종교의 융합을 논한 존 호트*John Haught* 조지타운 교수의 저서 『과학과 신앙*Science and Faith, 2013*』에 심취된 적이 있었다. 에드워드 윌슨*Edward Wilson*이 제시한 컨실리언스*consilience*라는 개념도 참신했다. 한국 수원에 무섭게 발전한 최신 테크놀로지를 활용한 융합 연구진이 10여 년 전에 발족했다는 것은 매우 자랑스럽다.

이제 벽을 만들고 분화하던 시대는 갔다. 서로의 다름과 차이를 인정하고 여러 분야의 학자들이 합동 연구로 지식의 융합을 이루는 통섭의 시대가 왔다. 물론 특수 분야들의 지식과 학문의 특별성이 없어졌다는 것은 아니다. 지식과 학문의 다름과 차이가 실체 간의 벽이 될 것이 아니라 이제는 공통된 목표로 지식 확대의 길을 찾는 것이다. 예를 들어 인류학이나 역사학, 고고학, 물리학 그리고 지리학 등이 모두 협력하여 우주의 신비를 탐색하고 있다. 이를 보면 다름은 오히려 새로운 탐색의 촉진제가 되고 시너지 효과의 밑거름이 될 수 있다.

인간도 마찬가지다. 누구나 다른 유전자를 가지고 있고 특이한 용모와 성격을 가지고 있다. 심지어 유전자를 같이하는 일란성 쌍둥이도 용모나 성격에서 차이가 있다. 부모님은 그 차이를 기준으로 누가 형이고 누가 동생인지 쉽게 구분한다. 뿐만 아니라 인간은 누구나 나름의 특이성_uniqueness_ 있는 존재가 되기를 원하고 또 이를 추구하는 욕구가 있다. 누가 나보고 어느 누구와 닮았다고 말하면 비록 내가 닮았다는 사람이 훌륭하고 잘 알려진 인사라 해도 마음이 좀 불편하다. 누구나 단독으로 고유하게 특이한 존재로 인정받고 싶어하지 누구와 닮은 인간으로 보이는 것은 달갑지 않은 것이다. 또 모든 사람들이 제각기 나는 남과 다른 생각을 한다고 인정받기를 원한다. 남과 같은 생각을 하면서도 나의 생각은 좀 다르다고 주장하는 것을 흔히 듣는다.

문제는 서로 생각이나 믿음의 다름을 두고 내가 옳고 너는 그르다는 시비가 벌어지는 경우다. 다르고 차이가 있는 것과 옳고 그른 것은 별개의 것이다. 한 철학자는 자신이 기고한 칼럼, 「다름의 미학 에세이」에서 "세상을 바라보고 인식하는 것에 있어 '틀림wrong'이란 영원히 있을 수가 없다. 단지 '다름difference'만이 있을 뿐이다. 틀림이라는 인식을 전제로 하면 존중과 아름다움을 결코 느낄 수가 없다"고 하였다.

　　그런데 현실 세계에서는 아직도 다름과 차이를 놓고 옳고 그름으로 이분화시켜 서로가 옳다고 주장하면서 갈등과 이분열이 생기고 심지어 서로 적대시하는 경우도 많다. 특히 정치권에서는 이념이나 정책을 놓고 각기 우월성을 강조하거나 특이성을 내세우면서 소소한 차이의 정책을 주장한다. 끝내 새로운 이름으로 분열되는 경우도 적지 않다. 일부 정당들의 경우 이름만 다를 뿐, 내놓는 정책들은 대동소이함에도 지도급 인사들은 개개인의 지명도를 높이기 위해 갈라서는 경우도 흔하다.

　　다름과 차이를 놓고 분열된 분야가 종교계다. 종교 중에서 같은 하나님을 믿었던 아브라함의 자손들이 약간 다르게 편집한 원본의 성전聖典을 같이 모시면서도 종족과 여러 가지 문화적 배경의 다름 때문에 유태교와 기독교와 이슬람교로 갈라진 것이다. 기독교도 초창기부터 동방 정교회 계통인 오리엔트 정교회, 희랍 정교회,

러시아 정교회, 이집트의 콥 정교회 그리고 천주교로 갈라졌다. 마틴 루터의 종교개혁 이후 개신교는 많은 교파로 갈라졌던 탓에 일일이 이름을 나열하기도 어려운 정도로 교파가 많다. 그런데 이 모든 기독교 종파들이 믿는 하나님은 같은 하나님이다. 같은 하나님을 두고 인간들이 다르게 만든 것이다. 어느 종파가 정통이고 옳고 우월한지를 놓고 벌이는 논쟁은 의미가 퇴색된다. 같은 하나님을 믿으면서 이를 부정하고 종파 간의 대립이나 분쟁을 만들기 때문이다. 인간들의 견해 차이로 인해 갈라진 역사는 세월이 흘러 각각 다른 정체성으로 전통이 되고 또 하나의 새로운 역사가 되었다.

내가 믿기로 우주의 창조자이신 하나님은 하나이시고 이 세상의 모든 것이 다 그 하나님 안에 있다.

다름과 차이로 인한
한국 기독교의 변화

거시적인 관점에서 볼 때 기독교가 다름과 차이로 인해 갈라진 것은 역사적으로는 발전과 진보라고 할 수 있다. 오늘의 기독교가 비록 다양한 옷을 입고 있지만 기독교는 긴 역사를 통해 세계종교로서 찬란한 기독교 문화를 이어 왔다. 기독교가 가지를 치고 널리 퍼지면서 세계종교로 발전한 것도 다름을 명분으로 특이하게 발전했기에 가능했다. 그런데 문제는 가지를 치고 갈라져 나간 각 교파들이 오로지 자신들만 정통 기독교라고 믿는 것이다. 어린 시절부터 한 종교에 몸담고 자라면 자기가 믿는 하나님이 유일하고 참된 하나님이라고 믿게 된다. 우리의 뇌에 그렇게 새겨지는 것이다.

내가 젊었을 때 처음으로 천주교 미사에 참여한 일이 있었는데 예배 의식이나 찬송이나 신도들이 미사에 참여하는 자세가 개신교와는 달랐다. 여성들은 미사포를 쓰고 남자들도 숙연한 자세로 의식에 따라 무릎을 꿇었다. 개신교의 예배는 목사님의 설교가 중심이고 찬송과 기도가 있지만 천주교의 미사는 복잡하고 우선 영성체가 있다. 말씀의 예배로 제1독서와 화답 제2독서에 화답이 이어지고 복음과 강론과 신앙고백 그리고 보편 지향 기도가 따른다. 예수님 최후의 만찬을 이어받은 영성체는 나름대로의 성숙한 의식이다. 내가 다니는 감리교 예배와 크게 다르기 때문에 천주교에서 믿는 하나님과 감리교의 하나님이 다르다는 생각이 들 정도다.

어린시절부터 여러 해 동안 일정한 예배 의식과 예배 분위기가 되풀이되면 해당 뇌세포들의 독특한 신경망이 새롭게 생기거나 *neurogenesis* 팽창으로 변하면서 연결이 새로워진다. 그것이 견고하게 고착되어 개인의 고유한 종교 의식으로 코딩되어 뇌에 새겨진다. 그 신경망의 주인공이 '나의 하나님'인데 다른 종교 의식을 접했을 때는 그 예배의 대상이 나의 하나님과 다르게 느껴진다. 결국 이 다름은 문화적인 다름에서 오는 감각이지 하나님이 다른 실체로 나누어지는 것이 아니다. 다름의 이유를 이해하면 다름으로 인한 갈등이 생기지 않는다.

교회는 조직체이다. 그렇기 때문에 구조적으로 목회자나 신도들에게는 계층이 있는데 이 계층의 차이가 갈등의 불씨가 될 수 있다. 목회실에는 담임목사와 부목사와 전도사의 계층이 있고 신도들에게는 장로, 권사, 집사, 일반교인의 계층이 있다. 일반교인이 장로가 되려면 굳은 믿음과 충성과 봉사의 연륜으로 자격이 인정되어야 한다. 장로 안수의 경우에는 최종의 모임에서 교인 전원이 인준해야 하며, 단 한 사람이라도 반대하는 경우에는 임명이 보류된다. 또 개체교회는 교인 수가 늘면 자연히 교회 건물도 확장하게 된다. 목회하는 목사는 교인이 늘어 큰 건물에서 웅장한 성가대와 화려한 강단에서 설교하는 것을 꿈꾼다. 이 소원을 이루려면 긴 세월을 꾸준히 노력해야 한다. 교회가 커지고 재정이 풍부해지면 그 교회는 '성공한 교회'가 된다. 목회자에게는 이와 같은 교회 발전과 번영이 목표가 된다. 그래서 은연 중에 성공주의와 번영신학을 의지하고 교역자뿐만 아니라 교인들도 크고 성공한 교회 교인이 되고 싶어 한다. 이렇게 번영신학이 풍미한 한국 교회는 교인 수가 1만 명이 넘는 초대형 교회의 경우 20개, 5천 명이 넘는 대형교회는 38개나 된다고 한다. 1993년, 여의도 순복음교회는 고 조용기 목사가 담임목사였던 시절에는 교인수 70만 명으로 세계 최대 교회로 기네스북에 오르기도 했었다. 교회가 커지고 번성하여 교인들이 자랑스러워하는 것은 좋은 일이다. 그러나 교회가 커지고 교인이 많아지면 재정 관리를 둘러싼 여러 가지 문제가 생기고, 오랜 세월을 교회 발전에 공헌한 담임목사는 은퇴하고도 원로목사로서 자신의 영향력을 유지하려고 한다. 심지어는 담임목사 세습으로 사회적인 물의를 일으키기도 한다. 내가 보기에 더욱 심각한 문제는 한국교회의 심한 양극화이다. 상가의 한 층에 세들고 예배 보는 작은 교회가 있는가 하면 아방궁 같은 화려한 대형교회도 있다. 안타깝게도 빈약한 교회들이 하나씩 문을 닫고 있는 것이 현실이다.

하나님의
의를 찾아서

아브라함의 하나님을 믿는 세 종교의 10계명과 5기둥의 핵심은 의롭고 정직한 삶을 사명으로 지키는 일이다. 특히 기독교에서 말하는 예수님의 가르침은 의로움과 사랑이 같이 가는 것이다. 하나님의 의로움은 인간의 삶에서 다음과 같이 실현되어야 한다.

- 첫째로 인격에 의로움이 자리잡아야 한다. 정직하고 불의에 예민하게 맞서는 용기 있는 성격을 말한다.
- 둘째로 외적으로 의로운 태도가 분명해야 한다. 감정 표현이 대인관계에서 솔직하고 표리가 없고 스스로 불의를 자제하는 조정력이 돋보여야 한다.

- 셋째로 의로운 행동으로 불의에 대항하는 용기가 있어야 한다. 말과 행동이 같이 가야 한다.
- 넷째로 정직함과 의로운 마음을 반영하는 언어가 뚜렷해야 한다.

이것이 하나님을 믿는 신앙인이 모두 지켜야 하는 도덕이다.

한국 기독교의 특징 가운데 하나가 열정적인 신앙이다. 찬송가를 열렬히 부르는가 하면, 통성기도는 교회 인근에 거주하는 주민들의 불평 대상이 되기도 한다. 시골에 개척교회를 세우려 할 때 주민 반대로 곤욕을 치룬 일도 있었다. 한마디로 시끄럽다는 것이다. 열광적이고 감정이 고양된 예배가 나쁠 것 없고 하나님을 뜨겁게 믿는 것이 특별한 신앙의 한 형태이다. 교회가 옛날 수도원 같아야 한다는 이유는 없다. 그러나 감리교의 창시자인 존 웨슬리John Wesley가 '열광적 종교의 특징'에서 경고한 내용을 명심해야 한다. 우선 잘못된 하나님에 대한 허구의 영감이나 영향에서 오는 종교적 실성失性 또는 하나님에게 기대할 수 없는 것을 기대하는 흥분이 종교적 열광enthusiasm이 된다고 말한다. 주여 주여 외치면서 일종의 도취에 빠져 나의 신앙을 이성적으로도 객관적으로 살피는 능력이 실종되는 것을 걱정하는 것이다. 나는 하나님의 신성神性과 절대성을 믿지만 이성적 사고를 바탕으로 신이 무엇인가? 하나님이 인격체로 존재하는가? 하나님이 실체가 아니라 존재의 근원으로 추상적인 것인가? 창조하신 자연과 그 법칙을 깨고 하나님이 다시 자연이나 인간사에 관여하시는가? 같은 물음으로 고민하는 것이 건전한 신앙이라고 생각한다. 성숙한 신앙은 성경에 대해 숙고하고 이해해서 가려 믿는 것이며, 신앙과 신비에 대해서도 자유롭고 다각적인 사고로 숙고하는 것이다. 심지어 신학에도 분야별로 종교철학, 성경신학, 비교 종교학, 종교 심리학, 종교 사회학, 문화인류학 심지어는 진화유신론이 포함된다. 신학 이론에도 과정론, 범신론, 이신론理神論, 진화유신론 등 하나님에 대한 이해가 여러 가지인데 근본주의 신앙을 따르는 신앙인들은 이를 전적으로 외면하고 있다. 이 모두가 하나님 안에서 배워야 하는 지식들이다. 신학의 발전에서 오는 다양성과 복잡성complexity이 불편하고 부질없고 혼란하다고 그저 피하려고 하면 안된다.

　나의 책장에는 1166쪽의 두꺼운 책 한 권이 자리하고 있다. 이 책은 저명한 신학자의 저서 『너희는 나를 누구라고 하느냐?』이다. 방대하고 깊고 통전적 접근으로 예수님이 누구냐에 대한 조직신학 이론들을 망라하고 있다. 인간으로 이 세상을 사신 예수님이 누구냐에 대한 질문에는 시몬 베드로가 "당신은 그리스도시요 하나님의 아들"이라고 답하였지만 하나님이 누구냐 하는 질문에는 답이 있을 수 없다. 나의 관점에서 기독교 신학은 기독교 안에서만 살아 있고 예수님 이후에 생긴 기독교의 전통을 정당화하려는 조직적인 설명일 뿐이다. 신학의 어느 이론도 절대적이 될 수 없고 누구의 해석이 옳고 그르다고 판단할 수 없다. 하나님의 신비는 불확실이다. 그런데 신학이나 종교는 이 불확실을 확실한 것으로 이해하기 위해 설명하고 변론하지만 종착역은 결국 "종교가 필요한 것은 믿음이지 설명이 아니다"로 귀착된다. 또 설명이 됐다고 그것이 반드시 진실이 되는 것도 아니다. 나에게는 이러한 이론들이 애초에 확실하게 될 수 없는 것을 대상으로 논하고 있는 것 같이 생각된다. 기독교는 끊임없는 질문이다.

그런데 근본주의 신앙으로 하나님의 절대성을 믿고 성경을 글자 그대로 받아들이는 신도들을 보면 그 흔들리지 않는 신앙이 참 부럽다. 나는 그렇게 되지 않기 때문이다. 어린시절 구약성경의 이야기를 읽을 때부터 하나님이 정말 이런 분인가 믿어지지 않았고, 반대로 구약성경은 유태 민족의 신화와 전설과 역사를 묶어서 믿는 이야기 책이라고 하면 마음이 편해졌다. 신앙은 따지기 전에 우선 믿어야 한다는 충고를 여러 차례 들었지만 우선 믿으면 그것이 끝이지 이성적으로 무엇를 따지라는 것인지 납득이 되지 않는다. 가장 불편하게 느껴지는 것은 종교의 신비 속에서 이해가 되지 않아 생기는 회의와 갈등을 합리화로 부정하는 변론들이다. 강하고 확실함을 보장하는 큰 목소리로 회의와 의문의 도전을 불신앙이라고 적대시하는 설교는 참기 어렵다. 하나님의 의로움과 인간의 정직함이 간절해진다. 물론 사적으로 나와 친한 소수의 목사님들은 신앙에 대한 자신의 회의와 고민을 서슴지 않고 이야기하는데 이분들에게는 절로 머리가 숙여진다. 내가 나에게 솔직한 것이 곧 하나님에게 솔직한 것이다. 하나님 앞에서 그리고 나 자신에게 솔직하고 하나님의 의로움을 동일시하는 신앙인이 되고 싶다.

동성애는 다를 뿐
죄가 아니다

한국의 기독교는 대부분 동성애를 죄악시한다. 일부 소수의 교회와 성직자들만이 동성애자들을 이웃으로 받아들이고 차별하지 않는다. 동성애자 결혼식의 주례를 본 목사는 비난의 대상이 되고 목사직을 사면시키라는 목소리도 크다. 일반사회보다 성 소수자에 대한 차별이 훨씬 더 심하다. 한국은 선진국에 비하면 동성애자들의 지옥인 셈이다.

2020년, 미국 대통령 선거 당시 민주당에 동성애자가 민주당 공천에 출마했고 공천 투표에서 3위를 차지했다. 당선된 바이든 대통령은 그를 교통장관으로 임명했다. 선진국에서는 성별을 불문하고 저명한 인사들이 동성애자임을 알리고 활동하는 모습이 굉장히 자연스럽다. 동성애자들에 대한 철저한 배척은 한국 개신교의 특징이다. 동성애자들을 우리의 형제자매로 보지 않는 것이다. 그들을 죄인 혹은 성적으로 문란하고 타락한 인간으로 여겨 마치 지구상에서 사라져야 할 대상으로 취급할 뿐이다.

사도 바울의 말에 의하면 로마: 1:27 동성애는 창조의 원리에 어긋나고 성교는 오직 혼인한 남녀만이 누릴 수 있는 축복이다. 그러나 예수님은 율법과 세상 모든 도덕적 개념들을 궁극으로 확장하셨다. 원수를 사랑하라든가, 오른손이 너로 실족하게 하거든 찍어내버리라든가, 음욕을 품고 여자를 보는 자마다 마음에 이미 간음하였느니라 등의 말씀은 인간으로 지킬 수 있는 한계선을 궁극까지 확장하신 것이다. 나로서는 이 중에 어느 하나도 지킬 자신이 없으나 기독교인이면 지켜야 할 지침이다. 사도 바울은 인간의 성교는 오로지 결혼한 남녀만이 누릴 수 있다고 한 것도 궁극적 이상과 같은 맥락으로 이해해야 한다. 결혼한 남녀만이 성교를 할 수 있다면 동성애자에게만이 아니라 모든 미혼 기혼 남녀들에게도 해당 된다. 예로부터 오늘까지 결혼한 부부 간의 성교 외의 성행위는 매우 흔하다. 부부 간의 성교가 성적 욕구 충족의 모델인 것은 분명하나 그 외에 성적 욕구를 충족시키는 행위가 얼마나 많은가? 대상 없

동성애는 다를 뿐 죄가 아니다

이 손으로, 노출증, 관음증, 성적 마조히즘, 이성의 옷, 이성의 신체 만지기, 자기 피부를 이성과 접촉, 수간獸姦 등 대상이 옳지 않은 성행위가 있고 결혼한 남녀의 혼외 정사는 헤아릴 수도 없다. 약속은 했지만 결혼 전인 약혼 시절 또는 미혼의 남녀들이 성교를 즐기는 경우는 언급조차 할 수 없다.

하나님이 인간을 완벽하게 창조하지 않아 불행하게도 신체나 정신의 장애를 갖고 태어난 이웃들은 수없이 많다. 그러나 이를 죄라고 보지 않는다. 정상과 다르다고 할 뿐이다.

성경에 예수님이 동성애자들을 문란한 자로 단죄한 기록은 없다. 당시 편견과 차별의 대상이 되었던 사마리아인이나 죄지은 여인이나 미움받던 세리인 삭개오나 그리고 나란히 십자가에 못 박혔던 강도까지도 예수님은 다 평등한 인간으로 존중하셨다. 인간이 만든 차별의 벽을 허무신 예수님을 주님으로 모시는 기독교인들이 동성애자를 어떻게 차별하고 혐오할 수 있는지 나로서는 도저히 이해가 되지 않는다. 이것은 우선 동성애가 무엇인지 몰라서 하는 말이다. 정상인에게는 동성끼리의 성행위는 상상만으로도 역겹지만 동성애자들은 동성끼리의 애정이나 성행위가 자연스럽고 이성과의 관계에서는 성적 흥분이 전혀 일어나지 않는다. 나와는 다르게 그들에게는 동성이 성의 대상인 것이다. 성 대상이 동성으로 태어나 비정상으로 보이지만 그들에게는 성적 대상이 동성인 것이 정상이다. 동성애가 성장기에 동성끼리의 성행위를 거듭함으로 학습으로 이루어진다는 것은 오해이고, 정상인이 동성 성행위를 거듭하면 동성애적 욕구가 전염된다는 것도 거짓이다. 동성애적 유전적 변종은 드물게 일어나긴 해도, 통계적으로 보면 어느 문화권이든 전체 인구의 1.0~1.7%가 동성애자이다. 옛 구약시대 유대 땅에도 이러한 비율로 있었을 것이고 옛 중국이나 일본 그리고 한국에도 동성애자는 존재했다. 동성애는 색맹色盲과 다르게 유전되는 병도 아니고 또 어느 나라에나 그들이 서로 만날 수 있는 지역이나 장소가 있다. 서울에도 게이바가 있고 그들을 거부하지 않고 환영하는 교회가 있다.

나는 1970년도에 미국에서 정신과를 개업하면서 약 10년간 치료실에서 동성애자들을 환자로 만났고 또 직장에서 동료로 일한 경험도 있다. 내가 본 동성애 환자 중에는 자신의 동성애를 고쳐보려고 혼자서 무던히 노력하다 좌절된 사람도 있었고, 차별과 편견의 대상으로 많은 스트레스를 겪고 우울증에 걸린 사람도 있었다. 사랑하는 이를 잃고 심한 애도에 빠져 우울증으로 도움이 필요해서 찾아온 사람도 있다. 그들의 삶의 이야기를 들으며 얼마나 심한 사회적 편견과 차별로 고통받는지 알게 되었다. 지역사회 정신건강 사업장에서 동성애 간호사나 동성애 사회복지사와 만성 정신장애자 낮 병원을 운영한 경험도 있는데 그들은 헌신적으로 정신장애인을 위해 봉사하는 훌륭한 일꾼들이었다. 나는 그들과 같이 즐겁게 일했던 기억을 잊지 않는다.

선진국의 일반 국민들이 인식하는 동성애자는 한국의 그것과는 크게 다르다. 특히 사회적 차별이 거의 없어진 나라들도 있다. 미국에서는 동성애자가 스스로 동성애자임을 떳떳하게 알리고 산다. 동성애자인 뉴스 앵커도, 나라를 위해 일하고 있는 도지사나 상 하원의 의원도 마찬가지다. 유명한 과학자, 베스트 셀러 작가들 그리고 연예계의 유명한 배우나 음악가, 나아가 굴지의 교향악단 지휘자와 연주가 중에도 동성애자들이 있다. 일반 국민들도 동성애가 무엇인지 지식으로 알고 있고 그들의 성적 대상 선택이 다르다는 것을 인정하며 차별 없이 더불어 살고 있다. 그런데 선진국이 된 한국의 의식 수준은 안타깝게 이에 미치지 못한다.

한때 한국의 기독교는 각계에서 나라를 이끄는 지도자들을 많이 배출하였고 새로운 선진문화를 받아들이는 데 기선의 자리를 잡고 있었다. 그러나 지금은 일반 국민들도 성 소수자 차별금지법을 상당 부분 받아들이고 있는데 오히려 기독교 교단들이 적극 반대하고 있으니 부끄럽다. 물론 교회 내에도 차별금지법을 지지하는 신학자들과 교역자들이 있으나 소수에 불과하다. 장래의 목회 지도자를 양성하는 학문의 전당인 신학대학의 학생 입학에서 동성애자에 대한 의견을 지원자들에게 묻고 또 신학교 내 학생 자치 활동에서 동성애 옹호 집회를 열면 학교 당국이 문제 삼는다고 하니 한국 개신교의 앞날은 어두워 보인다.

Chapter 9

생존력,
치유력, 회복력

놀라운 인체 해부 및 조직들

의과대학 재학 시절, 인간의 신체 및 생물들의 생존력과 번식력의 기전들을 공부하면서 많은 것을 깨달았다. 특히 신체 세부의 정교하고 불실척촌不失尺寸의 조직 해부 그리고 인체의 감각이나 움직일 때 묘하게 작동하는 생리학을 배울 때면 인체의 신비에 놀라지 않을 수 없었다. 이와 같은 미묘한 신체 구조나 기능들이 우연이나 필요에 의해 자연선택으로 변이되고 유전된 결과라고는 믿어지지 않는다. 사실 미묘한 인체의 조직이나 기능 못지 않게 신비한 것은 모든 생물들이 타고나는 생존력이다. 나무들로 빽빽하고 엉킨 밀림에서도 식물의 모든 잎들은 태양 광선을 받으며 생존한다. 이 현상을 간단히 식물의 향일성向日性 때문이라고 설명하지만 그 향일성의 근원과 개입되는 에너지가 오는 곳, 향일성 이외에도 가지나 잎들이 서로 양보하고 비키고 하면서 수많은 잎들이 모두 햇빛을 보게 되는 가능성 역시 고려되어야 한다.

인간도 마찬가지다. 내과 병동, 외과 병동, 중환자실 그리고 수술실 어디를 가나 의술이 전적으로 의지하는 것은 인간이 원래 가지고 있는 치유력, 회복력 그리고 복원 탄력resilience이다. 더욱 놀라운 것은 생물들이 모두 가진 강한 번식 본능이다. 보편적으로 인간도 쾌감으로 즐기는 성적 욕구를 타고나기 때문에 오늘날 지구상에는 79억에 가까운 인구가 살고 있다.

또 하나 경이로운 것은 인간의 적응력이다. 무섭게 빨라지고 복잡해지는 세상의 변화에 적응해야 살아남을 수 있기에 나 또한 펜으로 쓰던 글을 키보드로 입력하면서 변화에 적응해 나가고 있다. 적응력도 타고나는 것이다. 코로나19 대유행으로 대면 모임이 어려워졌던 순간에도 학교 수업은 온라인으로 전환되었고, 심지어 교회의 예배도 텔레비전이나 핸드폰을 통해 참여할 수 있었다. 한때는 거리두기로 백화점이나 상점들이 한산했지만 그 대신 온라인 구매와 택배 서비스가 활개를 쳤다. 세상은 날로 복잡해지지만 인간은 언제나 이에 적응하고 따라간다. 이것은 하나님이 창조의 기초로 인간에게 생존력, 번식력, 치유력, 복원탄력과 적응능력 나아가 이를 활용하는 지능을 마련하셨기 때문이다.

　　우리는 눈, 귀, 피부, 코, 혀를 비롯한 여러 감각기관을 통해 외부의 감각적 자극들을 접수하고 이를 식별하며 코딩해서 무엇을 보고 듣고 만져 보고 냄새 맡고 맛을 보고 피부로 느꼈는지 인식한다. 이 과정을 감각기관과 뇌 전체가 담당한다. 인체 과학 연구에서 인체의 신비를 하나씩 풀고 있으나 어느 정도의 탐색에 진전이 있으면 벽에 부딪히거나 미로에 빠져 맴돌다가 진척 없이 연구를 멈추게 된다. 신체와 의식의 한계를 확인하고 다시 신비 앞에 서게 되는 것이다. 단순한 신체 기능 하나를 생각해 보자. 우리가 한 물체를 바라보다가 고개를 한쪽으로 기울여도 시선의 각도는 달라질지언정 장면은 그대로 고정되어 있다. 현재의 최신 컴퓨터를 사용해 이것을 가상*virtual*으로 흉내 낼 수 있을지는 모르나 우리가 살면서 수시로 눈이나 고개를 돌리면서 자연스럽게 적응하는 엄청난 기능을 따라갈 수 없다. 아직은 아이스하키 경기에서 빠른 속도로 날고 부딪치고 튀는 퍽*puck*의 행방을 쫓는 인간의 눈을 컴퓨터가 가상으로 흉내 내는 것은 거의 불가능하다. 그런데 우리는 이와 같이 빠르고 복잡한 눈의 기능을 당연한 것으로 알고 그 배경에 대해서는 전혀 신경 쓰지 않고 살아 간다.

놀라운 인체 해부 및 조직들

대부분 젊을 때는 몸의 미묘한 기능을 잘 모르고 산다. 그러나 노년기에 접어들면 당연하게 여겼던 기능들이 하나둘 사라지면서 한때 즐겼던 신체 기능의 절실함을 깨닫게 된다. 여러 기관들의 수명이 끝나가면서 기능이 부실해지고 내가 무엇을 잃어 가고 있는지를 실감하는 것이다. 우리의 귀 내부인 중이中耳 안에 와우각 *cochlear*이란 미세한 달팽이 모양의 기구가 있다. 고막에서 받은 소리의 자극이 고막의 진동이 되어 중이에 전달되고 코딩되어서 뇌로 전달된다. 무슨 소리인지 어디에서 오는 소리인지 전에 들었던 소리인지 또는 새로운 소리인지를 식별한다. 그리고 와우각 속에는 반고리관*semicircular canals*형 입체적 구조인 미세한 관들이 있어 그 속에 차 있는 임파 액체가 우리가 몸을 움직일 때 운동을 감지한다. 이 움직임을 접수하는 미세한 머리카락 같은 털 *hair cell*이 이를 코딩해서 뇌에 보내면 몸의 움직임을 알아차리고 자동적으로 근육과 몸 전체가 균형을 잡는다. 이런 종합적 적응이 순식간에 이루어져서 우리가 넘어지지 않고 얼음판에서도 춤을 출 수 있게 된다.

이 나이쯤 되니 신체의 기관들이 하나하나 노쇠하면서 특히 사지의 근육이 약해지고 걷거나 뛰는 것이 힘들어진다. 더욱이 중이 반고리관 안 임파액의 움직임을 감지하는 미세한 털들의 변성 변화로 걸을 때 균형 잡기가 어려워진다. 그래서 지팡이가 필요하고 난청으로 소리가 잘 들리지 않아 보청기를 끼고 살지만 충분치 않다. 최근에도 수차례 넘어지는 바람에 머리를 다쳐 응급실로 실려 갔다. 배가 아파야 위장이 있다는 사실을 실감하듯 노인이 되어 여러 곳에 고장이 생기자 비로소 나의 몸 어디에 잘못이 있는지를 알게 된다. 물론 비싼 보청기도 장만하고 매일하는 근육 보강 운동으로 어느 정도의 기능 회복과 근육 발달이 생겼으나 노화현상에서 오는 변화는 인간의 지식과 기술과 운동으로 막을 수 없다. 피부에 많은 반점과 주름이 생기면 피부과 의사에게 가서 많은 돈을 주고 일시 교정을 할 수 있을지 모른다. 그러나 이것이 건강하게 더 오래 사는 방법은 아니다. 우리는 태어날 때 이미 사형선고를 받았고 그 길을 따르는 노화현상은 누구도 막을 수 없다. 살아 있는 동안이, 즉 삶이 귀중한 것이다.

우리가 필요한 약제는
자연에 준비되어 있다

나는 아침에 한 줌의 약을 먹는다. 혈압 약이 셋이고 피를 묽게 하는 약 그리고 비타민 영양제나 심장병을 막아 준다는 효소나 생선지방정제도 먹는다. 이런 약들은 일정한 화학구조가 있어 인공적으로 제조되기도 하고 또 자연의 유기물이나 무기물에서 주요 성분을 추출 합성해서 제조하기도 한다. 놀라운 사실은 약 제조에 사용되는 유기 또는 무기화학물질들이 이미 자연에 존재하기 때문에 제조가 가능하다는 것이다. 항생제의 원조인 다이아진*diazine*은 탄소와 질소를 유황으로 합성한 약이고 페니실린은 곰팡이에서 추출한다. 현재 가장 강력한 항생제인 반코마이신은 아마이코랍토

시스 오리엔탈리스*Amycolatopsis orientalis* 라는 세균에서 추출한다. 팬데믹으로 온 세계를 긴장시키는 코로나19 바이러스도 비누로 닦으면 세포막이 녹아서 비활성화된다. 그러므로 세균이나 바이러스를 죽여서 인체를 보호하는 물질들의 자료가 이미 자연에 있으니 인간은 이를 발견하고 사용하여 예방이나 치료를 할 수 있는 것이다. 발명이 아니라 발견을 통해서다. 참으로 신비스러운 일이다. 이것 역시 창조주가 인간의 생명을 스스로 보존하기 위해 준비하신 자연의 자료들이다. 앞으로도 인간의 건강에 도움이 되는 물질이나 합성할 수 있는 약제의 자료들이 자연에 무궁무진으로 숨어 있을 것이고 인간은 이를 발견해야 한다.

창세기 1장에 하나님이 모든 자연을 창조하시고 다음에 인간을 창조하신 후 인간에게 이 모든 자연을 관리하라는 책임을 주셨다고 기록되어 있다. 그리고 만물을 창조하실 때 인간이 스스로를 돌보고 관리할 수 있는 기초를 모두 마련하셨다. 그런데도 인간이 무엇을 더 달라거나 하나님이 직접 병을 고쳐 달라고 기도하는 것은 어리석은 일이다. 이미 기초의 창조는 끝났고 인간에게 그 사용을 맡기셨는데 이런 무리한 기도를 하나님이 들어 주실 리도 없고 또 그 많은 기도를 하나님이 일일이 다 들어 주신다면 세상은 걷잡을 수 없는 혼란에 빠질 것이다. 구약성경 욥기에 욥이 하나님께 자기의 병을 고쳐 달라고 기도했으나 하나님은 욥의 피부병을 고쳐 주

우리가 필요한 약제는 자연에 준비되어 있다

시지 않았고 욥이 하나님의 창조 섭리를 깨달은 후에 그를 축복해 주셨다. 하나님은 욥에게 "내가 땅의 기초를 세울 때 네가 어디 있었느냐?"라고 반문하신다. 창조하실 때 하나님이 모든 기초를 다 마련해 주셨다는 것을 인간은 잊고 있다. 인간의 생존력도 지능도 창의성도 다 마찬가지다.

나는 잘못된 신앙에 대해 실망할 때가 있다. 인간이 자기가 해야 할 책임은 잊고 하나님의 힘으로 자녀들의 대입과 병의 치유를 이루려 하고, 이를 위해 열광적으로 기도하기에 바쁘다. 수없이 많은 사람의 기도가 이루어지지 않았음에도 자신의 기도만은 이루어질 것이라는 예외 의식을 갖는 건 건강한 신앙이라고 볼 수 없다. 감염병 대유행 상황에서 교회에서는 하나님이 보호해 주신다고 두려워 말고 하나님만을 의지하라고 설교한다. 그러나 기도는 기도일 뿐, 전염을 어느 정도 조정할 수 있는 방법은 오직 백신과 예방 수칙의 준수다. 백신은 바이러스 독성의 일부에 대한 항체를 우리 신체 내에 만들어 바이러스가 침입해도 증상을 경감하게 해 주는 효과가 있다. 바이러스를 죽이는 것도 아니고 바이러스 감염을 막아 주는 것도 아니다. 감염이 되어도 우리의 생명을 보호해 주는 것이다. 여기에서도 항체를 형성하는 인간의 면역력이 작용을 한다. 이것이 하나님 창조의 기초이고 그래서 유해 미생물이 침입하면 항체가 생겨서 그것이 우리를 보호해 주는 것이다. 그렇다면 전염병을 빨리 물러가라고 기도하는 것은 오히려 하나님 창조의 질서를 흔드는 것이다. 쉬지 않고 기도하라 하신 것은 하나님과의 연대를 한시도 끊지 말라는 말씀이지 24시간 쉬지 않고 기도하라는 뜻은 전혀 아니다.

우리가 필요한 약제는 자연에 준비되어 있다

무서운 전염병도
결국은 극복

인류 역사에는 많은 전염병이 있었고 그중 치명적이었던 페스트는 한 나라의 인구를 2/3로 감소시킨 기록이 있다. 흑사병, 콜레라, 천연두, 홍역 등도 치명적인 전염병이었다. 이러한 세균이나 바이러스도 인간처럼 나름의 생존력과 번식력이 있다. 특히 코로나 바이러스는 숙주인 인간을 감염시켜야만 번식이 가능하기 때문에 인간과 바이러스는 생사를 걸고 싸우게 된다. 이 싸움에서 양쪽이 최선을 다한다. 인간은 항체를 만들기 위한 백신을 개발하고, 바이러스는 변이로 생기는 변종으로 인체 전염을 시도한다. 바이러스의 인체 침입 작전이 우연이고 무작위로 보이나 그 과정은 마치 바이러스가 생존과 번식을 위해 작전을 세우는 것 같다. 바이러스는 세포처럼 분열로 번식하지 않고 복사copy로 번식한다. 그런데 복사를 할 때 반드시 복제된 것이 원 바이러스와 똑같지는 않다. 수없이 많은 복사 바이러스가 나오면서 그중 어떤 것은 원 바이러스보다 인체에 침입하는 전염성이 강한 형태로 변이된다. 이것이 코로나19 바이러스의 델타 변이delta variant이고 오미크론이고 스텔스 오미크론이다. 앞으로 어떤 변종은 독감 바이러스처럼 인체 면역 유효기간을 지난 새로운 변종이 되어 인간과 공존하게 될지도 모른다. 따라서 앞으로 바이러스의 변화를 쉬지 않고 파악하고 변이의 추세를 지켜보아야 한다. 코로나 바이러스에 속하는 감기 바이러스는 독성을 낮추어 감염이 되어도 2~3일 지나면 자연치유가 되니 예방에 신경 쓰지 않고 백신도 만들지 않는다. 인간과 공존하는 전술로 코로나19도 이렇게 그들의 생존과 번식을 유지하게 될지도 모른다. 마치 바이러스가 생존과 번식을 위해 지능적으로 전략을 세우고 인간과 대적하는 것처럼 보인다. 또 코로나족 이외의 새로운 유해성 바이러스나 기생물이 앞으로 인체에 들어와 전염병이 될 수도 있다.

역사적으로 유해성 미생물의 침입으로 생기는 전염병의 유행으로 인류가 한때 위기에 처하고 다수의 희생자를 낳았지만 결국 이것을 극복한 것은 인간의 지능이다. 항생제가 나와 세균성 전염병을 치료하게 된 것처럼 항바이러스제가 발명되면 바이러스 전염병도 치유가 가능해질 것이다. 치료제가 나오기 전까지는 항체를 생산하여 병을 관리하고 예방할 수 있다.

이제 개인적으로 하나님이 주신 생존력과 치유력이 나의 생명을 지켜 준 경험을 나누고자 한다. 나는 나이 48세에 심장의 관상동맥들이 막혀 협심증이 발병하였다. 그 이후로 오랜 치료를 받고 있다가 2003년 71세 때 심장혈관 부분 이식 수술을 받게 되었다. 심장의 막힌 관상동맥 부분들을 대체하기 위해서 다리에서 정맥줄기를 뽑아냈다. 이것을 잘라 막혀 있는 심장혈관 앞뒤를 잇고, 막힌 부분은 건너뛰게 하여 혈행을 가능하게 하는 소위 건너뛰기*by-pass* 수술이다. 이 수술은 지금은 보편화되어 생각하기에 쉬운 절차 같지만 그 과정을 자세히 살펴보면 기적 같은 수술이다. 우선 톱으로 칼로 가슴의 흉골과 피부 근육들을 상하로 자르고 흉곽을 반으로 갈라 열고 심장을 노출시킨다. 그리고 수술하는 동안은 심장이 정지 상태로 움직이지 않아야 하기 때문에 심장을 포타시움으로 마비시킨다. 포타시움을 심장에 일정량 투입하면 심장 내의 신경 전달이 마비되어 심장이 멈추고, 투여하는 포타시움의 효과 기간이 지나면 심장은 다시 뛴다. 마취하고 포타시움을 투여해서 심장이 마비가 오기 전에 우선 심장기능을 대신하는 심폐기능 기계와 연결시켜 수술하는 동안의 심장과 폐기능을 담당시킨다. 심장

Chapter 9_생존력, 치유력, 회복력

을 마비시킨 후에 다리에서 뽑은 정맥 줄기들을 토막 내어 막힌 심장혈관을 건너뛰는 이식 수술을 한다. 포타시움의 효력이 끝나 심장이 다시 뛰기 시작하면 그동안 심장 기능을 대신한 기계를 제거하고 막혔던 혈관의 혈행이 이식 수술한 가지들을 통해 잘 통과되는지를 확인하고 그때부터 원상 복구를 위한 봉합이 시작된다. 수술하기 위해 갈라 놓은 흉곽의 근육들을 봉합하고 갈라진 흉골을 철사로 맞추어 매고 근육과 피부를 한 층 한 층 봉합한다.

수술이 끝나고 마취에서 깨어나니 온몸이 솜 같이 늘어져 피곤하고 기운이 없어 완전 무기력 상태다. 아픈 것은 말할 것도 없다. 수술 후 3일 만에 심장재활사가 와서 억지로라도 일어나 움직이고 거동하라는 독촉을 했다. 팔다리에 힘이 없는데도 온갖 힘을 다해 몸을 움직이기 시작하니까 조금씩 기운이 돌아온다. 하루가 다르게 거동이 쉬워지고 무기력도 회복되어 일주일이 지나자 병실 밖 복도를 걸을 수 있게 되었다. 수술 13일 후 혼자 거동할 수 있게 되었고 그제야 퇴원 명령이 내렸다. 딸 아이 집으로 돌아와 집 안에서 집 밖으로 매일 조금씩 양을 늘려가며 걷는 운동을 하니 아픔도 가시고 기운도 돌아왔다. 한 달쯤 지나 완전히 회복되었다. 100m만 걸어도 숨이 차곤 했던 수술 전과 수술 후의 상태는 하늘과 땅의 차이다. 언덕을 걸어 올라가도 숨이 차지 않고 엄두도 못 냈던 조깅도 할 수 있게 되었다. 지금 내 나이 90인데 하루 30분 걷는 운동은 계속하고 있다. 수술 전에는 상상도 못했던 발전이다.

무서운 전염병도 결국은 극복

인간의 몸이 자연적으로 발휘되는 치유력, 회복력 그리고 복원 탄력resilience의 위력을 실제로 경험해 보니 이 모든 것이 다 기적 같다. 치유력과 회복력의 속도도 놀랍다. 수술 후 맥이 없어 손발을 움직이지 못하던 상태에서 약 2개월 뒤에는 짧은 거리는 조깅이 가능할 정도로 빠르게 회복되는 것을 경험하였다. 그때, 자연히 이루어지는 이 회복력의 신비는 하나님 창조의 기초라는 확신을 갖게 되었다.

Chapter 9_ 생존력, 치유력, 회복력

Chapter 10

부끄러움

일상 속에서의
부끄러움

부끄러움과 죄책감은 내가 나를 대상으로 느끼는 고통스러운 도덕적 감정이다. 성경의 창세기에 첫 번째로 기록된 인간의 감정이며창세기 2장 25절, 역사적 기록에서도 예부터 부끄러움에 대한 논의가 있었음을 찾아볼 수 있다. 또한 아리스토텔레스는 "부끄러움은 자신이 불명예스럽게 되는 것에 대한 두려움"이라고 하였다.

인간이 부끄러움을 느끼는 정황은 다양하다. 길을 걷다가 친한 친구가 걸어오는 것을 보고 손을 흔들고 반겼는데 막상 그가 가까이 오니 친구가 아니라 비슷하게 생긴 다른 사람이었음을 알아차렸을 때 갑자기 무안해져서 당황하는 것도 부끄러움의 하나다. 갑

자기 예상치 않은 정황에서 체면이 구겨지면 누구나 부끄럽다. 학과 시간에 늦어 교실의 친구들 공부가 한창일 때 내 자리 찾아갈 때도 부끄럽고, 옷을 다 벗고 있을 때 남이 보면 부끄럽고, 젊은이가 대머리가 되면 한동안은 타인 앞에 서는 것을 부끄러워한다. 암 치료를 받고 머리가 다 빠졌을 때도 마찬가지다. 가난 자체가 부끄럽기도 하고, 저명한 학자들 앞에서 강의할 때도 부끄럽고, 축구 경기에서 뜻하지 않게 약한 팀에게 져도 부끄럽다.

부끄러움에 대한 많은 정의가 있는데 그중 3개만 들어 본다.

- 내가 나의 가치를 배반했을 때 느끼는 감정
- 내가 되기 원하는 존재가 되는 데 실패했을 때 느끼는 감정
- 나의 자기감(sense of self)이 나와 다른 버전(version)으로부터 도전받았을 때 느끼는 감정

부끄러움은 고통스럽지만 도덕적으로 값진 감정으로 인정하고 있다. 부끄러움*shame*은 이를 느끼게 되는 정황이나 느끼는 뉘앙스에 따라 다양하게 표현된다. 체면 구긴다, 낯 뜨겁다, 망신이다, 수줍다, 수치스럽다, 불명예다, 무안하다, 망신 당하다, 치욕스럽다, 창피하다, 면목 없다, 숫기가 없다 등이다.

우선 용어의 개념을 정리하기 위해 영어의 'shame'에 해당되는 '부끄러움'의 뜻풀이를 사전에서 찾아 보고, 뜻풀이에 관련되어 있는 단어들을 유의어 사전에서 수집해 보았다. 또한 우리말갈래 사전에서 그 뜻이 부끄러움과 연관된 낱말들을 모두 찾아 리스트를 만들었다. 다섯 종의 대사전을 통해 부끄러움과 비슷한 표현이나 낱말들을 모아 모두 합쳐 보니 굉장한 양의 낱말 리스트가 되었다. 그 리스트를 대학원생 20명에게 제시하고 'shame'의 개념에 가장 가까운 단어를 10개씩 고르도록 하였다. 요즘에는 잘 쓰지 않는 단어를 제외하니 총 61개의 형용사로 정리되었다. 그리고 이 형용사 사용의 빈도 그리고 이 형용사가 표현하는 감정적 호악도好惡度를 놓고 요인을 분석한 결과는 다음과 같았다.

- 요인 1. 치욕스러운, 조소 당하는, 이름을 더럽힘 등 24개의 표현
  (주로 불명예)
- 요인 2. 소심한, 수줍어하는, 사람 앞을 꺼리는 등 16개 표현
  (주로 자신감 없는 태도)
- 요인 3. 낯 뜨거운, 곤혹스러운, 면목 없는, 당황하는 등 14개 표현
  (자의식이 강한)
- 요인 4. 다소곳한, 공손한, 겸허한, 순종적인 등 7개의 표현
  (주로 겸허한 태도)

출처: 이호영, 『부끄러움』, 청년의사, 2002.

일상 속에서의 부끄러움

이 4가지 요인을 중심으로 영어의 'shame'에 해당되는 대표적인 한국말을 학생들에게 물어 보니 '수치'와 '부끄러움'이 동등하게 후보로 올랐다. 이 둘 중에서 부끄러움이 좀 더 넓고 포괄적인 의미로 대표성이 인정되었다. 그러나 '부끄러움'과 '수치'는 정황에 따라 식별되어 사용된다. 도덕적으로 선악을 가늠하는 뜻이 좀 더 담겨 있는 경우는 수치로, 사적이고 내적인 갈등이나 비밀이 노출되었을 때의 감정상태는 부끄러움으로 표현한다.

부끄러움은 일상생활과 대인관계에서 자주 느끼는 감정이다. 하지만 그 감정이 고통스럽고 또 그 감정의 노출이 두려워 숨기려는 습성이 있다. 그래서인지 부끄러움이라는 감정은 오랜 세월 동안 본격적인 연구 대상이 되지 못했다. 그러나 일상생활에서는 흔히 쓰인다. 특히 문학 작품에 빈번하게 등장한다. 아리스토텔레스는 부끄러움은 불명예에 대한 두려움이라고 했지만 그 후의 철학자들은 이를 놓고 깊게 논하지 않았다. 중세기 암흑시대에 기독교에서 악을 생각하는 사람은 부끄럽다고 했으나 더 이상 부끄러움 자체에 대한 논의는 없었다. 논의를 하지 않았던 이유는 이 감정이 미묘하게 고통스러워서 공개되는 것을 꺼리고 숨기는 습성이 있기 때문인지도 모르겠다.

부끄러움 자체에 대한 본격적인 연구는 1950년대에 시작되었

다. 유명한 심리학자 톰킨스*Silvan Tomkins*의 감정이론에서 부끄러움
은 인간이 타고나는 9가지 감정 중의 하나라고 주장한 것이 대표
적이다. 그는 사회적 경험이 거의 없는 생후 6개월 된 유아에게서
타고난 9가지 감정을 확인할 수 있다고 하였다. 그 감정은 분노, 공
포, 기쁨, 불쾌, 슬픔, 사랑, 놀라움, 부끄러움, 악취 반응 등이다.

도덕적 감정으로 존중되었던 동양에서의 부끄러움

동양에서는 부끄러움의 감정은 예부터 가치 있는 도덕적 감정으로 인식되어 특히 유교에서 귀하게 논의되었다. 유교에서는 부끄러움이 인간의 도덕적 행동과 정신의 근본을 이루는 생활 철학이고 특히 수羞, 치恥, 욕辱 등은 유교사상의 근본 중의 하나로 공자, 맹자 및 순자의 중요한 가르침이다. 논어에서 공자님은

"道之以政 齊之以刑 民免而無恥 道之以德 齊之以禮 有恥且格"

- 爲政 -

"정법(政法)을 써서 사람들을 이끌고 형벌을 사용하여 사람들을 계

도하면, 백성들은 잠시 죄과를 면할 뿐 도리어 부끄러움이 없어진다. 만약에 도덕을 써서 사람들을 이끌고 예교(禮教)를 사용하여 사람들을 계도하면, 백성들이 부끄러워할 줄 알 뿐만 아니라 민심이 따른다."

子曰, 古者言之不出 恥躬之不遠也　　　　　　　　- 里仁 -
"옛날 사람들이 말을 쉽게 하지 않았던 것은 (말을 행동이) 따르지 못함을 부끄러워했기 때문이다."

중용中庸에서 공자님은 부끄러움을 안다는 것이 용기에 가깝다고 하였다.

好學近乎知 力行近乎仁知恥乎勇　　　　　　　　　- 20章 -
"학문함을 좋아한다면 지혜로움에 가까운 것이요, 힘써 행한다면 어짊에 가까운 것이며, 부끄러움을 안다면 용기에 가까운 것이다."

맹자 역시 부끄러움을 도덕적 강점으로 가르쳤고 특히 부끄러움은 양심의 소산임을 분명히 하고 있다.

故聲聞過情 君子恥之　　　　　　　　　　　　　- 離婁下 -
"그러므로 군자는 그 이름이 알려짐에 있어 실제 사실을 넘어서는

도덕적 감정으로 존중되었던 동양에서의 부끄러움

것을 부끄럽게 여긴다."

立乎人知本朝而道不行恥也   - 萬章下 -

"임금의 조정에서 관직을 맡았으면서도, 정의를 주장하여 실현할 수
없다면 부끄러운 일이다."

恥之於人大矣 爲機變之巧者 無所用恥焉 不恥不若人有

"인간관계에 있어서 부끄러움이란 중대한 것이다. 교묘한 꾀를 내거
나 남을 속이는 사람은 부끄러움을 느끼지 않는다. 다른 사람이 모두
부끄럽게 여기는 것조차 깨닫지 못한다면, 그런 사람은 사람이라 할
수도 없다."

羞惡之心人背有之   - 羞惡之義也 -

"자신의 좋지 못한 점을 부끄러워하고 남의 옳지 못한 점을 미워하
는 마음은 누구나 가지고 있다. 자신의 좋지 못한 점을 부끄러워하는
마음이 의로움이다."

　　맹자님은 활과 화살을 만드는 사람은 부끄러운 줄 알아야 한
다고 하였다. 사람을 해치고 죽이는 무기를 만드는 일을 하는 것
에 대한 양심의 가책이다. 스웨덴의 알프레드 노벨은 자신이 발명
한 다이너마이트가 수많은 살생의 도구가 되자 다이너마이트로 이

록한 재산을 내놓아 인류의 평화와 발전에 기여한 사람에게 수여
하는 노벨상을 제정하였다. 그의 행동도 맹자님 말씀과 맥을 같이
한다.

도덕적 감정으로 존중되었던 동양에서의 부끄러움

조선시대 체면 문화에 물든 부끄러움

　조선시대에 들어서면서 유교는 명분론에 치우쳐 예법이 근간을 이루게 되었다. 명분론의 예禮가 강조되고 예의가 사회 질서를 유지하는 지지대가 되었다. 즉, 각자가 자신의 명분에 맞게 살아야 하고, 자기 위치에 맞는 예법을 준수할 때 유교적 질서가 이루어진다. 이러한 예법을 유지시켜 주는 보조 장치로 '수치'라는 감정이 인용되었다. 그러나 한편으로 명분, 체면, 명예를 위해 예법이나 의식을 준수하고 실천하면서 심리적으로는 부끄러움의 감정이 분리되어 감정과 행동의 해리되는 이중二重인격이 조성되었다. 조선왕조실록에 이에 준하는 수치심에 대한 기록들을 여럿 볼 수 있다.

조선시대 뛰어난 문신인 신혁이 우의정의 자리를 고사하는 전문箋文에는 다음과 같은 내용이 있다.

> 다만 여러 병이 공격할 뿐 아니라, 나이 70이 되니, 어찌 현인의 승진과 총애를 막는 것을 용납하겠습니까? 마땅히 치사하여 사직을 청해야 되겠습니다. 삼가 바라옵건데, 신의 치욕(恥辱)을 멀리하는 뜻을 살피시어, 특별히 윤허(允許)의 명령을 내리시사 번거로운 직무를 벗게 해 주소서."

조선시대 상소문에는 수치羞恥가 흔히 '부당함'을 칭하는 형용사로 쓰이고 있다. 나라의 체면에 누가 되고 법도를 지키지 않는 것은 수치스러운 일이고, 못된 일을 하고도 수치를 모른 채 관직에 있는 등의 그릇된 일을 식별하는 형용사로써 부끄러움이 자주 사용되고 있다. 자신의 명예를 지키는 것을 잊고 자기의 영화를 탐내는 것도 수치다. 그래서 선비는 임금으로부터 벼슬을 받았을 때 일단은 사양하게 되어 있었다. 사양하지 않으면 경박한 사람으로 평가된다. 그래서 판서判書나 정승政丞의 자리는 사양하는 횟수까지 정해져 있었고 높은 자리일수록 그 횟수가 많았다. 임금도 그 횟수만큼 반복해서 명령을 내렸다고 한다. 결국은 명령을 받는 자가 "내려 주신 어명을 끝내 사양하지 못하고 욕辱 받는 것을 용서하여 주십시오" 하고 수락한다. 제일 높은 자리인 영의정領議政의 자리를

조선시대 체면 문화에 물든 부끄러움

제수除授 받으면서 6번 사양한 예도 있다고 한다. 세조 16년 최항崔恒이 기복起復, 상을 당해 휴직 중인 관리를 복상 기간 중 직무를 보게 하는 제도 명을 받고 올린 상서를 보면 그 시대 체면 차리기와 상중에 복직한다는 욕을 면하기 위해 그리고 사양의 덕을 보이는 예의로 부끄러움이 이용된 것을 볼 수 있다.

> 신 최항은 삼가 특별한 명을 입어 기복이 되고 인하여 직사(職事)에 제수(除授) 되니 놀라 식은 땀이 나며 비감이 번갈아 깊습니다. (중략) 마음속에는 상기(喪期)를 단축시키는 슬픔에 쌓여 있고, 겉으로는 영화를 탐낸 수치(羞恥)를 알고 있으니, 신이 이런 때 어떠한 마음을 가져야 하겠습니까? (중략) 성명(成命)을 뒤따라 중지 시키어서, 상복(喪服)을 그대로 입게 하고 돌아가 부모의 산소를 지키게 한다면 아래로는 어버이를 섬기는 마지막 모자람이 없을 것이며, 위로는 효도로써 다스리는 풍속에 저버림이 없을 것입니다.

구구절절 명예와 체면과 예의를 지키는 최항의 상서를 보면 법도를 어기고 벼슬을 탐내는 수치를 면하려는 뜻이 분명하다. 여기에서 상서하는 최항의 감정 표현이 거짓이라는 것은 결코 아니다. 감정이 지나치게 의식을 지키는 행동으로 분리되는 면이 없지 않다는 것이다. 조선시대 양반들 특히 벼슬아치들은 체면 차리기와 예법 따르기에 바빴다. 그래야 양반의 명분이 서기 때문이다.

반면에 일반 서민들은 체면을 차릴 필요도 그럴 여유도 없었다. 살면서 크게 숨길 것이 없는 처지였기에 부끄러움에 대한 표현도 자연스럽고 또 거리낌이 없었다. 민화에는 사적인 치부의 노출을 해학적諧謔的으로 망신스러운 상황을 웃기는 이야기로 변장시킨 재미있는 이야기들이 있다.

〈조계달(趙啓達)의 봉변〉

의주(義州)에 조계달이라는 사람은 재간이 많구 우수개 말 잘 하구 해서 놈한테 실수하거나 챙피 당하는 일이 없는 사람인데 한번은 어니 네인한테 혼날 일이 있었다. 어니 날 조계달이 의주 거리를 지나구 있넌데, 앞에서 어니 네인이 가구 있는데 그 네인에 뒤 초매 자락이 벌래 있어서 놀레 주구푼 맘이 나서 "앞에 가넌 아주머니요, 뒷문이 열렸넌데 들어가두 일 없갔소?" 하구 말했다.

그러너꺼니 그 낸이 뒤를 힐끗 돌아보구선 "아니구, 뒷집 가이(犬) 아니더먼 두죽마질번(도둑 맞을 뻔) 했수다"구 말했다. 이 말을 듣구 조계달은 암쏘리 못하구 그냥 가빼렛다고 한다.

- 한국구전설화 평안북도 편 -

치맛자락이 열려 있음을 누군가 본 상황에서 느낀 수치감을 해학적 이야기로 만든 것이다.

〈속임수를 쓰려다가〉

넷날에 어느 농부가 남의 소를 빌어다가 먹었는데, 이 소레 쌍둥이 송아지를 낫다. 이 사람은 송아지 하나를 소 임자 모르게 잡아첼 욕심이 나서 소 주인한테 가서 "지난 나즈 당신네 소가 새끼 하나 났수다"하구 말했다. 소 주인은 이 말을 듣구, 소는 원래 새끼를 하나씩 낫는 거인데 이 사람이 특별히 하나 났다구 하는 거이 수상해서, "우리 소는 원래 둘씩 낫는 소인데 어찌 하나밖에 안 났나?" 하구 말했다. 이 사람은 그 말을 듣구 고만 부끄러워서 쌍둥 송아지를 났다구 말했다.

- 1936年 12月 宣川郡南面 汶泗洞 高日 -

한국 현대문학과
부끄러움

체면 차리기와 예법을 중요시하던 조선은 결국 계파 싸움과 부패로 나라를 잃는 수치로 끝난다. 1910년 8월 22일 일본과 한일병합조약을 맺으며 조선은 일제의 식민지가 된다. 이 조약이 공포된 8월 29일이 경술국치庚戌國恥의 날이고 8월 29일은 지금도 '국치의 날'로 모든 국민이 부끄러움을 나눈다. 1945년 8월 15일 연합군이 제2차 세계대전에서 승리하고 일본이 무조건 항복하며 조선이 일제에서 해방되어 34년 11개월 그리고 10일의 긴 세월은 한민족의 수치의 역사로 남는다.

그러나 일제의 압제하에서도 한국의 얼은 결코 죽지 않았다. 일제에 항거하는 운동은 한반도 내에서 그리고 해외에서 끊이지 않았다. 특히 한국 문학은 일제의 압력과 단속에도 불구하고 일제에 항거하는 작품들로 꽃피웠다. 1910년대부터 1945년까지 소위 일제 강점기의 문학은 애국적인 문인들과 예술가들로 한민족의 얼을 살리고 있었다. 내가 기억하는 당시 문학의 선구자들은, 이광수, 김동인, 주요한, 김소월, 한용운, 이기영, 임화, 박용철, 김동리, 장지용, 김기림, 이태준, 엄상섭, 유치진 등이고 내가 모르는 애국 문인들이 그 외에도 많았을 것이다.

그중에서 나의 마음속에서 잊히지 않은 두 분이 있다. 3·1 독립 선언서의 초안을 쓰신 최남선과 일찍 요절한 불행한 애국 시인 윤동주다. 그리고 천재적 문인 이광수의 소설은 한국 문학에서만 볼 수 있는 부끄러움의 미학을 선보였다.

〈원효대사〉

"대사 혼자 가셨오?"

공주는 다시 물었다. 이 암자에 단 둘이 사는가, 또는 둘밖에 다른 사람이 있는가 넌지시 알려는 수였다.

"상좌 한 분하고 이 몸의 오랍 동생 데리시고 가셨습니다"

아사가의 이 대답에 공주는 저으기 숨이 도리는 듯하여서 자기의 속을 아사가에게 송두리째 뽑히지나 아니하였나 하여 부끄러운 생각이 났다.

- 이광수 -

〈서시〉

죽는 날까지 하늘을 우러러

한 점 부끄럼이 없기를

잎새에 이는 바람에도

나는 괴로웠다

별을 노래하는 마음으로

모든 죽어가는 것을 사랑해야지

그리고 나한테 주어진 길을

걸어 가야겠다

오늘 밤에도 별이 바람에 스치운다

- 윤동주 -

　　윤동주 서시에 대한 평론가들의 해석은 구구하다. 그러나 내가
좋아하는 평론은 『한국문학사』에 실린 김현과 김용직의 글이다.

　　"식민지 치하에서 가난과 슬픔을 부끄러움의 미학으로 극복하여 식
　　민지 후기의 무질서에 하나의 질서를 부여했다. 또한 부끄러움의 양
　　상은 자신의 욕됨에서 출발하여 자신의 미움으로. 더 나아가 가엾음
　　과 부끄러움으로 확대되며, 이 부끄러움의 미학은 자기 혼자만 행복
　　하게 살 수 없다는 자각의 표현이다."
　　　　　　　　　　　　　　　　　　　　　　　　　　- 김현 -

한국 현대문학과 부끄러움

"자기 응시 다음에 반드시 부끄러움이 따르며 수치심을 느끼는 것은
이웃과 동포, 피를 나눈 민족에 대한 죄의식을 자각하기 때문이다."

- 김용직 -

부끄러움의 순수심성純粹心性이 아름다운 촌극으로 묘사된 주요
한의 시는 읽으면 절로 미소짓게 된다.

〈부끄러움〉

뒷동산에 꽃 캐러

안이 따라 갔더니

걸리어

다홍치마 찢었습네

누가 행여 볼까 하여

지름길로 왔더니

오늘따라 새베는 임이

지름길로 나왔읍네

- 주요한 -

서양의
부끄러움

그리스신화에는 부끄러움을 상징하는 아에도스라는 여신이 있다. 아에도스는 겸손과 부끄러움과 존경의 여신이다. 아에도스는 부끄러움을 느낌으로 옳지 않은 일을 자제하는 것이 천성이다. 즉 아에도스의 부끄러움은 도덕성을 상징하는 감정으로 묘사되어 있다. 아리스토텔레스가 부끄러움을 자신이 불명예스럽게 되는데 대한 두려움이라고 한 것은 부끄러움의 핵심인 자기 약점 노출에 대한 두려움을 암시하고 있다.

유태교, 기독교 그리고 이슬람교의 성전聖典인 토라, 성경 및 코란의 첫 장 창세기에 인간 감정의 첫 번째로 부끄러움을 들었다.

> **"아담을 창조하시고 이어 그의 갈빗대로 그의 아내가 된 여인을 창**
> **조하셨는데 두 사람이 벌거벗었으나 부끄러워하지 아니하니라(창세**
> **기 2:25)."**

기독교에서는 아담과 하와가 하나님 명을 어기고 지은 죄를 원죄로 보고 이로 인한 죄책감을 강조하고 있으나 성경에는 죄책감보다 부끄러움이 먼저 그려지고 있다. 열매를 먹은 결과로 자기 자신이 벌거벗겨진 것을 알게 되었고, 그로 인해 치부가 노출된 사실이 부끄러워 몸을 숨긴 것이다. 후세에 이 장면을 그린 화가들은 아담과 하와가 죄지은 사람이라기보다는 자신이 죄를 저지르는 부적합한 존재임을 부끄러워하는 모습을 묘사하였다.

이와 같이 창세기부터 부끄러움과 수치감의 감정 묘사가 있고 구약의 많은 이야기 속에도 부끄러움과 수치의 표현이 담겨 있지만 기독교는 부끄러움보다는 인간의 죄에 초점을 두고 있다. 인간은 죄인이기 때문에 하나님의 죄 사함과 용서가 따르고 있다. 숨기려 하고 처치하기 어려운 부끄러움이나 수치에 대해서는 성경에 특별한 언급이 없다. 대신 부끄러움이나 수치감을 죄책감의 속성으로 보고 별도의 감정 실체entity로 취급하지 않았던 모양이다. 중세에 들어서면 기독교의 원죄설의 영향으로 아담과 하와가 하나님의 명을 어긴 죄를 모든 인간이 이어받기에 우선은 죄인임을 인정하고 회개하는 것이 건전한 신앙으로 가는 길이 되었다. 성경은 죄에 대한 구절로 차 있고 부끄러움에 대해서는 "악을 생각하는 사람은 부끄럽다" 정도다.

1. 주홍글씨(Scarlet Letter A)

19~20세기에 들어서면서 부끄러움이 문학에서 새롭게 조명된다. 유명한 나타나엘 호톤의 소설 『주홍글씨*Scarlet Letter A*』에서 여주인공인 헤스터가 남편이 바다에서 실종된 후 사생아를 출산한 사실이 청교도 후손들의 본거지인 보스턴 사회에 알려지면서 간통한 여인으로 죄인이 된다. 죄명으로 '주홍글씨 A'라는 표식을 옷에 수놓아 간통한 여인임을 세상에 알린다. 헤스터는 남편이 죽은 줄 알고 다른 남자와의 성관계로 아이를 출생한 것인데 이것이 간통죄가 되어 천하에 노출된 수치감을 안고 살아야 했다. 그래서 주홍글씨 A는 숨길 수 없는 수치감*shame*의 표시가 되는 것이 이 소설의 줄기다. 호톤은 이 책에서 수치감을 안고 사는 여인의 심리적 갈등을 깊게 다루고 있다. 이 소설에는 수치감과 그 고통에 대한 심리 묘사가 잘 되어 있다. 부끄러움의 감정을 심리적으로 탐색하는 문을 열어 준 소설이라고도 알려져 있다.

2. 부끄러움에 대한 정신분석 이론들

정신분석 이론의 창시자인 프로이트는 1906년 정신분석 이론 초기에 성에 대한 에세이에서 성기전 성*pregenital sexuality*을 의식하지 않기 위해 무의식으로 억압하는 과정을 설명하면서 부끄러움에 대한 견해를 제시했었다.

1. 사회적 대인관계에서 생기는 감정으로 숨기려는 것이 남에게 노출, 발견되었을 때 일어난다.
2. 어린 시절의 성 충동(pregenital sexual impulse)이 노출 또는 폭로되는 데 대한 방어이고 동시에 자기 비판이다.
3. 노출 본능에 대한 반동형성(reaction formation)이다.

그가 우연한 기회에 농담 삼아 한 말로 "인류가 원숭이처럼 네 발로 기어 다니다가 허리를 펴고 두 발로 섰을 때 부끄러움을 느끼게 되었다"고 하였다. 즉, 인간이 자기의 치부가 노출되었을 때 느끼는 감정이라는 뜻이다. 일리가 있고 부끄러움에 대한 심리를 꿰뚫어 본 명언이다. 그러나 부끄러움은 반드시 타인과의 관계 속에서만 일어나는 것은 아니다. 수치감은 남과의 관계 정황에서 일어나지만 부끄러움에는 항상 자기*self*가 개입된다. 즉, 부끄러움은 자기와 자기 자신 사이에서 일어나는 감정이다. 자신을 객관적으로 의식하면서 부끄러움이 일어나고 또 자기의 사적인 속내를 지키고 있던 내적 자세에서 돌연한 노출로 공적인 모드로 바꼈을 때도 일어난다. 즉, 감추고 살았던 약점이 노출되는 것으로부터 부끄러움을 느낀다. 더 나아가 이러한 노출이 자기의 부적절함*inadequacy*을 의식케 하고 이것이 부끄러움의 감정을 야기시킨다. 성경의 창세기에서도 아담과 하와가 죄짓기 전에는 치부가 노출되어도 부끄러움이 없었는데 선악과를 따 먹은 후에 벌거벗은 것을 의식하고 부끄러움을 느끼게 되었다.

> 그러므로 남자가 부모를 떠나 아내와 연합하여 둘이 한 몸을 이루리라. 아담과 그 아내 두 사람이 벌거벗었으나 부끄러워 아니 하니라
>
> (창세기 2장 22)

> 하나님이 금하신 지혜의 과일을 먹고 눈이 밝아져 자기들이 벗은 줄 알고 무화과 나뭇잎을 엮어 치마를 하였더라. 그들이 날이 서늘할 때에 동산에 거니시는 여호와 하나님 음성을 듣고 아담과 그 아내가 여호와 하나님의 낯을 피하여 동산 나무 사이에 숨은지라
>
> (창세기 3장 7-10)

금기의 과실을 먹기 전에는 아담과 하와는 벌거벗었지만 부끄러워하지 않았다. 그런데 하나님의 명을 어기고 금기의 성악과를 먹은 후에는 인간에게 새로운 감정이 생긴 것이다. 자기가 벌거벗

은 것을 알고 하나님 앞에 서기가 부끄러워 숨은 것이다. 부끄러움을 느낀 감정이 먼저이고 숨은 행동은 그 다음이다. 또 부끄러워서 무화과나무 잎을 엮어 치마를 만들어 치부恥部를 가린 것도 하나님 음성을 듣고 숨은 행동도 2차적인 반응이다. 이것이 프로이트가 부끄러움을 노출과 연관시킨 배경이 아닌가 싶다.

자아심리학에서는 부끄러움의 심리를 자아의 발달 과정과 연관지어 설명한다. 아이가 태어났을 때는 세상 모든 것이 자기 중심으로 자기를 위해 존재한다. 차차 성장하면서 자기와 자기가 아닌 것을 식별하게 되고 '자기'가 뚜렷한 실체로 마음에 자리잡는다. 그리고는 처음으로 어머니또는 대리인를 자기와 다른 남으로 식별하게 된다. 이로부터 자기 중심의 세계가 무너지고 아이는 남과 현실에 적응하는 자아의 기능이 발달하기 시작한다. 또 자기의 도덕적 기준인 초자아가 형성된다는 것이 프로이트의 정신구조설이다. 초자아는 자기가 하면 안되는 것과 바람직해서 해야 하는 것의 도덕적 기준이다. 나아가 자기가 하기를 바라는 이상의 기준인 아이디얼*ideal*이 설정된다. 우리는 무의식으로 항상 초자아의 금기의 기준으로부터 그리고 자기가 바라는 이상 기준으로부터 얼마나 떨어져 있느냐를 재 본다. 그 거리가 자기가 남들로부터 이해되었으면 하는 정황*context* 범주를 넘었다고 생각되면 그때 부끄러움을 느낀다는 것이 자아심리학의 이론이다. 그러나 부끄러움에 대한 연구가 진행되면서 이 설명에 무리가 있음을 알게 된다. 기술한 바와 같이 부끄러움은 인간이 타고나는 감정이라고 주장한 톰킨스의 이론과 맞지 않기 때문이다. 톰킨스는 생후 18개월 된 아이가 즐겁게 가지고 놀던 장난감이 갑자기 붕괴됐을 경우 예외 없이 부끄러움에 해당되는 표정과 행동을 보여 주는 실험을 근거로 부끄러움은 타고나는 감정이라고 하였다. 18개월이면 발달사에서 초자아가 형성되기 전이다. 그리고 부끄러움이 타고나는 감정이라면 초자아와 관계가 없다.

프로이트는 부끄러움이 관음증scopophilia, 성적인 장면을 보며 쾌감을 찾는 본능에 대한 반동 형성이라고 주장한바 있다. 그런데 1945년, 정신분석가 오토 페니첼Otto Fenichel은 '보는 것'보다는 오히려 '노출하여 보여 주는 것' 즉 노출 본능이 관련되어 있다고 하였다. 즉, 부끄러움은 노출 욕구에 대한 반동 형성이라는 것이다.

심리사회적 인격 발달의 창시자인 에릭 에릭슨Erick Erikson은 부끄러움은 항문기肛門期, 1~3세 배설 훈련기에 생기는 특징적 감정이라 하였다. 이 시기에 자기 조정과 자율성을 확보하려는 발달사적 과제를 놓고 어머니와 아이 사이에 그 책임을 놓고 훈련 과정이 벌어진다. 아이는 자기 배설물을 직접 관리하는 책임을 맡아야 하고 자율적으로 자기 몸을 조정하는 능력을 배워야 한다. 이때 이 과제를 성취한 아이는 자율성을 체득한 긍지*pride*를 갖는다. 즉, 아직도 기저귀를 차고 있는 아이와 기저귀를 벗어 버린 아이 사이에는 엄청난 신분의 차이가 있다. 에릭슨은 항문기 과제를 성공적으로 극복한 아이와 아직도 미숙하여 실수를 하는 아이를 놓고 자아가 느끼는 감정을 '긍지'와 '부끄러움'이라 하였다. 즉, 자기 조절이 안 되어 자율적 성취감을 이루지 못하는 경우 자신이 부적절하다는 약점을 갖게 되어 부끄러움을 타게 된다는 설명이다. 그래서 부끄러움의 감정은 항문기의 소산이라는 이야기다.

프로이트는 1~3세 소위 항문기에서 항문 조직화*anal organization*라는 개념을 세웠다. 즉, 항문기에는 배설물의 배출과 잡음*holding*을 조절하는 괄약근*sphincter*의 기능이 중심이 된다. 괄약근은 신체 안팎의 경계이고 피부 조직과 전막조직의 경계이다. 뿐만 아니라 자기의 생산물을 외적 대상물*outer referents*과 내적 대상물*inner referents*로 가늠하는 분기점이기도 하다. 프로이트는 배변의 조정을 중심으로 자기 안의 것이냐*주관적이냐* 또는 밖에 있는 것이냐*객관적이냐*의 경계선에서 안에서 밖으로 나오는 과정이 부끄러움의 감정과 관련된다고 보았다. 발달 과정의 항문기에 자기에 대한 객관적 인식*objective self-awareness*이 생겨 자기를 객관화*objectification*할 수 있는 능력이 생긴다는 것이다. 즉, 다른 사람의 시선에 비치는 자기를 인식할 때에 부끄러움이 생긴다. 따라서 항문기가 자기 객관화의 출발점이다. 창세기에 기록된 이야기도 금단의 열매를 먹고 눈이 밝아져 자기가 벌거벗은 것을 알게 되어 부끄러워 무화과 나뭇잎으로 국부를 가렸다는 이야기도 아담과 하와가 과실을 먹고 자기를 객관하는 시선이 생겨 치부가 노출된 것을 알고 부끄러움을 느끼게 된 것이다. 황당한 이야기지만 흥미로운 이론이다.

부끄러움의 연구로 유명한 정신분석가 앤드루 모리슨*Andrew Morrison*은 정신 구조설의 초자아를 주목하고 이 시기에 원초적 자기애가 무너진다. 이에 대한 회복 시도로 자아 이상*ego ideal*이 형성되는데, 자기의 행위가 초자아의 이상적 지침인 자아 이상의 기준에 어긋나거나 미치지 못했을 때 부끄러움을 느낀다고 하였다. 쉽게 이야기하면 자기 양심이 갖는 바람직한 자기 기준에 미치지 못할 때 부끄러움을 느낀다는 뜻이다.

로이 셰이퍼*Roy Schafer*는 좀 더 포괄적인 이상*ideal*의 개념으로 자기가 생각하는 자기 그리고 경험한 자기 심상*experienced self-representation*은 항상 이상적인 자기*ideal self*를 이루도록 독촉하고 있다고 하였다. 따라서 자기가 이상적 자기 모양새를 갖추는 데 실패했을 때 부끄러움이 온다고 하였다. 결국 이상 기준에 미치지 못하고 이상적 자기의 범주에 들지 못하면 실패감과 이로 인한 열등감으로 부끄러움을 느낀다는 이야기다.

프로이트가 제창한 정신분석 이론에 만족하지 않고 달리한 칼 융*Carl Jung*이나 알프레드 아들러*Alfred Adler*, 특히 카렌 호나이*Karen Horney* 등은 '자기*self*'라는 개념으로 자기 심리학을 발전시켰다. 프로이트의 자아의 개념을 계승한 하인츠 하르트만*Heinz Hartmann*은 자아 심리학*Ego Psychology*을 발전시켰다. 자기는 사람*person*을 말하는 것이고 자아는 시스템을 가르친다.

자기 심리학에도 부끄러움에 대한 이론이 있는데 정신과 의사이고 정신분석가인 프란시스 부르섹*Francis Broucek*의 『부끄러움과 자기*Shame and the Self, 1991*』가 그 대표작이다. 그는 톰킨스가 주장한 부끄러움이 타고난 감정이라는 주장은 받아들였다. 그러나 톰킨스가 실험에서 관찰한 부끄러움의 예로 유아가 좋아하는 장난감과 놀고 있다가 갑자기 그 장난감이 부서졌을 때 보여 준 행동에 대한 해석을 달리하였다. 톰킨스는 흥분과 쾌감이 차단되었을 때 그 차단하는 장애물이 부끄러움을 일으킨다고 하였지만 부르섹은 그 아이가 자기의 효능*efficacy*을 잃은 그 '실패'가 부끄러움의 원인이라 하였다. 부르섹은 3개월 된 어린아이들을 관찰한 소견을 근거로 제시하고 있다. 3개월 된 아이가 어머니와 서로 마주보고 웃고 노는 상호작용을 카메라로 찍고 분석했다. 실험 내용은 어머니와 아이가 한참 놀다가 어머니가 방을 나갔다 몇 분 후에 다시 돌아오는 것이 실험의 구성이다. 돌아온 어머니는 방을 나가기 전 같이 웃으며 시선을 마주치고 있었던 것과 달리 돌아온 후는 무표정으로 마주보기만

한다. 그런 즉, 아이는 어머니가 떠나기 전의 흥겨웠던 상황을 계속하기 위해 어머니를 보고 웃으면서 즐거운 반응을 유도한다. 이전처럼 흥겨웠던 상황을 계속하자는 신호다. 아이가 신호를 보내고 있음에도 어머니는 굳은 표정으로 전 같은 웃음의 반응을 하지 않는 경우 아이는 두 가지 중 하나의 특징적 행동을 보인다. 울음을 터트리거나, 갑자기 무너지듯 자리에 앉으면서 근육의 톤이 이완되고 머리를 옆과 아래로 향하면서 어머니의 시선을 피한다. 어머니가 갑자기 낯선 사람이 된 것이다. 그리고 즐거움을 복원하려는 시도가 효능을 잃은 그 실패가 부끄러움을 일으키는 원인이라고 하였다.

이 실험과 비슷한 자기 실패 성인 반응이 있다. 사람이 붐비는 명동 거리를 걷고 있는데 멀리서 걸어오는 친구를 본다. 반가운 마음에 만면에 미소를 띠우고 손을 흔들고 접근한다. 그런데 가까워지면서 다시 보니까 용모는 비슷하나 전혀 모르는 사람이다. 갑자기 당황하고 쥐구멍이라도 있으면 들어가고 싶은 부끄러움이 엄습한다. 이런 경우에는 부끄러워 어디 숨거나, 당장이라도 사라지고 싶은 매우 불편하고 고통스러운 감정에 압도된다. 그리고 이런 정황을 초래한 자신에게 분노를 느낀다. 스스로 못났다는 자기 평가로 오는 자기 혐오다. 심한 부끄러움을 느끼는 순간에는 주관과 객관에 혼동이 오고 그 순간은 자기가 '주체'인 동시에 부끄러워하는 '대상'이 된다. 즉, 자기가 자기 시스템의 중간에 끼어서 무엇을 어떻게 해야 할지 몰라 순간 자기가 실종된 상태에 놓인다.

3. 부끄러움에 대한 문화인류학적 견해

사람이나 동물의 눈초리는 여러 가지 메시지를 던진다. 특히 응시gaze가 일으키는 감정 반응이 특이하다. 사랑하는 남녀가 눈을 마주치고 응시하는 것은 애정의 표현이지만 내가 일방적으로 예리하고 지속되는 응시의 대상이 되었을 때는 불편하고 또 두려운 생각이 든다. 동물의 세계에서는 이 응시가 상대방을 공포로 마비시키는 효과가 있어 시선을 피하거나 도망가는 반응을 보여 준다. 우리가 고양이와 마주쳤을 때 고양이의 오랜 응시 대상이 되면 마음이 불편하고 무서운 생각이 든다. 무서움을 참고 시선을 피하지 않고 계속 고양이를 응시하면 고양이는 시선을 피하고 다른 동작을 취한다. 일찍이 인성학에서는 동물의 응시가 상대에게 위협이고 공포를 준다고 주장하였고 사람도 역시 타인의 응시의 대상이 되었을 때 자연스럽게 그 시선을 피한다. 의도적으로 남을 압도하기 위해 상대방을 제압하는 눈초리로 상대방을 압도하려는 조직 폭력배들의 응시 장면을 영화에서도 흔히 보고 이런 응시가 싸움의 빌미가 될 때도 있다. "야 너 왜 째리니!"

철학적 문화인류학자인 막스 쉘러Max Scheler는 인간이 응시의 대상이 되었을 때 부끄러움을 느끼는 것에 대한 흥미 있는 이론을 제시하였다.

> **보편적으로 취급되기를 기대한 상황에서, 개체인으로 주시되거나,
> 개체인으로 취급되기로 알고 있던 상황에서 보편적으로 주목받으면
> 부끄러움이 생긴다.**

예를 들면 미술가 앞에서 포즈를 취하고 있는 누드모델이 그 화가가 모델의 몸매에 성적 매력에 끌리는 시선으로 응시하면 그 모델은 부끄러움으로 당혹스럽다. 반대로 성적인 관심을 끌게 하려고 보통 때와 달리 육체 일부를 노출하는 매혹적인 옷을 입었을 때 상대방이 직장의 동료들과 어울릴 때와 다름없는 평범한 시선으로 자기를 본다면 부끄러움을 느낀다.

누가 나를 응시했을 때 두려운 감정도 생기지만 그 응시가 나의 속을 들여다보고 나의 약점이나 비밀을 폭로시키려는 도구로 생각되면 이미 기술한 '노출에 대한 부끄러움'과 연결되면서 부끄러움을 느낀다.

한때 일본이 수치에 유난히 예민한 나라라는 인식이 있었다. 유명한 문화인류학자인 루스 베네딕트*Ruth Benedict*가 일본인들의 수치감을 연구하고 한 말이다. 그가 일본 문화를 연구하면서 쓴 저서

『국화와 칼The Chrysanthemum and the Sword: Patterns of Japanese Culture, 1946』에
서 일본에서만 볼 수 있는 소위 셉부구切腹를 비롯해서 일본인들의
불명예와 수치에 대한 예민성을 소개했다. 부끄러움을 소위 공치公
恥와 사치私恥로 나누어 설명한 사구다. 게이이찌作田啓―의 이론도
맥을 같이한다. 그가 설명한 공치의 감정은 우리 말의 부끄러움보
다 수치감에 가깝고 즉, 일반 사람들과 세상이 보는 눈에서 벗어나
는 데 대한 수치감을 말한다. 일본말로 센다이世間體 즉 세상의 눈
에 불명예로 보여지는 창피다. 사치私恥는 우리나라 표현의 부끄러
움에 가깝고 사적인 감정으로 자기와 자기 사이에서 생기는 내적
인 갈등에 의해서 생기는 언짢은 감정이다. 자기-이상self-ideal과의
차질에서 오는 부끄러움으로 볼 수도 있다. 부끄러움에 예민한 일
본인들이 예의 바르고 흐트러진 모습을 좀체 남에게 보이지 않는
것은 부럽고 보기 좋다.

부끄러움과 연관된 일본인들의 또 다른 특징은 사회학에서 말
하는 소위 소속 집단membership group과 참조 집단reference group 사이를
슬기롭게 이어 주는 묘가 있다는 것이다. 나의 소속 집단은 가족,
친족, 직장 등이고 참조 집단은 내가 직접적으로 소속되지 않지만
나와 태도, 행동, 가치를 같이하는 집단을 말한다. 일본인들은 소속
집단인 가족 안에 권위 있는 기준설정자가 양심의 기초를 설정하
고 아이들은 이 기준을 동일시하며 자란다. 가족은 아이들이 사회

화되는 과정에서 소속 집단의 도덕적 기준과 참조 집단의 기준을 연결시켜 주는 역할을 한다. 참조 집단의 기준을 철저히 받아들여 자기 행동에 대한 평가가 양쪽 집단에서 이탈되지 않도록 조절하는 특징이 있다. 만일 이 조절에 실패하면 낙오자로서 열등감과 수치감을 느낀다. 그래서 일본인들은 사회의 도덕적 기준을 가족이 확인하고 잘 뒷받침한다. 단결에 강하고 사회질서를 잘 지키는 모범으로 꼽히는 것도 이 때문이다.

제2차 세계대전 당시 일본인들은 무서운 단결력을 보이며 온 국민이 싸웠다. 죽기까지 소위 옥쇄玉碎 한다는 각오로 모두가 합심하여 싸웠고 자기 목숨을 버리고 적함에 돌진하는, 이른바 가미가제 특공대는 세계를 놀라게 하였다. 이와 관련된 이야기를 하나 덧붙이자면, 일본에서는 아이가 학교에서 못된 짓을 하면 선생이 직접 처벌하지 않고 부모에게 직접 전화해서 자녀의 행동을 알린다. 집에 돌아간 아이는 부모로부터 혼쭐나게 야단 맞고 처벌받는다. 집안 망신시키고 불명예스러운 행동을 한 것에 대해 가족이 수치감을 느끼는 것이다. 한국에서 선생이 어느 집 아이를 매로 처벌하고 그것을 부모가 알게 되면 가족이 분노해서 선생에게 전화로 항의하기도 한다. 창피하다는 생각을 하기보다는 자기 자식을 매로 처벌한 것에 초점을 맞춘 것이다. 소속 집단과 참조 집단의 도덕 행동 기준이 반드시 일치하지는 않지만 일본인들은 이를 잘 조화시킨다. 부끄러움의 감정은 어떤 문화권에서 사느냐에 따라 다른 형태로 내면화된다.

4. 지나친 부끄러움(toxic shame)

지나치게 부끄러워하는 성격을 가진 사람은 대인관계나 사회생활에 어려움이 있다. 정신의학에서 지나친 부끄러움이 인간관계나 자존감에 문제를 일으키는 경우 이를 유독성 수치감*toxic shame*이라고 하고 이에 대한 치료도 있다. 물론 정도의 차이가 있어 지나친 부끄러움이 있어도 치료 없이 사는 사람들도 많다.

볼비*Bowlby*의 애착 이론이 등장한 이후 어린시절의 경험에 대한 연구가 활발해지고 성인이 된 후 대인관계나 자존감에 문제가 있는 경우 애착기의 경험이 준 영향을 찾아 문제의 배경을 이해한다. 볼비는 애착기를 생후 3개월부터 18개월 동안을 연구했지만 뇌 과학이 발달하면서 생후 대뇌의 구조와 기능이 성인형이 되는 시기를 7~8세라 하여 애착기도 이에 준한다. 특히 양쪽 뇌의 중간에서 좌반구와 우반구를 연결하는 구조가 완성되고 양쪽 뇌반구가 연결 기능을 발휘할 수 있는 시기를 7세로 보고 있다.

최근의 연구로 아이가 애착기에 특별한 정신적 트라우마를 받았을 경우 성장하여 지나친 수치감을 갖게 되는 경우 이를 수치의 어린시절*shamed childhood*의 소산이라고 한다. 애착기에 애착 대상이 없거나 돌봄에 큰 결함이 있는 경우도 학대나 폭행 등으로 인한 트라우마처럼 성인이 된 이후에 지나친 수치감이 생길 수 있다. 이 수치감이 내면화되어 열등한 자기개념으로 고착된다는 이론이 있다. 마음 깊은 곳에 '내가 근본적으로 잘못되었다'는 왜곡된 자기개념이 뿌리내리는 것이다.

지나친 유독성 수치감이 생기는 원인에 대한 연구 결과들을 종합해 보면 다음과 같다.

1. 애착관계 그리고 후의 발달 과정에서 겪는 심리적 트라우마

   - 전반적인 돌봄의 부재(부모를 잃은 경우)

   - 감정적 상호 반응 부재

   - 부모의 공감 능력 결핍과 부족

   - 가족 폭력, 부모의 아동학대

   - 부모와 아이 사이의 경계의 혼돈

2. 성폭력의 희생자

3. 완전(完全) 또는 지나치게 높은 성취를 강요하는 부모

4. 심리적 트라우마로 생기는 (나쁜) 기억의 침입(intrusion)

5. 자기 소외

6. 지나친 보호(과잉 보호)

유독성 수치감으로 생기는 심리적 갈등은 다음과 같다.

1. 낮은 자존감: 자기비하적인 생각과 행동

2. 한 번의 실패를 숙명적 실패자로 여기는 행동

3. 인정중독(認定中毒): 남의 생각에 예민하고 인정받으려는 행동

4. 지나친 책임 의식: 모든 것을 자기 잘못으로 여기는 행동

5. 언제나 자기가 옳아야 한다: 내가 잘못하지 않았나 항상 걱정하는 마음

6. 강박적인 남과의 비교

7. 자기만의 아픈 상처가 있다고 생각하는 마음

8. 항상 위대했던 부모의 그늘 밑에 존재하는 경우

지나친 수치감을 안고 사는 사람들에게 도움이 되는 조언으로 우선 부끄럽고 수치스러운 감정과 친해져야 한다. 부끄러움의 감정은 건전하고 도덕적이고 바람직한 감정이다.

부끄럽고 수치감을 느낄 때 이를 건전한 긍정적 감정으로 받아들이고 무엇 때문에 수치를 느끼는지 스스로 통찰하는 기회로 만들면 자기가 실종되지 않는다. 맹자님의 말씀대로 부끄러움을 아는 것이 용기다.

1. 부끄러움은 자기의 한계를 알게 해 준다. 만일 이를 수용하지 않으면 삶에 문제가 생긴다.

2. 부끄러움은 자아의 한계를 설정하는 기능이 있기 때문에 부끄러움이 있어야 사생활과 친근함이 가능하다. 부끄러워한다는 것은 자기를 인식한다는 뜻이고 나아가 인간의 덕 즉, 겸손에 따르는 감정이다. 그래서 부끄러워하는 사람은 매력이 있다.

3. 부끄러워할 때 스스로 배우는 것이 있다.

4. 부끄러움은 자신의 변화의 동기가 된다.

부끄러움을
홀대하는 시대

오늘날 부끄러움이라는 감정은 소신껏 그리고 공격적으로 열심히 살아가는 데 역기능적인 것으로 취급되고 있다. 과거 도덕적인 감정으로 인정받던 부끄러움은 이제 쓸모없는 감정으로 홀대받고 있다. 주변에서 보는 것도 이전 같지 않다. 오늘의 문화에서 특별히 부끄러움을 느끼지 않도록 영향을 주는 것이 무엇일까?

우리 주변의 지성적인 지도자들이 우리에게 죄책감을 전염시키려고 한다. 베트남 전쟁, 흑인, 가난한 이들, 환경 오염 등을 지적하면서 말이다. 그리고 부끄러움에 관해서는 그것이 억압적이고 반동적인 감정이라고 눈살을 찌푸린다. 그러나 죄책감이 과연 우리를 좀 더 나은 인간으로 만들어 놓는가? 하는 질문에 대한 대답과 관련 없이, 부끄러움의 소실은 문명사회에서 우리의 생존을 위협하고 있다.

우선 우리가 부끄럽게 여기는 행동은 법으로 처벌할 수 있는 것들이 아니다. 그리고 참된 문명사회의 삶은 강요할 수 없는 규범을 따르는 것으로부터 시작된다.

- 1974년 '뉴욕 타임스'의 논설위원, 릭 호퍼(Eric Hoffer)의
「부끄러움 만세, Long live Shame」에서 -

한때 한국에서 『배짱으로 삽시다』라는 책이 큰 인기였다. 가난했던 시절 먹고 살기가 힘들었던 시기에 산업 건설에 동참하기 위해 허리띠를 졸라 매던 그 시절 긍지와 용기가 필요했기에 이에 걸맞은 슬로건이었다. 그러나 현재의 우리가 모두 배짱으로 산다면 세상은 상당히 삭막해질 것이다. 불행히도 오늘날 우리는 부끄러움을 홀대하는 문화에서 살고 있다. 겸허와 겸손으로 남을 배려하는 미덕을 되살려서 평화로운 세상을 만들어야 한다. 그러기 위해서는 과거에는 어떤 것들이 부끄러움을 무실화시켜 왔는지 알아볼 필요가 있다.

1. 노출

사진기가 발명된 이후부터 평시에 감추고 살았던 사적 부분의

노출이 시작되었다. 사진이 등장했던 초창기에는 주로 기록을 남기는 목적으로 사용되었으나 그 쓰임이 보편화되면서 사진 속에 흥미로운 이야기를 담는 것을 중요시하게 되었다. 특히 인간에게는 관음*voyeurism*의 본능이 있어 평시에 감추어져 있던 사적인 것들을 사진으로 찍어 노출시키는 것이 흥밋거리가 되었다. 나체에 가깝다시피 할 정도로 몸매가 노출된 사진이 인기를 끌고 나체가 예술 작품이 되었다. 테크놀로지의 발달로 동영상이 보편화되고 핸드폰으로 수시로 현장에서 쉽게 사진을 촬영할 수 있게 되어 사생활의 영역의 벽이 무너졌다. 남의 치부를 몰래 찍어 쾌감을 느끼는 범죄도 생겼고, 나체 사진이나 동영상이 상품화되어 누구나 쉽게 찾아볼 수 있게 되었다. 텔레비전이나 유튜브의 광고에 공격성이나 성적 충동을 자극하는 영상들이 등장하고 있음은 두말할 것도 없다. 극단적으로 50년 전의 영화를 보면 요즘의 영화들이 상당히 노출적으로 변했음을 알 수 있다.

성이란 과거에는 사적으로 감추는 은밀한 것이었으나 대중매체의 성 상품화로 더 이상은 감춤의 대상이 아니게 되었다. 그 결과 사적인 것이 노출되었을 때 느끼던 부끄러움이 둔화되었다. 게다가 이와 같은 선정적煽情的 자극의 선호를 과거의 부끄러움의 억압에서 해방되는 것으로 인정한다. 20세기 후반부터 불어온 성 평등의 물결은 성은 남녀가 같이 즐겨야 한다는 정신으로 이어졌고 부끄러움도 점점 소실되었다. 성은 생리적인 것으로 과거의 금기적 억압에서 자유로워져야 한다고 나이 어린 학생들에게 성에 대한 해부, 생리 그리고 성행위를 그림이나 사진으로 보여 주며 학교에서 가르친다. 그리고 성교의 쾌감을 보강하는 기법들을 가르치는 교육이나 책자가 인기 있다. 성행위를 즐겁게 해 주는 약은 원하기만 하면 암매로 쉽게 살 수 있다. 성의 억압에서 해방되어 자연스러워지기 위해 부끄러움이 없어져야 하는 것이다. 성에 대해 수줍어하고 부끄러워하는 것은 더 이상 미덕이 아니다.

2. 이미지 시대

사람들은 눈으로 본 것을 진실로 인정한다. 그리고 지금은 내가 내적으로 인식하는 '나'보다 내가 보여줌으로써 남들이 인정하는 '나의 이미지'가 더 중요해졌다. 자신이 어떤 사람인지에 대한 것보다 자신이 남들에게 어떻게 보이는지에 더 많은 신경을 쓰게 된 것이다. 그 촉매제가 바로 언론이다. 언론매체에서 어떠한 사건을 취재하고 보도할 때 사건의 정황, 배경, 과거사 등을 일일이 기사화하려면 많은 시간과 수고가 든다. 그 보완책으로 단편적이지만 짧은 시간 내에 센세이션을 일으킬 수 있는 이미지를 함께 사용한다. 그 영향으로 좋은 이미지가 생명인 정치인들이나 지도급 인사들과 연예인들은 이미지 홍보에 많은 비용을 들인다. 또한, 언론매체나 텔레비전 영상에 나온 이미지가 주는 메시지가 여론에 영향을 주므로 좋은 이미지를 만들어 주는 상업이 생기고 또 잘 팔린다.

언론을 통한 자기 관리에 골몰하다 보니 연예인이나 정치인이나 유명 인사들은 껍데기에만 관심을 두고 내용에는 크게 신경 쓰지 않는다. 대중 또한 언론에 자주 비치는 이에게 흥미를 갖고 기억하고 팬이 되기도 한다. 그들이 어떤 사람이고 어떤 원칙과 신조를 가지고 사는 사람인지 잘 모른다. 이처럼 이미지가 우상화되고 눈에 보이는 것이 중요한 시대가 되면서 상대적으로 눈에 보이지 않는 숨겨진 인격이나 내적인 지식 및 능력은 등한시되었다. 열등감이 있는 사람도 외모를 잘 꾸미고 흉내를 잘 내면 열등한 사람이 아니다.

이미지를 돋보이게 해 주는 신체와 외모에 신경을 쓰게 되니 헬스장이나 피부과나 성형외과는 성황이다. 친절한 매너나 세련된 언어를 훈련시켜 주는 상업도 인기다. 정치인 중에는 평소와 달리 자기답지 않은 과격한 행동을 함으로 언론에 찍혀 큰 화면으로 보도되기도 한다. 부정적 관심*negative attention* 끌기로는 정치권에서 자신의 지역 주민들에게 용감한 활약상을 보여 주기 위해서 폭언이나 파격적인 행동을 일삼고 심지어는 거짓말 또는 과장된 정보를 만들거나 인용하는 등 부끄럽고 창피한 행동을 마다하지 않는다. 정직이나 지켜야 하는 원칙 같은 것은 없고 마음의 갈등으로 생기는 거리낌도 없이 나의 이미지만 돋보이면 된다. 활을 만드는 사람은 부끄러운 줄 알아야 한다는 맹자님 말씀이 맞다. 그 부끄러움을 아는 것이 참된 용기다.

3. 부끄러움을 모르는 자기애적 문화

태어난 직후에는 매사가 자기 중심인 소위 원초적 자기애*primary narcissism* 본능이 우리를 지배한다. 이후 성장해 나가면서 자연히 현실원칙을 알게 되고, 여러 경험을 통해 세상은 결코 자기중심으로 움직이지 않는다는 것을 배운다. 따라서 원초적 자기애는 현실 원칙과 타협하면서 '건강한 자기애'로 정리된다.

불행히도 어린시절, 건전하지 못한 환경에 영향을 받아 인격이 비현실적인 자기애로 고착되는 경우가 있다. 지나친 자기애 즉, 자기애적 인격장애가 되면 부끄러움의 감정을 느끼지 않는다. 미숙하고 비적응적인 자기애적 행동이 지배적이고 자신을 객관적으로 평가하는 능력 없이 매사가 자기 중심이다. 무엇이든 욕구 대로 되지 않으면 남이나 환경의 탓으로 돌리고 자기는 항상 옳다고 생각한다. 자신의 잘못된 생각이나 행동을 반성하고 불안과 죄책감을 느끼고 반성할 줄 모르는 인격이다. 정도의 차이로 병적인 인격장애의 범주에는 들지 않으나 좀처럼 부끄러움이나 죄책감을 느끼지 않고 반성할 줄 모르는 이기적인 사람들도 많다.

문제는 우리가 지금 자기애적 문화에 살고 있다는 사실이다. 우리는 지금 치열한 경쟁사회에 살고 있고 어린시절부터 경쟁에서 이겨야 한다는 목표로 나의 이득을 우선시한다. 그러기 위해서는 노력도 필요하고 운도 따라야 하지만 무엇보다 요령이 있어야 한다. 요령을 찾다가 편법을 택하고 때로는 법을 어기는 행동도 불사하게 된다. 상대적으로 뒤처지지 않으려면 세상에 내가 설 자리부터 만들어야 한다. 자리를 만들면 자리를 지켜내야 하므로 매사에 손해를 봐서는 안된다. 또한 남보다 앞서려면 남의 성취에 신경쓰게 되고 항상 남과 비교하게 된다. 이토록 치열한 경쟁 마당에서 내가 겸손하면 남에게 압도 당하기 쉽다고 여기게 된다. 이때 상대방을 제압하기 위해서는 자기를 강하고 과대하고 우월하게 포장해서 보여 주는 것이 상책이다. 대학입시나 취직 면접에서는 과감하게 자기 홍보를 해야지 겸손하게 자기 소개를 하면 낮은 점수를 받는다. 특히 이윤이 목적인 상업 현장에서는 고급스러운 차를 타고 유행을 따르는 의상과 첨단의 핸드폰이나 좋은 시계를 차고 자기 위상을 과시해야 한다. 물론 성공하고 이미 잘 알려진 인사들은 이런 과장이 필요 없다. 좋은 효과로 알려진 약품들은 미디어에 홍보할 필요도 없고 홍보 없이도 그 효능 덕분에 잘 팔린다. 아직 신제품이거나 효과가 신통치 않아 잘 알려지지 않은 약들이 열심히 홍보한다. 우리는 지금 나를 내세워야 하고 선전해서 알려야 하는 시대에 살고 있다. 소극적이고 겸손하고 부끄러워하는 태도는 바람직하지 않다. 낯 뜨거운 과장과 포장, 심지어는 거짓 정보의 광고가 찌라시에, 간판에, 텔레비전 화면에 그리고 웹사이트에 범람하는 시대. 이것이 우리가 살고 있는 현주소다.

Chapter 11

죄와
죄책감

죄책감과
인간의 원죄

죄책감은 한마디로 이미 자신이 저지른 잘못을 알고 인정하는 과정의 감정이다. 반성과 후회와 다시는 그 잘못을 되풀이하지 않는 행동이 뒤따르면 그것은 바람직한 성장이다. 인간이 잘못을 저지르는 죄성을 타고 났기에 언젠가 나도 잘못을 저지른다. 잘못을 저지르고도 죄책감이 없거나 잘못을 부정하고 감추고 구구한 변명으로 정당화시키는 것은 또 하나의 잘못이다. 잘못을 솔직히 인정하고 사과나 용서를 구하는 것이 인간관계의 갈등을 해결하는 최선의 방법이다.

그렇다면 죄를 짓지 않고도 죄의식이나 죄책감을 가질 수 있을까? 드물게는 가질 수 있다. 심한 우울증이나 강박장애 환자들은 이유가 있거나 없거나 사소한 것을 크게 과장해서 죄책감을 느낀다. 죄책감이 심하면 그 고통에서 벗어나려고 자살 사고도 생기고 자살로 이어지기도 한다. 그러나 이와 같은 정신장애가 없는 사람은 자기가 직접 잘못이나 죄를 범하지 않는 한 죄책감은 없다. 남의 잘못을 나의 잘못으로 오해하고 죄책감을 갖는 경우는 있지만 이것은 드물고 또 오해가 풀리면 죄책감은 사라진다.

반대로 남을 해치거나 잘못을 저지르고도 죄책감이 없는 사람들이 있다. 범죄를 저질러 법정에서 유죄 판결을 받고도 자기가 잘못했다고 생각하지 않고 후회하지도 않는다. 이것은 흔히 반사회적 인격장애자에게서 볼 수 있다. 자기애적 인격장애자도 뻔한 거짓말을 하고도 이를 부정하고 자기가 한 말이 거짓이라고 믿지 않으며 죄책감 또한 없다. 한마디로 마음에 양심이 없는 사람들이라 잘못이 있다 해도 그것이 마음의 갈등으로 불안이나 죄책감으로 이어지지 않는다. 이 기전에 대해서 프로이트는 앞에서 논한 정신 구조설로 설명하였다.

정신 구조의 초자아는 인격 발달 과정에서 어린아이가 부모의 도덕적 기준을 동일시하면서 생기는 도덕적 기준이다. 초자아의 도덕 기준을 어기고 잘못을 저질렀을 때 자아에 갈등이 생기고 이로 인해 죄책감이 생긴다. 성장기에 지나치게 높은 금기의 기준이 형성되면 죄책감을 느끼는 문턱이 낮아져 작은 일에도 쉽게 죄책감을 느끼고 반대로 초자아 금기의 문턱이 낮은 경우에는 여간해서는 죄책감을 느끼지 않는다.

고통스러운 죄책감 때문에 도움을 받기 위해 정신과를 찾는 분들이 있다. 처음부터 죄책감이 있어 도움이 필요하다고 말하지 않고 잠이 안 온다든지 우울하고 불안하다든지 고민이 있다는 등의 감정을 호소한다. 의사의 평가를 거치면서 감정의 장애로 죄책감이 있다는 것을 알게 된다. 우울증으로 인해 죄책감을 갖는 경우에는 반드시 치료를 받아야 한다. 정동 장애*Affective Disorder*로 주요 우울*Major Depression*인 가능성이 높아 자살 위험이 있기 때문이다. 임상에서 보는 주요 우울증의 죄책감은 몹시 고통스럽고, 스스로 감정 조절이 어렵고, 무엇 때문에 심한 죄책감을 느끼는지 본인은 잘 모르는 상태이다.

기독교에서는 이와는 다른 차원의 죄인 원죄가 있다. 아담과 하와가 하나님의 명을 어긴 죄로 인간은 죄인으로 태어난다고 한다. 근거는 첫 인간 남녀가 자유선택의 남용으로 하나님의 명령을 어긴 죄를 후손들이 조상들의 성교性交를 통해 이어받았다는 것이다. 황당한 이야기지만 기독교에서는 성경에 쓰인 타락 드라마를 믿으니 우리는 모두 죄인이고 그 죄를 예수님 십자가의 대속으로 사함

받은 것이다. 오늘도 이 원죄를 사하는 유아 세례 의식이 전통처럼 행해지고 있고, 나 역시 유아 세례를 받았었다. 어린시절 주일학교에서는 누구도 내게 죄인이라고 가르친 기억은 없으나, 성인이 되고 예배에 참여하면서 우리의 죄를 용서해 달라는 기도를 수없이 들었다. 개인적으로는 어려서부터 오늘까지 원죄는 고사하고 내가 지은 죄를 기억하고 용서의 기도를 심각하게 드린 일도 없고, 내가 속죄의 은혜를 입었다는 확신도 없다. 나도 모르게 세례로 이미 죄 사함을 받아서 그런지 죄책감도 없고 내가 죄인이라는 실감은 조금도 들지 않는다. 원죄에 대한 공부를 했지만 아직도 원죄로 인해 내가 죄인이라는 확신은 없다.

아담과 하와가 하나님의 명령을 어긴 것에 대한 질책이나 처벌을 받는 것은 당연하다. 그러나 이 잘못으로 죽음이 없었던 인간이 죽어야 하고, 자손 대대로 낙인이 찍힌다는 것은 자비로우신 하나님으로서는 지나친 처벌이라는 생각이 든다. 전지전능하신 하나님이 하와가 뱀의 꼬임에 넘어가 열매를 먹을 것을 모르실 리도 없고 미리 아셨다면 꼭 그 지식의 열매 나무를 에덴 동산에 놓아 둘 필요가 없다. 창세기는 신비하고 뜻이 깊고 읽을수록 흥미진진한 드라마지만 원죄설이 기독교 신앙의 핵심이 된 것은 이 시대에 맞지 않는다.

아우 아벨을 죽인 가인의 이야기에서는 아우를 죽인 죄로 하나님의 처벌이 있었지만 원죄에 비하면 살인죄의 형량은 가벼웠다. 창세기의 타락은 하나님과 인간이 동시에 출연한 흥미로운 드라마임은 맞다. 하지만 오늘의 사고 방식으로 이것이 실제로 있었던 이야기로 믿어지지 않는다. 그 때문에 교회에서 큰 소리로 울면서 회개하는 교인의 모습을 보면 몹시 당혹스럽다. 내가 그와 같은 죄책감을 느끼고 회개하지 못하는 것이 나의 신앙이 미숙하기 때문이 아닌가 하는 죄책감을 느낄 정도다.

구약의 창세기는 신약의 복음서와 다르게 신화적 사고 방식으로 쓰인 이스라엘의 전설이라는 주장도 있다. 구약에서는 신이 하나고 예언자들이 신격인 조연자들인 것에 비해 그리스신화는 여러 신들이 모두 주인공이라 오늘의 사고로 보면 다원주의에 가깝다. 신화는 우리의 삶의 현실을 신의 이야기로 절묘하게 묘사하고 있다. 창세기의 타락도 인간의 죄성을 중심으로 하나님과 인간 간의 관계를 죄인과 사면권자의 격차로 보고, 그 긴장관계를 극적으로 드러낸 드라마이다. 죽어 마땅한 나의 죄로 죄인이 된 나를 사면해 주신 분이 하나님이니 절대 복종하고 감사하고 칭송하기에 마땅한 분이다. 나는 이 주인과 종의 계급 구조를 깨뜨리고 우리를 자유롭게 해방하신 분이 바로 예수님이라고 믿는다.

여호와 하나님을 믿는 유태교나 이슬람교 역시 창세기의 타락

이야기를 성전으로 모시는 종교지만 그들은 원죄를 믿지 않는다. 다만 인간의 죄에 대한 하나님의 용서를 비는 의식이나 규범은 있고, 또 성경 이전의 초기 종교에서도 신을 떠나 신과 멀어진 죄를 속죄*expiation*하는 의식이 있었다. 그들의 속죄 의식은 내가 얼마나 의롭게 사는지를 살피면서 내가 지은 죄를 기억하고 용서받는 무언의 고백이다.

원죄에 대한
세 종교의 믿음

기독교는 아담과 하와가 하나님이 먹지 말라고 금하신 과일을 먹고 명령을 어긴 죄로 후손들은 모두 죽어야 마땅하며, 또 이 죄를 이어받은 모든 인간은 죄인이라고 믿는다. 카톨릭에서는 이 원죄를 철저하게 믿고 개신교에서는 소수의 교파와 진보 신학자들을 제외하고는 대부분의 보수적인 교회들이 이를 믿는다. 창세기 타락_fall_ 드라마의 뜻은 인류 구원에 대한 계획을 이미 여러 선지자들이 예언하였고 신약에서 하나님의 아들, 예수님의 희생으로 구원이 약속되었다는 것이다. 이 구원의 완성은 세상 끝날 즉, 심판의 날에 그리스도의 재림으로 이루어질 것이다.

구원이라는 말의 뜻은 구출, 보호, 해방, 성화, 치유, 건강, 염려로부터의 해방, 평안, 영원성, 죄로부터의 구속, 하나님의 진노와 노하심의 용서 그리고 죽어서 하나님 나라로 돌아가는 것, 영생 등이 모두 해당된다. 구원을 무엇이라고 꼭 집어서 정의할 수 없는 것이다. 구원을 확신하고 심지어는 경험했다는 설교를 들었는데 머리에 떠오르는 생각은 영국의 시인 존 키츠*John Keats*가 읊은, "확실치 않고 알 수 없는 것은 불확실한 대로 두고 견디는 능력*Negative Capability*"이다. 모르면 모른다고 인정하면 된다. 그런데 신학과 종교는 반드시 신의 신비를 인간의 의식 안에서 확실한 것으로 설명하려 한다. 우리가 살면서 지은 죄는 확실하니까 이 죄를 회개하고 다시는 그 죄를 반복하지 않으면 그것이 구원이라고 정의하면 무리가 없다. 카톨릭 교회에서는 수시로 지은 잘못을 뉘우치고 회개하고 고백하는 고해성사의 의무가 있는데 용서의 통로로 인간적이고 현명한 방법이다. 개신교에서는 유아 세례 의식을 통하여 원죄를 사함받고 구원을 받는다고 하나 이것이 무슨 효과가 있는지 인간인 나로서는 모르겠다. 회개하라는 설교는 수백 번 들었지만 이런 설교를 듣고 내가 회개한 일은 없다. 반면, 잘못을 저지르거나 거짓말을 하고는 혼자서 후회하고 고민한 경우는 수없이 많다.

유태교에서 하나님이 선택하신 민족이 되는 상징이 할례 의식이고 이것이 개신교에서는 세례로 바뀌었다. 세례 의식은 교파나 교회마다 다르고 몸 전체를 물에 담그는 침례나 머리 위를 적시는 세례가 대표적이다. 침례교회에서는 유아 세례가 없다. 어린아이는 고백을 하지 못하므로 세례 역시 의미가 없다고 생각하기 때문이다. 침례교에서는 신약의 원리만을 믿기 때문에 원죄나 유아 세례는 없고 교리는 예수님 중심이다.

나는 예배의 원형이 예수님과 제자들과의 만찬이라고 믿기에 침례교에서 거행하는 주님의 만찬이 이에 해당되는 예식이라고 생각한다. 감리교에서는 죄가 하나님의 형상을 왜곡하였고 세상의 타락을 가져왔다고 믿기에 세례는 이 죄를 거부하고 하나님에게 속하는 입문 의식이다.

신약성경에 예수님이 원죄를 말씀하신 구절은 없다. 다만 예수님의 십자가 이후 1세기가 지나 쓰인 요한복음에서 눈먼 장님에 대한 제자들의 질문에 대답하신 내용에 원죄의 뜻이 담겨 있다고 한다. 제자들이 "이 사람이 장님이 된 것이 그의 죄 또는 그의 부모의 죄입니까?"라고 물었을 때 예수님이 아래와 같이 말씀하셨다.

예수께서 대답하시되 이 사람이나 그 부모의 죄로 인한 것이 아니라 그에게서 하나님이 하시는 일을 나타내고자 하심이라. (요한복음 9:3)

이 말씀은 눈이 먼 것이 그나 그의 부모의 죄가 아니고 이 상태는 애초부터 우리들 모두에게 있었고 이를 해결하려고 예수님이 오셨다는 것을 보여 준다. 그러나 이것이 원죄를 두고 하신 말씀하신지는 아무도 모른다.

다음에 나오는 바울의 서신에서는 예수님의 죽음을 원죄의 구속으로 표현하고 있다.

> 우리가 아직 죄인 되었을 때에 그리스도께서 우리를 위하여 죽으심으로 하나님께서 우리에 대한 자기의 사랑을 확증하셨느니라. (로마서 5:8)

> 이러므로 한 사람으로 말미암아 죄가 세상에 들어오고 죄로 말미암아 사망이 왔으니 이와 같이 모든 사람이 죄를 지었으므로 사망이 모든 사람에게 이르렀느니라. (로마5:12)

원죄설은 어거스티누스가 처음 주장한 것은 아니다. 어거스티누스 이전에도 원죄에 대한 사상은 있었고 여러 신학자들이 이를 주장하였다. 그러나 어거스티누스가 북아프리카 주교 시절서기 396년 첫 인간이 지은 죄를 정리해서 '원죄peccatum originale'라는 이름을 택한 것으로 흔히 '어거스티니누스의 원죄설'이라고 말한다. 사도 요한의 제자였던 폴리캅의 제자인 이레니우스는 2세기 말 불란서

리옹Lyon지구의 주교로 있을 때 처음으로 타락이란 표현을 썼다.

첫 번째 사람은 그의 자유의지를 잘못 사용하여 하나님께 불순종했다. 그 결과 전 인류는 그와 더불어 타락(fall)했다.

그러나 같은 창세기를 경전으로 받아들였으면서도 유태교나 이슬람교는 타락에 대한 해석을 달리한다. 창세기 3장 3절에 금단의 열매를 먹으면 죽는 것으로 되어 있으나 한국 성경에는 다소 애매하게 "죽을까 하노라"라고 쓰여 있다. 영어 성경에는 "먹으면 죽는다you will die"라고 확실하게 쓰여 있다. 이어서 "너희는 흙이니 흙으로 돌아갈 것이니라3장 19절"라는 구절이 나타난다. 인간이 죄를 지었기 때문에 죽어서 흙으로 돌아가는 것이다. 원래 아담과 하와는 에덴 동산에서 영생을 누리도록 되어 있었지만 타락으로 인해 그들과 모든 인간은 죽음으로 끝나는 것이다. 그러나 기독교는 예수님의 구속에 의한 구원을 믿는다. 인간이 죽어서 끝나는 것이 아니라 죽고나서 다시 살아나 영생을 누린다는 것이고 그 증표가 예수님의 부활이다. 예수님 부활에 대한 성경 구절들이 좀 더 확실하고 부활 후의 활동이나 가르침이 공개적이고 분명한 기록으로 남아 있으면 좋을 텐데 40일 만에 승천하신 것이 아쉽다.

부활을 두고 의문을 제기하는 신학자들도 많다. 어떤 신학자들

원죄에 대한 세 종교의 믿음

은 예수님의 부활은 인간이 죽고 다시 이전 육신의 상태로 돌아간다는 뜻이 아니라 거듭남 즉, 영적으로 다시 태어나는 중생重生을 뜻한다고 한다. 죽어서 재가 되고 골격만 남는 시체가 다시 살이 오르고 숨을 쉬는 몸으로 소생하는 부활이 아니라는 것이다. 예수님의 부활은 인간이 살아 있는 동안 새롭게 거듭나는 것으로 이해하는 의견이 많다. 예수님이 고난받으시는 동안 제자들은 예수님 추종자라는 정체성을 부인하고 두려워 사방으로 흩어졌지만 부활하신 예수님을 믿는 고백으로 거듭나서 회심하고 새 사람이 되어 기독교 탄생의 새로운 창조를 이룬 것이 부활의 뜻이라는 것이다. 그렇다면 '이전의 삶은 죽고 새로운 삶으로 거듭나는 것'이 부활이다.

이슬람교에서는 아담의 타락 즉, 하나님의 명령을 어긴 죄는 인정하고 있다. 그러나 이 죄가 인간의 원죄가 되어 모든 인간은 죄인이라는 믿음은 없다. 이슬람교에서는 아담이 지은 죄는 아담이 책임지고 해결한 것이다. 즉, 아담은 자기가 지은 죄를 에덴 동산에서 회개悔改하고 알라에게 복종한 이후로는 죄 없는 삶을 살았다고 한다. 그래서 이슬람교에서는 아담이 첫 선지자가 된다. 아담 스스로 죄를 회개함으로써 거듭나고 죄의식에서 해방되었다는 합리적인 해결이다. 이슬람교는 좀 더 인간적이고 실용적이다. 아담은 인간답게 자기의 죄를 의식하고 반성하고 알라신의 용서를 받아 다시 죄짓지 않고 살았다고 한다. 교리에는 자기 정화와 함께 각자 최선을 다하여 선을 실천하는 의무가 있다. 실용적으로 죄를 지었으면 회개하고 알라에게 복종하여 선을 행하면 죄의 문제가 해결된다. 흥미로운 사실은 이슬람교 교리에는 인간의 양심을 인정하고 자발적으로 선한 일을 실천하는 죄에 대한 보상補償이 담겨 있다는 것이다. 다만, 일부의 교도들이 지하드라는 다른 원칙을 세우고 전투적 자세로 임하고 있는 탓에 이슬람교가 호전적이고 공격적이라는 오해를 받고 있다.

유태교에서는 원죄설이 없다. 대신 유태인들만의 독특한 죄의식이 있다. 미국의 유명한 유태인 작가, 몰리 종 패스트*Molly Jong-Fast*는 유태인이 물려받은 두 개의 유산이 있는데 하나는 과민성 장 증후군*irritable bowel syndrome*이고 또 하나는 죄책감이라 하였다. 유태인들이 대부분 과민성 장 증후군을 갖고 있다는 것에 대해서 나는 아는 바가 없다. 그러나 유태인들이 갖는 죄의식의 역사적 배경은 유태인 정신분석가인 지그문트 프로이트*Sigmund Freud*가 제시한 이론이 있다. 그 이론이 역사적 근거가 있는지는 모르겠으며 프로이트 자신도 이를 밝히지 않았다. 그의 이론은 유태 민족을 노예 생활에서 해방시키고 젖과 꿀이 흐르는 약속의 땅으로 인도한 지도자 모세의 죽음에 대한 성경 구절을 인용하고 있다. 그 구절에 의하면 모세가 유태족을 이끌고 고생 끝에 약속의 땅에 이르렀으나 들어

가지 못하고 느보*Nebo* 산 정상에서 약속의 땅을 바라보며 죽었다고 한다. 그런데 프로이트는 이와 다르게 모세가 반란을 일으킨 미디안*Midian* 족속들에 의해 살해되었고, 미디안 족속들이 모세를 살해한 후에 이를 후회하고 모세가 다시 살아 돌아온다는 기대를 가진 것이 바로 유태인들의 메시아사상의 근원이라고 보았다. 유태인들의 죄책감은 유태인이 위대한 지도자 모세를 죽인 것으로부터 비롯된다고 주장하였다. 내가 알기로는 약속의 땅 가나안에는 원주민 가나안족과 아브라함의 세 번째 아내 그두라가 낳은 네 번째 아들 미디안의 자손들이 살고 있었다. 야훼 하나님은 노예 생활에서 돌아온 이스라엘 족속들에게 가나안 땅을 약속하셨고 그들을 위해 그 땅에 살고 있던 가나안족과 미디안족을 없애려고 하였지만 미디안족이 반항하고 모세를 죽였다는 프로이트의 주장은 처음 듣는 이야기다. 그러나 미디안족 역시 아브라함의 후손으로 이스라엘 민족이니 프로이트가 제시한 이론 즉, 모세를 유태인이 죽였다는 것은 있을 수 있는 일이다. 이후, 미디안 사람들이 후회하며 죄책감이 생겼다는 이론도 설명이 가능하다. 물론 오늘의 유태인들은 프로이트의 주장을 인정하지 않고 성경에 쓰여 있는 이야기를 근거로 그들의 민족적 죄의식을 믿는다. 이는 욤 키푸르*Yom Kippur*를 지키는 연유에서 알 수 있다.

고대 유태 민족은 일찍이 아시리안*Assyrian*과 바빌론 그리고 로마

제국의 침공으로 신앙과 삶의 심장인 예루살렘 성전이 파괴된 치욕의 역사가 있다. 유태 민족은 기쁨과 즐거움의 상징인 예루살렘 성전을 다른 나라들의 침략으로 빼앗기고 파괴된 것에 대한 죄책감이 있다. 이 치욕의 역사는 현대에 와서 다시 재연된다. 제2차 세계대전 당시 독일 나치정권이 유태인 600만 명을 학살한 인종말살 정책*genocide policy*에 반항도 못 하고 당한 것이다. 그러나 오늘의 유태인들은 그들이 욤 키푸르를 지키는 것이 근대의 역사적 치욕과는 상관 없다고 주장한다. 단지 이날은 속죄의 날로 각자 하나님을 떠난 죄를 회개하고 타인의 죄를 용서하는 날이라는 것이다. 그날에는 25시간 동안 금식하고 사원에 가서 고백과 간절한 기도를 드린다. 욤 키푸르는 유태인의 정초인 로시 하샤나*Rosh Hashana*로부터 10일째에 해당되는 날이다.

그렇다면 하나님을 떠난 죄가 무엇인가? 출애굽기에 기록된 우상 숭배가 바로 그것이다. 모세가 노예 생활을 하던 유태 민족을 해방시키고 애굽을 떠나 광야를 헤매다가 시나이 산에 이르러 하나님으로부터 십계명을 받고 산에서 내려왔을 때 백성들은 모세를 배반하고 황금 소 우상을 숭배한 것이 하나님을 떠난 죄다. 십계명을 지키지 못한 것도 하나님을 떠난 죄로써 이를 고백하고 회개하고 용서를 비는 기도를 해야 한다. 유태인 친구들에게 들은바, 유태인들은 살면서 남에게 또는 세상에 해로운 일을 저지르는 것을 죄

원죄에 대한 세 종교의 믿음

로 인식하여 욤 키푸르 의식을 지키는 것을 통해 회개하고 새로워

지기를 기원한다고 했다. 하나님을 떠난 죄란 남에게 해로운 일을

하는 것이다.

자기중심이
죄인가

원죄는 4세기의 신학자, 아우구스티누스*Augustius*가 제창한 것으로 알려져 있다. 아우구스티누스는 타락의 이야기를 이성적으로 정리하고 이를 인간의 원죄라고 처음 제창한 인물이다. 그는 북 아프리카 지역 출신으로 철학과 수사학을 전공하고 가르치던 학자였는데, 32세에 세례를 받은 뒤 신학자가 된다. 철학과 수사학자로 명언도 많이 남겼지만 『고백록』을 비롯한 많은 신학 저서를 남겼다. 철학을 비롯한 다양한 지식에 해박한 학자였고 성 바울과 비견될 만큼 기독교 신학을 정초한 성인聖人이기도 하다. 그는 아담과 하와가 자유로운 선택으로 하나님의 명을 어긴 의도적 결정이 인간

337

본성의 기본적 결함으로써 이것이 으뜸가는 죄라고 하였다. 이러한 죄를 후손들이 이어받아 모든 인간은 죄를 지으려는 성향을 타고난다고 하였다. 다시 말해 인간이 불완전하게 태어나 죄를 지으려는 성향 즉, 죄성을 타고나고 이 죄성을 항상 가지고 일생을 산다는 개념인 것이다. 인간에게는 하나님의 뜻에 역행하려는 욕구가 있고 이 성향이 인간의 조건이다.

원죄 이론은 정신의학의 인간 본능에 대한 이론과 맥을 같이한다. 인간은 자기 본위와 자기 중심으로 태어나고 평생을 이 자기중심적 욕구를 구현하려는 충동을 가지고 산다. 아우구스티누스는 다음과 같은 격언을 남겼다.

"사실상 죄는 자발성이 있는 악이며 자발적이지 않으면 전혀 죄가 아니다"

아우구스티누스는 정직과 겸손함과 인간성이 돋보이는 신학자였고 그는 분명히 "내가 저지른 죄가 아니면 죄책감은 없다"라고 하였다. 그러면 원죄에는 죄책감이 없다.

기독교에서 말하는 원죄는 하나님의 속죄에 의해서만 자유로워질 수 있다. 그러나 자유로워진다는 것이 곧 원죄가 없어진다는 뜻은 아닐 것이다. 죄를 지으려는 죄성은 남아 있기에 다시 죄를 범할 수 있고, 하나님의 속죄로 거듭난다고 해도 그것이 곧 완전한 인간이 된다는 뜻은 아니다. 기독교에서는 속죄를 해도 불완전한 인간으로 살아갈 수밖에 없기에 평생을 두고 죄를 회개하라고 강조한다. 궁극의 구원은 오로지 하나님의 심판으로만 완성된다고 하지만 궁극의 심판이 무엇인지는 쉽게 이해하기 어렵다. 법정에서 판사가 내리는 판결 같은 것은 아닐 것이다. 죽은 후에 하나님과 같이 내가 살아온 생애를 동영상으로 돌이켜보고 심판받는 것을 마음속으로 그려보지만 이 또한 한낱 인간의 상상에 불과하다. 한때 한국의 일부 교회에서는 노골적으로 죽은 후 하나님의 심판으로 천국이나 지옥에 간다는 설교를 들을 수 있었다. 그러나 지금은 노골적인 천국-지옥으로 표현하기보다는 우회적인 이분법적 프레임으로 '하늘나라'라는 표현을 자주 듣는다. 이제 전통적인 천국과 지옥의 개념이 사람들 마음에 존재하지 않기 때문일 것이다. 그러나 구원의 개념은 인간의 사후 희망과 연결되어 있기에 과학이 더욱 발전할지라도 사라지지는 않을 것이다. 육신이 죽어도 영혼은 살아 있어 영생을 이룬다는 기대는 저버릴 수 없다.

이제는 예수를 믿지 않거나 세례를 받지 않으면 아무리 선하게 살아도 구원이 없다고 믿는 것은 옛이야기가 되었다. 하나님의 심판과 처벌이 무서워서 하나님을 두려워하는 것도 건전한 신앙이 아니다.

자기중심이 죄인가

Chapter 12

종교와
권력

권력의
속성

흔히 힘 있는 자는 언젠가 그 힘을 남용하여 남을 해친다고 한다. 남을 해치는 정도가 아니라 살인도 마다하지 않는다. 역사적 폭군으로 이름난 헤롯 왕은 그의 친어머니와 아내를 살해했다. 권력은 반드시 부패한다는 명언*power corrupts*이 헛말이 아니다. 세계의 역사는 폭력과 전쟁과 부정과 살인의 주인공 이야기들로 얼룩져 있다. 나 자신도 일제하에서 한국인의 민족 정체성이 짓밟히고 성을 바꾸어야 하고 황국 신민의 선서를 매일 낭독해야 하는 폭정하에서 자라났다. 국민학교 시절 우리 반 일본 담임선생은 노골적으로 "너희들은 천황 폐하를 위해 죽기 위해 태어났다"는 말을 큰소리로 외치면서 학생들에게 이를 되풀이하라고 명령했었다. 중학교 시절에는 광나루에 있는 골프장을 비행장으로 만드는 강제 근로 동원에 끌려가기도 했었다. 그러다 일왕이 연합국에 항복했던 그 날, 1945년 8월 15일에 벽돌 굽는 공장 근로 동원 현장에서 잡음 많은 라디오를 통해 가냘픈 일왕의 항복선언을 들었다. 당시 일본제국의 한국인에 대한 폭정은 당해 보지 않으면 모른다. 나는 권력의 횡포가 얼마나 비인도적이고 잔인한지 실감하면서 자랐다. 나라도 없고 힘도 없는 한국인 신세였기 때문이다.

권력의 속성은 일일이 나열하기 어려울 정도로 다양하다. 힘을 가진 자가 그 힘으로 남을 조정하고 이용하여 본인이 원하는 바를 달성하다 보면 그 힘을 남용하게 된다. 물론 예외도 있을 수 있다. 그러나 타인을 지배할 수 있는 자리에 위치해 있으면 권력을 남용하고자 하는 유혹이 늘 따른다. 본인도 모르는 사이에 약육강식과 정글의 법칙이 곧 자신의 법이 된다.

진화론의 자연선택이나 적자생존은 결국 강자가 이긴다는 뜻이다. 역사적으로도 약자가 전쟁에서 승리한 경우는 드물다. 골리앗을 이긴 다윗도 당시 최신 무기를 사용했다는 점에서 그가 강자였다. 북한이 끊임없이 큰소리 칠 수 있는 이유도 핵무기 보유국이기 때문이다. 경제적으로는 남한이 훨씬 더 앞서고 있지만 이 부분에서의 강자는 북한이다. 그래서 북한은 힘 있는 행세를 당당히 한다. 그리고 국가 원수는 주민들의 자유를 박탈하고 폭정으로 반대 세력을 제거하면서 그 힘을 남용하고 있다.

힘이 없던 사람도 힘이 있는 자리에 오르게 되면 그것에 도취되어 더 큰 힘을 가지려 하고 또 힘의 남용을 마다하지 않게 되는지 궁금하다. 힘을 가진 자가 힘을 더욱 굳건히 하려 하고 그래서 강자가 되면 그 힘을 남용하는 것에 대한 명분과 이유를 만들어 폭군이 된다. 일제시대에 내가 귀따갑게 들은 표어가 조선사람이 다 황국신민皇國臣民이며 조선이 일본과 합병하는 것을 명예로운 혜택임을 명심하라는 다짐이다. 우리의 선배들이 가미카제神風 특공대에 차출되고 강제로 징병, 징용 및 위안부로 끌려갔을 때도 명분은 뚜렷했다. 일제는 야만인 미국 놈들을 토벌하는 의로운 성전聖戰에 참여하자고 선전했다. 한 개인이 힘이 있는 자리에 있으면 그 힘을 남용하여 자신의 욕망을 채우려 하고 한 나라가 군사적으로 힘을 키워 강국이 되면 남의 나라를 침략하고 억압하여 그 나라의 문화를 침식하는 비극을 초래한다.

힘의 속성이 남용이라 경고하지만 누구나 힘 있는 자리에 가기 위해 치열한 경쟁을 벌인다. 현대사회에서는 권력 못지 않게 돈이 곧 힘이다. 돈이 성공이나 권위나 권력으로 통하는 길이기 때문에 부를 누리기 위해서는 수단과 방법을 가리지 않는다. 이와 같이 물질주의와 성공주의가 지배적인 사회에서는 종교도 그 영향을 받는다. 종교는 물질주의에 초연하고 세속을 멀리하고 영적인 삶을 지향한다. 그것의 거점인 교회는 도덕적으로 모범되어야 하고 재정적으로 투명하며 약자를 돕는 선한 사업으로 돋보여야 한다. 그러나 한국 교회의 현실은 이와 같은 기대에서 벗어난 사건들로 얼룩져 있다. 국부적인 불의의 사건이라 하기에는 보도되는 비리의 빈도가 너무 잦고 범죄의 질도 나쁘다. 교회가 일반 사회보다 도덕성에서 떨어진다는 비판의 소리까지 들린다. 게다가 교회가 교회 내부에서 일어나는 여러 가지 비리를 근절하는 대책을 세우지 않고 오히려 알려진 비리를 은폐하고 있다. 교회가 세속적인 물질주의를 초월하고 영성을 중심으로 하는 신성한 곳이라면 이런 일들은 일어날 수 없다. 교회가 주장하는 영성이 무엇인지는 몰라도 자기 안의 비리에는 영향력이 없어 보인다.

영성은 경험할 수 있는 것인가

국어사전을 보면 spirit은 '정신', spirituality는 '영성'으로 번역되어 있다. 영어사전에서 spirit은 '삶에 대한 또는 남에 대한 태도'로 되어 있고 spirituality는 '종교적 신앙'이라고 나와 있다. 뜻을 조금 더 자세히 찾아 보니 영적이라는 표현은 '보편적으로 육체와 대치되는 정신적인 면'을 의미한다고 한다. 영성은 '일반적인 관용어로 개인 차원에서 평화의 목적으로 삶의 의미와 다른 사람과의 관계를 발달 승화시키는 과정'이라고 쓰여 있다. 그러나 종교적 영성이라고 하면 뜻이 달라진다. 사전적 정의는 이렇다.

"종교적 영성은 물질 세계나 인간의 감각, 자아 및 시간을 초월하는 욕구를 기초로 인간관계나 모든 것을 통합하는 어떤 감(sense)에 중점을 두고 있다."

추상적이고 초자연적인 신비의 세계를 말하고 있다. 종교적 영성의 본질을 말로 정의하기 어려우나 영성의 속성으로는 정의正義와 법규의 필요성을 중심으로 하는 강력한 힘이 연상된다. 이 권위적 영성이 종교의 동력이 되지 않으면 종교는 살아 움직일 수 없다. 특히 기독교에서 영성은 하나님과의 만남으로 이루어지는 관계를 뜻하고 영성에 권위와 힘은 삼위일체 전지전능의 하나님과 일체인 성령으로 인간사에 깊이 개입한다. 따라서 영성과 성령은 별개의 것이다. 기독교에서는 성령은 하나님이다. 그리고 기독교 문 밖의 영성은 인간의 감sense이다. 교회에서는 이 다름을 간과하고 혼돈하는 경우가 흔히 있다.

성령이 자연과 인간의 삶에 개입하는 초자연적인 하나님의 힘이라면 인간은 그 힘이 역사한 결과를 체험할 수 있을 것이다. 하나님은 성령으로 내 안에 계시고 나와 나의 공동체에 삶의 형태로도 나타나신다고 한다. 삶의 형태라면 인간이 경험할 수 있을 것이고 그래서 우리는 성령의 경험담을 설교나 간증으로 듣는다. 성경의 여러 곳에 쓰여 있는 성령 역사의 구절들은 그 내용에서 다양하고 그 뜻 역시 다르게 해석되기 때문에 정형화된 실체로 설명하기는 어렵다. 기독교에서는 사도행전의 오순절을 성령의 원형으로 믿는다사도행전 2:1-21. 이 구절에 예수님의 제자들이 감각적으로 체험한 내용들이 자세히 기술되어 있다. 감동과 고양된 분위기가 태풍 같이 몰아치고 제자들이 불 같은 혀를 보고 각자가 다른 언어로 극치의 경험을 한 내용이다. 기독교에서는 이 구절의 내용을 성령 강림으로 믿고 이를 기념한다. 성령은 인간 밖에서 신비한 에너지로 발휘되는 진귀한 현상으로 알고 있다. 그렇다면 성령은 인간이 경험할 수 있는 것이다.

나는 교회에서 성령을 체험한 목사님의 설교나 신도들의 간증을 많이 들었다. 가슴이 뜨거워지고 온몸에 전율감을 느끼며 신비하고 비상한 정신 상태에 들어가 하나님의 음성을 듣는 분도 있다. 나는 이런 체험의 고백이 사실이라고 믿는다. 고백한 분들이 성령의 역사를 꾸며서 말할 리는 없다. 그러나 성령의 역사는 하나님이 하시는 일이고 언제 어떻게 누가 그 체험을 할 것인지 우리는 모른다. 반드시 기독교인이라야 성령의 역사를 경험할 수 있다고 단정지을 수도 없다. 믿지 않는 분들도 유사한 신비의 경험을 한 이들이 많다. 어쨌든 나에게는 그런 경험이 없었고 또 성령에 관한 특별한 식견도 없어 성령 이야기는 접고 일반적인 영적 경험 이야기를 하려 한다.

심리학에서는 최고 경험*peak experience*이라는 개념이 있다. 심리학자인 에이브러햄 매슬로*Abraham Maslow*는 인간의 의식을 피라미드 계층구조로 보고 제일 높은 의식 경험을 최고 경험이라고 하였다. 마슬로는 최고 경험과 이와 유사한 극치의 경험을 변화된 의식상태*altered state of consciousness*라 하는데 많은 사람들이 이와 같은 경험을 했다고 한다. 특히 그는 불교의 명상이나 깨달음에서 그리고 중한 병으로 사경을 헤맬 때 경험한 사례들의 예를 들었다.

흥미로운 것은 이러한 신비하고 사적인 경험을 하고 나서 생기는 효과들이다. 예를 들면 사경을 헤매다가 내세를 암시하는 신비한 경험을 한 사람은 회복된 후에 죽음에 대한 두려움이 없어졌다고 한다. 기독교인들은 이러한 최고 경험을 했을 때 이를 성령의 역사로 고백할 것이다. 어떤 한국의 기독교교파는 방언이 교리로 되어 있어 목사님도 교인들도 항상 방언을 해야 한다. 이것은 성령을 사칭하는 성령 남용이 아닌지 모르겠다.

인류 역사에는 영적 현상으로 기록된 것이 많고 실제로 인간이 영적 능력으로 병을 고친 이야기들이 많다. 토속 신앙에서 영적 지도자나 영적 치유사*healer*가 신비한 기법으로 기적을 행하였다는 기록들이 있고, 이러한 기적을 이루기 위한 의식에 사용된 도구들도 박물관에서 볼 수 있다. 성경에도 마법사들의 마술로 초자연적 기적을 이룬 내용들이 있고 마귀를 내쫓고 질병을 고친 기록들도 있다. 예수님의 치유 사역 당시에도 귀신을 내쫓아 병을 고치는 마법사들이 많았는데 그들은 병 고친다고 미리 돈을 받은 상업적 치유사였다. 오늘의 의사직업의 원조들이다. 현대 의학으로도 고치지 못하는 병이 있듯이 옛 치유 마법사들도 시술 후 아무런 효과 없이 오히려 해를 준 경우가 적지 않았을 것이다. 그러나 불치의 병이 있으면 치유를 위해 모든 방법들을 가리지 않고 찾는 것은 당연하다. 척수암으로 고생하고 미국의 유명한 암 병원에서 치료도 받았던 나의 친구는 결국 영적 수술로 암을 치유한다는 유명한 종교 힐러에게 가서 맨손으로 환부를 긁어서 피를 내게 하는 소위 '영적 수술'을 받았다. 수술비는 감사헌금 명목의 돈을 바쳤다고 한다. 영적 수술을 받은 그 친구는 아무런 효과도 없이 예상되었던 시기에 세상을 떠났다. 여러 병원을 다니며 치료를 받았으나 병의 경과에 진전이 없자 종교적 힐러를 찾아간 것은 충분히 이해할 수 있다. 영적 수술을 받은 후 그 친구는 나에게 와서 그 수술 과정을 자세히 설명하면서 자기의 병이 이제 확실히 치유된다는 애처로운 이야기를 하였는데 듣는 내내 가슴이 아팠다. 그 친구는 지식인이고 종교적 안수나 마술적인 치유는 전혀 믿지 않았던 전문 경영인이었다. 그를 치료한 치유사는 결국 사고를 일으켜 당국의 조사를 받았고 그 후의 행적은 알려지지 않고 있다.

인간의 힘으로 되지 않는 일을 기도로써 하나님께 청하는 것은 당연하다. 대부분의 경우, 그 기도는 이루어지지 않으나 이를 두고 기도의 힘을 의심하고 따지는 이는 없다. 기도는 하나님께 올리는 호소이지 결과를 두고 이루어졌느냐 이루어지지 않았느냐를 평가하는 대상이 아니다. 하나님의 권위와 권능을 믿고 하나님께 도움을 호소하는 것이 기도다. 세상 어떤 것도 그리고 어느 인간도 하나님의 권위와 능력을 대신할 수 없으니 하나님의 권능을 사칭하고 인간이 그 이름을 남용하는 것은 죄다. 하나님의 이름을 망령되게 부르는 것은 죄라고 10계명에 쓰여 있고 "너의 하나님을 시험하지 말라"고 성경에 나와 있다출애굽기 17:1-7. 그런데 오늘날 하나님의 이름을 남용하고 있는 경우가 얼마나 많은가. 영성 남용*spiritual abuse*으로 이웃에게 해를 끼치고 있는 것이다.

영성 남용

영성 남용이란 도움이나 지지나 영적 힘이 필요한 사람을 잘못 다루어서 결과적으로 당사자의 영적인 힘이 약해지거나 손상되거나 위축되는 경우를 말한다.

- 영성 남용의 미묘한 힘, Johnson & Van Vonderen 1991 -

어떤 실례를 보면서 이것이 영성 남용이라고 판단하기는 어렵고 또 영성 남용이 되는 기준도 없다. 보편적으로 흔히 일컫는 영성 남용은 종교 단체에서 성직자나 기타 종교 지도자에 의해 교회에 유독성 분위기가 조성되는 것을 의미한다. 보통 지도자들이 가진 권위로 신도들에게 육체적, 정신적, 감정적인 해를 끼치는 경우가 이에 해당한다. 예를 들어 특이한 믿음으로 한 개인을 숭배하고 기이한 신앙 공동체를 형성하여 신도들의 사유재산의 헌납을 강요하는 경우라면 이는 영성 남용이다. 성직자가 신도를 대상으로 성적 비리를 저지르는 것도 영성 남용이다. 영적 지도자가 그의 기능적 지위를 이용하여 신도를 조정해서 해를 끼치는 대표적인 경우로는 청소년들에게 그루밍이나 가스라이팅을 하여 자신의 성적 호기심이나 욕구를 만족시키는 것이다.

구체적으로 내가 목격한 예를 하나 들어 본다. 서울에서 살 때 오랫동안 가사도우미로 일해 주었던 아주머님이 있다. 독실한 기독교인인데다 집사람과 무척 친해져서 서로 식구처럼 아끼던 사이다. 하루는 한참 일하는 낮에 난데없이 부엌 바닥에 누워 잠을 자는 것을 보았다. 피곤해서 그러나 보다 하고 내버려두었으나 너무 오래 잠에 빠져 있어 깨우려고 하는데 한동안 깨어나지 못하고 잠에 취해 있었다. 퇴근 시간이 가까워져 잠에서 깨어나도록 흔들어 깨웠더니 본인도 놀라 당황해 했다. 그 후에도 이 일이 다시 반복되자 집사람이 그 이유를 추궁했고, 결국 고백하기를 바륨*valium* 진정제를 과다하게 먹었다고 했다. 신경진정제를 사용한 기간이 오래 되니 내성이 생겨 양을 늘린 것 같았다. 아주머니는 집사람의 간곡한 추궁에 솔직한 내막을 털어놓았다. 자신이 속상하고 고민이 있어 이를 잊으려고 진정제를 암시장에서 사서 복용해 왔다는 것이다. 아주머니의 남편은 장사하던 사람으로 도박에 빠져 재산을 탕진하고 결국 아내가 가사도우미로 일하며 버는 돈으로 생계를 유지하는 어려운 처지였다.

그런데 아주머니가 충실히 다니는 교회에서 성전 신축을 위해 목사님이 교인들에게 건축 헌금을 독촉하는 일이 생겼다. 하루는 목사님이 아주머니를 찾아와 교회 건축은 주님 사업이라는 명분으로 남편이 장사로 장만한 유일한 자산인 집을 팔고 전세로 입주하고 그 차액을 건축헌금하라고 권한 것이다. 도저히 그럴 형편이 아니어서 주저하고 있었는데 죄책감에 사로잡혀 고민하고 괴로워하던 중 친구의 권유로 일 년 전부터 바륨을 암시장에서 사서 먹기 시작했다는 것이다. 물론 아주머니의 고민은 목사님의 독촉에서 오는 죄책감보다는 남편의 도박으로 인한 스트레스가 더 크게 자리했을 것이다. 약물을 계속하니 일시적으로 고민을 잊고 편해졌으나 내성이 생겨 용량을 계속 늘리게 되었다고 한다. 이 이야기를 듣고 얼마나 화가 났던지 내가 그 목사를 대면하겠다고 교회의 이름을 물으니 아주머님은 답을 주지 않고 그날부터 일절 우리 집에 오지 않았고 연락도 끊었다. 집 주소도 알지 못해 더 이상 연락할 방법도 없었다.

이 이야기는 누가 들어도 목사의 직권 남용이다. 이 목사에게 앞선 요구를 할 수 있는 권한을 누가 주었는가? 목회자는 자신의 목회적 성공보다도 교인 중 어려운 사람들의 사정을 파악하고 그들을 돕는 길을 우선으로 생각해야 한다. 종교가 정말 이타적이고 기독교의 기본이 이웃 사랑이라면 어떻게 목회자가 이런 무리한 요구를 가난한 신도에게 할 수 있을까? 교회 신축이 하나님 사업이라고 한 것은 직권 남용이라기보다는 영성 남용이다. 목사는 영적 지도자이기 때문이다. 교회에서 이런 영성 남용이 통하고 이런 식으로 새로운 교회를 건립하고 이를 추진한 목사는 성공한 목사가 된다는 것은 있을 수 없는 일이다. 기독교 교단에는 신도들의 요구나 불평과 호소를 들어 주는 장치가 없다. 왜 교회의 소통은 하향 수직으로 일방 통행이고 평신도의 제의나 불평의 창구는 없는 것일까?

이러한 교회 소통구조가 목사의 권위를 보강하게 되어 있다. 목사의 설교를 듣고 물어보고 싶은 것이 있을 때 설교 후에 질의응답이라도 하는 교회를 본 적이 없다. 만일에 성경을 읽다가 구절끼리 앞뒤가 맞지 않거나 구절의 내용이 하나님의 뜻으로 이해하기 어려운 경우 평신도는 물어보고 답을 얻을 수 있는 곳이 없다. 목사님이 부당하거나 부적절한 행동을 했을 경우 이를 호소할 수 있는 창구가 있어야 한다. 물론 현재에는 이런 창구가 있다고 해도 교단이나 교회 내에서 이런 문제들이 신속하게 해결 되지 않는다. 교단의 재판위원회에서는 재판하는 재판관들이 목사이거나 교인이라

피고 목사를 동정하고 매듭짓는 판결을 미루기 일쑤다. 그래서 결국 희생자들은 사회법이나 언론에 의존하게 된다.

교회에서도 여러 가지 문제들을 해결할 수 있는 방법을 몰라서 가만히 있는 것은 아니다. 교단의 법과 규정은 있지만 이를 제대로 실천하지 않는 것이 문제다. 영적 지도자의 자리에서 그 권위를 이용하여 잘못을 저지르는 것은 물론 이 문제를 덮고 무마하는 것도 영성 남용이다. 내가 알기로는 기독교 교파들도 일반 전문직종과 같이 스스로 집권 남용을 자율적으로 통제하고 처벌하는 제도가 성문화 되어 있다. 그럼에도 불구하고 교회 내 비리들이 법에 의해 신속히 처리되지 않고, 각종 비리가 일반 언론에 보도되어 교회에 대한 신뢰를 좀먹고 있는 것이 심히 안타깝다.

교회의 각종 비리를 다스리는 제도는 일반 사회와 다름없이 또는 더 엄격하게 실행되어야 한다. 하나님의 이름과 기도로 반성하고 고백하고 회개한다고 해서 용서로 끝낼 일이 아니다. 용서도 좋지만 잘못된 비리인 경우 처벌이 있어야 한다. 종교가 신본주의로 하나님만 알고 끝나면 안 되고 정작 인간을 알아야 한다. 성경만 공부하고 과학이나 인간의 심리에 대한 지식을 비롯한 일반 학문을 외면하면 마음의 시야가 편협해지고 매사 성경 구절 안에서 답을 찾으려 한다. 인간사는 일단 인간 중심으로 고찰하고 분석해서 이해하고 그 문제를 해결해야 한다.

데이비드 존슨과 제프 반 본딘의 저서 『영성 남용*The Subtle Power of Spiritual Abuse, David Johnson & Jeff Van Vondeen, 1991*』에는 교회 내 목회자와 신도 간의 위계 구조가 권력을 남용을 할 수 있는 셋업*set up*이라고 하였다. 그들은 이런 구조 안에서 권력 남용의 희생자가 된 신도들의 심리적 배경을 잘 설명하였다. 영성의 본거지가 교회이고 영적 지도자가 바로 목회자이기 때문에 이런 사건들은 모두가 영성 남용이다.

성경에 자기 성공을 위해 약자를 희생시키는 행동은 예수님 가르침에 반하는 것이라 하였다.

인자가 온 것은 잃어버린 자를 찾아 구원하려 함이라. (누가: 19:10)

약자의 삶을 공감하고 그들을 섬기는 자세가 그리스도인의 기본이다. 영성 남용, 특히 성적 비리에 희생된 사람들의 고통을 목회자가 공감하지 못한다면 목회할 자격이 없다. 예수님은 가난한 자는 복이 있다고 가르치셨다누가 6:20. 예수님을 따르는 사역자가 그 기본을 망각하고 약자에게 해를 끼치는 행동을 일삼는 이유 중의 하나가 성공주의다. 목사가 교회를 부흥시키기 위해서는 우선 교인을 많이 유치하고 크고 화려한 교회당을 세우는 것이다.

언젠가 한국 목사 중 한 분의 목회학 박사학위 논문을 본 적이
있다. 내용을 보면 일단 교회를 훌륭하고 크게 늘리면 신도가 모이
고 결국 부흥한다는 내용이다. 한국에서 한때 개신교가 급성장했
을 당시의 실례를 들어 이 논지를 뒷받침하고 있다. 국내의 교회
들이 한창 부흥했던 시기에는 건물을 크게 짓고 성공한 교회가 많
았었기에 일리 있는 말이기도 하다. 그러나 교회가 커지면 이에 따
르는 조직 운영의 문제가 생기고, 크게 성공한 목사가 은퇴할 경우
해당 자리의 계승 문제도 복잡해진다. 목회의 성공 모델인 미국의
로버트 슐러 목사와 크리스탈교회의 성공은 지금은 잊혀진 꿈 이
야기다. 그렇게나 화려했던 크리스탈 예배당은 슐러 목사의 은퇴
후 아들에게 세습되었다가 그가 사임하면서 딸이 계승하고 결국
손자가 담임하다가 복잡한 분쟁으로 교인이 줄고 재정난에 봉착하
게 되었다. 그러다가 2012년 3년이란 유예기간을 조건으로 5천7백
만 달러에 카톨릭 성당이 되었다. 카톨릭 교회는 7천7백만 달러를
들여 크리스탈 예배당을 새로운 디자인으로 개축하였고 더욱 화려
하고 웅장한 카톨릭 성당이 되었다. 세습받은 로버트 슐러 목사 아
들이 담임목사직을 사임하면서 한말이 인상적이다. "우리는 예수
를 믿지 슐러를 믿지 않는다." 온화하고 다정한 신앙부흥의 모델이
었던 슐러 목사도 성공 이후에는 컬트cult 교주 같은 존재가 되버린
것이다.

한국 교회들도 커지고 재정적 여유가 있어 교회가 화려해지고

예배당이 꽉 찰 정도로 신도의 수가 많았었다. 그러나 돈과 권력의 부작용으로 인한 비리도 있었고, 세습으로 인한 분쟁과 분열도 일 어났다. 권력과 돈이 생기면 사람도 교회도 변한다.

교역자들의
성적 남용

국내의 교회에서 일어나는 비행이 종종 언론에 보도된다. 교회도 성당도 절도 결국 인간이 모인 곳이라 일반 사회에서 일어나는 각종 비리들이 이곳에서도 일어나지 않으리라는 법은 없다. 그러나 교회는 정직하고 진실하고 아름답고 의로움을 가르치는 곳이라 비리가 있으면 사회적으로 큰 화제가 된다. 센세이션을 일으킬 소재를 찾는 언론에서는 당연히 큰 기삿거리가 된다.

종교계의 비리 중에서도 세상의 눈을 가장 치욕적으로 찌푸리게 하는 소재는 성적 비리다. 종교인들도 인간이기에 어찌 성으로 인한 문제가 없겠느냐만은 종교 지도자들의 성 문제, 특히 교인들을 대상으로 한 경우는 교회에 큰 상처를 준다. 그중에서도 용납하기 어려운 성적 비행은 아동과 청소년을 대상으로 자행한 성범죄다. 교역자 성 비리 보도 중 놀라운 사실 하나를 들어 보겠다.

2019년에 보도되었던 한 기사에 의하면 2005년부터 2018년까지 아동 성범죄로 체포된 범죄자 중 가장 많은 직종에 해당하는 79명이 목사라는 것이다. 이 보도에서 다룬 죄목은 모두 강제 성폭행이었다. 이 통계는 성범죄로 체포된 경우만을 다루었지만 발각되지 않았거나 발각이 되었어도 체포되지 않은 경우 그리고 강제적 범행이 아닌 성 비행과 특히 희생자가 원치 않아 보고하지 않은 경우를 합치면 성적 비리의 규모는 상상을 초월할 것이다. 이 보도가 초점을 맞춘 이슈는 아동 성범죄를 저지른 목사 79명 중 21명이 당시에도 목회 활동을 계속하고 있다는 사실이었다. 즉, 아동 성범죄를 저지른 사실이 알려지고도 계속해서 목회를 할 수 있게 교회나 교단 측에서 이를 허용했다는 것이다.

아동 성범죄는 범죄 중에서도 악성이다. 희생된 아동에게는 씻을 수 없는 상처로 남는 것은 물론 자라서 정상적인 성생활을 할 때에도, 향후의 성격 및 대인관계 형성에도 큰 문제가 된다. 그런데 대부분의 성폭행 희생자들은 사건 후에 교회를 떠나는 반면, 범죄를 저지른 목사는 목회를 계속하는 것이 현실이다. 나는 아동 청소년기의 성폭행 희생자가 일생 동안 그 트라우마로 얼마나 큰 고통을 받고, 어려운 삶을 살게 되는지 분명히 알고 있다. 이 문제는 반드시 근절되어야 하며 교단이나 교회에서 성 비리를 덮어 주는 것을 결코 용납해서는 안 된다.

목회자들의 성 비리가 사회에 알려진 것은 어제 오늘의 일이 아니다. 그런데도 이에 대한 대책은 없거나 미온적이다. 교회와 교단이 성 문제를 덮어 주고 있다는 비난을 받는 것은 당연한 일이다. 문제 해결을 위해 신학대학에서 그리고 목회자들에게 성교육을 시행한다고 하는데 이것이 무슨 해결책이 될 수 있겠는가. 종교의 성 문제는 알려진 지도 오래되어 이를 위한 대책위원회가 만들어지고 상담 창구나 규칙들이 세워졌다. 심판위원회, 처벌위원회, 윤리위원회 등 갖출 것은 다 갖추고 있지만 이것은 빛 좋은 개살구다. 성 비행을 조사하여 비리가 확인되면 가해자는 법대로 즉시 목사 자격이 소실되어야 한다. 그런데도 성범죄로 체포된 목회자가 계속 교단에 머무르고 희생자는 교회를 떠나게 되었다는 것은 도저히 납득할 수 없다. 하나님이 죄지은 자가 자기의 죄를 회개하면 용서하라고 가르치셨고 예수님은 끝까지 용서하라고 말씀하셨지만 이것은 예수님이 모든 윤리를 궁극의 한계까지 확장하신 것이지 인간이 지켜야 할 현실의 법을 새롭게 제정하신 것이 아니다. 성직자가 자신의 성적 욕구를 충족시키기 위해 어린아이를 성폭행한 것을 뉘우친다고 용서하고 백지로 돌아가 없던 일로 할 수는 없다. 아동, 청소년을 대상으로 성적 범죄를 일으킨 경우는 그루밍*grooming*이나 가스라이팅 등의 과정이 있는데 이것은 자기의 성욕을 만족시키기 위해 고의적으로 공들여 계획한 죄질이 나쁜 범죄다.

성직자의 아동 대상 성범죄가 많은 곳은 카톨릭이다. 2002년 미국의 일간지 보스턴 글러브의 더 글러브 스포트라이트 팀*The Glove Spotlight Team*은 충격적인 사건을 보도했다. 5명의 기자들이 보스턴 카톨릭 교구 안에서 일어난 성직자들의 아동 성범죄의 희생자들을 직접 만나 조사한 것이다. 아동을 대상으로 한 카톨릭 신부들의 성범죄 건수는 놀라울 만큼 많았다. 더 놀라운 것은 성범죄가 세상에 알려지는 것을 막기 위한 카톨릭 교회의 은폐와 부정 조작이다. 폭로된 사건들을 수습하기 위해 카톨릭 교회가 희생자나 그 가족에게 보상한 금액이 무려 3조 4천억 원에 달한다. 그리고 이 고가의 보상금은 범죄에 대한 침묵을 조건으로 한 것이다. 카톨릭 교회는 아동 대상 성범죄를 오랫 동안 부인해 왔다. 희생자들은 대부분 11~14세의 남자다. 구체적인 사례가 신문에 발표되자 교황 요한 바오로 2세도 사과문을 발표하였고 2015년 교황 베네딕트 16세도 희생자들을 만나는 등 책임지는 모습을 보였다. 그러나 베네딕트 교황은 성범죄 건을 처리하지 않고 미루고 있다가 자신이 교황으로 너무 연로하다는 이유로 사임해 버렸다. 지금의 프란치스코 교황은 일단 희생자 측의 책임도 논하는 등 주저하다가 결국은 사실을 인정하고 공식으로 사과하며 과감한 대책을 약속하였다. 카톨릭 교회가 성범죄를 저지른 신부들을 사직시키지 않고 해외로 파견하고 그들의 신분도 밝히지 않는 등 회피적으로 대응한 것도 드러나 여론이 더욱 악화되었다.

영화 〈두 교황Two Popes〉에서 베네딕트 16세와 프린치스코 교황이 서로 고민하고 양쪽이 다 사임하려는 대화의 배경이 이와 관련 있다. 영화에서는 베네딕트 교황의 고민이 무엇이었는지 진실을 밝히지 않지만 성직자의 성 비행 문제였을 것이란 암시는 있다.

대표적인 카톨릭 성직자의 성범죄가 폭로되어 바티칸의 철저한 대책을 이끌어 낸 사건이 있다. 미국 뉴저지 뉴왁Newark 교구의 추기경을 지낸 유명한 시어도어 에드거 맥캐릭Theodore Edgar McCarrick 주교의 성추문 사건이다. 놀라운 것은 이미 10여 년 전부터 맥캐릭 대주교가 신도를 대상으로 문란한 성행위를 저지르고 있다는 소문이 돌고 있었다. 그럼에도 불구하고 카톨릭 교회에서는 아무런 조치도 취하지 않았다. 미사의 복사服事 소년을 성희롱했다든가, 어느 젊은 남자와 동침했다는 등의 여러 소문이 있었다. 심지어 요한 바오로 2세도 베네딕트 14세도 그리고 프란치스코 현 교황도 그의 문란한 행동을 알고 있었다. 그런데도 맥캐릭 대주교는 아무런 조치 없이 진보적 카톨릭 지도자로 이름을 떨치고 활약했다. 추문이 돌자 2006년 워싱턴 대주교직을 사임하였으나, 신부들의 멘토로 계속 활동하였으며 미국 정계의 인사들과도 친분이 두터웠다. 특히 에드워드 케네디 상원의원과 친했고 현 바이든 대통령의 아들이 암으로 사망했을 때 장례 미사를 맥캐릭 주교가 주재한 적도 있었다. 결국 2017년에 프란치스코 교황은 미국에서 최고 성직 자리에 올랐던 대주교를 이 조사하도록 했다. 2018년 10일, 소위 「맥캐릭 보고서*McCarrick Report*」가 교황에게 전달되었고 비로소 그 내용도 세상에 알려지게 되었다. 맥캐릭 대주교가 출생한 1930년부터 2017년까지 그의 종교 관련 이력을 자세히 조사하고 특히 역대 교황들이 그의 추문에 어떻게 대처했는지와 성적 남용의 희생자였던 아동들의 증언들도 상세히 공개되었다. 결국 로마 교황청은 이미 은퇴한 맥캐릭 대주교의 신부 신분을 박탈하는 조치를 취했다 2019년 2월 15일.

맥캐릭 대주교의 성추행과 카톨릭 교회의 은폐 및 무마 사건은 카톨릭 교회에 큰 상처를 입혔지만 카톨릭 신부들의 성 비리 문제에 큰 진전을 남겼다. 많은 희생자들을 낳은 후에야 비로소 카톨릭 교회가 오랫동안 숨겨왔던 성 문제의 진상이 밝혀진 것은 유감이고 부끄러운 일이다. 그러나 이제 카톨릭이 성 문제에 대한 확고한 입장을 수립하고 성직자들의 성적 비행이 밝혀지면 즉시 파면되는 제도가 생겼다. 이 성 비리 문제의 해결은 하나의 개혁이고 진보라고 할 수 있다. 드디어 기독교가 약자와 희생자 편이 되었고 권위의 남용을 인정하고 변화를 가져왔기 때문이다. 그러나 지금은 고작 변화의 과정에 한발짝 들어선 단계일 뿐이며 막강했던 권위의 옷을 하나씩 벗는 변화는 앞으로도 계속되어야 한다. 이제 교회가 하나님 중심인 동시에 인간 중심의 두 다리로 일어서면서 무엇보다도 스스로의 투명함을 추구해야 한다.

기독교 역사에서 관능적 쾌감을 억제하는 수도생활은 중요한 전통이고 카톨릭 교회에서는 지금도 신부와 수녀는 독신을 유지하도록 한다. 그러나 신부님들이나 수녀님들이 인간의 근본적 성 욕구를 일생 동안 억제해야 한다는 것은 비인간적으로 생각된다. 불교도 고행의 원칙에 따라 승적이 있는 스님들은 독신이어야 하고 고기를 먹지 못하는 금욕을 지켜야 한다.

성직자의 아동 성범죄를 종파별로 조사한 자료에 의하면 개신교와 카톨릭이 1 대 5의 비율로 카톨릭이 많았다. 특히 아동 성범죄에 한해서는 더욱 뚜렷하다. 이 문제가 카톨릭 신부의 독신*celibacy*과 관련된다는 것은 부인할 수 없다. 정신과 의사의 입장에서 성욕을 전적으로 억제하고 산다는 것은 무리이며 이는 신체 건강이나 정신 건강에도 해롭다. 성욕은 자손 번식을 위해 하나님이 주신 본능이고 성교에 쾌감이 동반되는 것은 번식을 위해 성행위를 보강하는 천리다. 이를 오랫동안 억제하는 것은 자연스럽지 않다. 그런데 종교는 전통적으로 금욕으로 육체적 욕구를 억제함으로 영적인 삶에 중점을 두고 성욕, 식욕, 물질욕을 죄와 연결시켜 금하고 있다. 그 이유는 이해하지만 실은 성욕이나 식욕이나 물질욕을 금하는 것 자체가 죄를 범하는 원인이 될 수 있다.

신부와 수녀가 독신이여야 하는 이유는 독신으로 일편단심 그리스도와 더욱 가까워지면서 하나님과 이웃에게 더욱 자유롭게 헌신할 수 있고 동시에 독신을 지키는 것이 하나의 영성 훈련이라고 여기기 때문이다. 이 전통은 서기 390년 당시 아프리카 기독교의 중심지였던 카르타고*Carthage*에서 열린 평의회*Council of Carthage* 모임에서 대표자들이 신부는 독신이어야 한다는 결의를 한 것으로부터 시작되었다. 이 독신제도는 종교개혁을 거치면서 개신교에서는 없어졌고 지금은 카톨릭만이 지키고 있다. 즉, 인간이 만들고 없애는 제도로 문화적인 것이다. 성경에도 세례 요한을 비롯하여 예수님의 금식과 사도 바울과 제자들이 금욕한 기록이 있어 한때 금욕주의가 종교의 중심이었다. 그러나 지금은 금욕주의가 하나님의 창조에 어긋나고 불필요한 제도로 인식되어 수도적 의미만 살려 카톨릭에서도 많이 간소화되었다.

카톨릭 교회 내에서도 신부의 독신성을 반대하는 목소리가 있

어왔고 금욕이 건강에 해롭고 이로 인해 소아성애小兒性愛, *pedophilia*
를 조장한다는 비난도 있다. 그러나 논쟁에도 불구하고 교황들은
항상 이 주장을 억압하고 독신성의 전통을 고수해 왔다. 제2차 바
티칸 공의회는 카톨릭교에 획기적 개혁을 가져왔지만 교황들 특히
요한 바오로 2세는 끝내 신부의 독신을 강조했다. 진보적이라고 알
려진 프란치스코 교황도 신부의 독신성은 확고하게 주장하고 있
다. 신부가 독신이여야 한다는 말은 성경에도 없고 다만 고린도 전
서나 마태복음에 내시*eunuch*에 대한 구절을 인용하지만 사제가 독
신이라야 한다는 뜻에 맞지 않는다. 예수님이 베드로에게 반석 위
에 교회를 세우라고 하셨지만마태 16:18 교황이 되라고 말씀하시지
않았다. 일부 역사가들에 의하면 베드로는 로마에 간 적도 없고 그
의 장모의 병을 예수님이 고치신 성경 구절로 미루어 그는 결혼한
몸이었다는 것이 확실하다. 그런데 카톨릭에서는 예수님이 베드로
를 첫 교황으로 지명하고 베드로가 카톨릭의 첫 번째 교황으로 25
년을 로마에서 집무했다고 한다. 그런데 첫 교황 베드로가 결혼한
몸이었다면 신부들이 독신일 필요가 없다. 결국 신부의 독신이 문
제라는 것을 인정하지 않을 수 없다.

개신교 목사들의 성비리 역시 다년간 언론의 기사거리가 되어
왔다. 미국 개신교에서도 35세 이하의 신도 10%가 교회가 성적 남
용과 비행을 심각하게 다루지 않은 이유로 교회를 떠났다는 보고

가 있다*Lifeway Christian Resource* 조사. 미국 남부의 대표적 종교인 남침례
회*Southern Baptist Convention*는 2008년 교단 내 목사나 지도자의 성 문제
를 조사하기 위해 성범죄자에 대한 데이터 베이스를 만들자는 제
안을 거부했다. 그러나 2019년 정기연회에서 목회자의 성범죄 희
생자들이 들고 일어나 교단이 목회자 성 문제를 은폐한다고 주장
하자 이를 조사하기로 결정하였다. 결국 2021년 6월 애쉬빌에서 열
린 정기연회에서 남침례회는 그동안 목회자들의 성범죄를 은폐한
사실을 조사하는 위원회를 구성하였다. 드디어 목사들의 성 비리
희생자들이 고발하는 창구가 생겼고 성범죄가 사실로 밝혀지면 가
해자인 목사는 면직 또는 출교 되는 규정을 만들었다. 남침례회의
경우를 예를 들었지만 개신교 다른 교파에서도 지도급 인사에게
성추행을 당한 희생자들의 고발이 이어지고 있다.

일리노이 주 사우스 배링턴*South Barrington*에 있는 윌로 크릭 커뮤
니티 교회*Willow Creek Community Church*는 미국에서 제일 크고 성공한
교회다. 그 교회 창설자이고 선임 목사인 빌 하이벨스*Willow Hybels*는
좋은 설교와 많은 저서로 복음주의 전도사역에서 세계적인 슈퍼스
타로 인정받은 목사다. 그런데 2018년 3월 시카고 트리뷴 지에 그
와 같이 일하던 여직원과의 성추문 사건이 자세히 실렸다. 연이어
동년 4월에는 또 다른 여인이 하이벨스 목사로부터 부적절한 성적
행패를 당했다는 기사가 실렸고 동년 8월에는 뉴욕 타임스에 그의

문란한 성적 행각에 대한 기사가 다시 한번 실렸다. 결국 하이벨스는 목사직을 사임했고 교회 직원들도 비행을 적절하게 다루지 않았다는 이유로 일제히 사임했다. 2020년 1월에는 하이벨스 목사의 멘토였고 학자로 윌로 크릭 교회에서 특별 강사로있던 길버트 빌레지키안*Gilbert Bilezikian* 교수의 성폭행 사건이 알려지면서 교회에서 쫓겨나게 되었다. 성공한 유명 종교 지도자가 권위적 자리에서 성추행을 자행한 전형적인 예들이다. 폭로가 되지 않거나 피해자가 2차적 트라우마를 피하기 위해 고발하지 않은 사건들이 얼마나 많을지는 알 수 없다.

목회자의 성적 비리는 한국이라고 다르지 않다. 한국 기독교 언론인 뉴스앤조이는 지난 10여 년간 목회자의 성 비리를 파헤치고 보도하며 이 문제의 심각성을 알려 교회 전체가 대책을 마련하라고 호소해 왔다. 그러나 교계의대책은 문제를 놓고 논의만 할 뿐 확실한 실천은 없었다. 교단에는 주로 목사들이 권력을 잡고 있어 목사들의 비리에 대한 조사나 조치가 미온적이고, 희생자들을 위한 아무런 대책이나 조치가 없었다고 한다. 희생자들은 실망하고 상처 입고 교회를 떠났다고 하는데 이것은 이타적인 예수님의 가르침과 정반대 되는 일이다.

물론 성범죄로 문제를 일으킨 목회자는 극소수이다. 실제로 내가 아는 목사님들은 하나같이 겸손하고 도덕적으로 훌륭한 분들이다. 소수의 성 비행 목사들 때문에 기독교가 수치스러운 누명을 쓰고 있다는 것도 사실이다. 이 문제를 해결하기 위해서는 목회자가되는 과정에서 인격의 결격 사유를 조사해야 하며, 인격 발달에서 어떤 요소들이 성 문제의 위험 인자가 되는지를 알고 있어야 한다.

교역자들의 성적 비행 문제도 전문가들의 자문을 구해 전체적인 해결을 모색해야 한다. 범죄 심리학, 사회학, 인격 발달을 공부한 심리학자, 정신과 의사, 교육 전문가, 통계 데이터 분석가 등의 자문을 얻어 연구해야 한다. 성범죄자에 대한 사례 분석과 희생자들의 사례 연구는 필수다. 그러나 내가 보는 관점에서 교계는 이 문제의 해결 방법을 모르고 목사들만의 능력으로 연구하며 논의하는 등의 대책을 세우고 있다. 종교의 범주 안에서 안쪽_insider_ 사고 방식에만 의존하고 밖에서_outsider_ 보는 견해를 모르기 때문에 해결책이 미흡하고 실효가 없다.

신과대학에서 학생들의 인격 발달과 성품에 대한 조사와 평가로 그들이 목회자가 되는 것이 적성에 맞는지를 평가하고, 그 결과를 본인들에게 알려 앞길을 확인할 기회를 주는 것을 추천하고 싶다. 그리고 교육과 훈련기간 동안 충동 조정과 대인관계에 결함이 있는지를 알아보는 조직화된 수련 제도 역시 필요하다. 전도사로 목회 수련기간 동안에 담임 목사의 감독으로 그들의 인격이나 성품에 하자가 있으면 이를 바르게 인도하는 구체적인 감독 지침 메뉴얼이 있어야 한다. 목회의 핵심은 건전한 인간관계다.

Chapter 13

인간성의
완성

긍정심리학의
등장

미국 심리학회는 2000년을 긍정 심리학 원년으로 선언했다. 이에 앞서 미국의 감리교 목사인 노먼 빈센트 필*Norman Vincent Peal*은 『긍정적 사고의 힘*The power of Positive Thinking, 1952*』이라는 저서로 베스트 셀러 저자가 되었다. 심리학에서는 꾸준히 긍정적인 힘이 인간의 고통과 질병과 장애를 예방시켜 준다는 전제를 갖고 긍정성을 연구해 왔다. 오랜 연구 끝에 21세기에 들어서면서 인간 자신이 갖는 조정 능력에 대한 믿음과 앞날에 대한 낙관적인 태도가 신체 질환이나 정신장애로부터 인간을 보호해 준다는 확신을 갖게 되었다*Caroline Taylor, 2000*. 급기야는 미국 펜실베니아 대학교 심리학과 마틴 셀리그만*Martin Seligman* 교수는 미국 심리학회 회장이 되면서 긍정 심리학 센터를 설립하여 오랫동안 비정상의 심리 연구에 파묻혔던 과거에서 탈피하고 정상과 정상 너머*beyond the baseline*의 심리 연구로 방향을 바꾸었다. 그 결과 목표 지향적 사고, 희망 증진 훈련, 주체적 사고, 주관적 웰빙, 의미 만들기 등 실제로 긍정력을 삶에 적용시킬 수 있는 다양한 방법들이 등장하였다. 모든 긍정적 힘을 종합한 새로운 웰빙 증진 프로그램은 자존감*self-esteem*을 높여 주고 자신의 조정 능력에 대한 자신감이 생기도록 유도하고 인간이 보유하고 있는 저항력이나 복원 탄력*resilience*을 동원시켜 질병 치유에 도움을 준다는 것이다. 나아가 자신에 대한 부정적 감정 즉, 열등감이나 죄책감도 긍정적 사고의 힘으로 처리할 수 있다.

긍정심리학의 기본은 인간성*humanity*이다. 이는 궁극적 현실 *Ultimate Reality*을 인간성의 완성으로 보는 종교와도 맥을 같이한다. 종교를 인간 심리의 긍정성과 연결시킨 예로 미국 텍사스의 본거지를 두고 현재 세계 10여 개국에서 수천만 명이 매주 시청하는 조엘 스콧 오스틴*Joel Scott Osteen* 목사의 텔레비전 설교를 들 수 있다. 그의 설교는 하나님의 사역을 인간이 가진 긍정적인 힘으로 이루자는 내용이다. 사용하는 언어도 쉬워 알아듣기도 편하다. 듣는 이들의 가슴은 희망으로 벅차오르며 하나님의 사랑을 실감하기에 이른다.

종교뿐만이 아니다. 우리는 긍정을 강조하는 문화에서 살아 가고 있다. 우리는 다양한 공동체를 이루고 살면서 구성원들의 행복과 만족을 공동 목표로 삼고 있다. 오늘의 회사나 기업들은 모두 앞날에 대한 비전을 갖고 있다. 직원들의 만족을 중요시하고 상업은 소비자의 만족을 우선시한다. 회사원들의 참여 의식을 높이고 항상 그들의 피드백을 받으며 각자의 참여 의식과 자율성을 존중한다. 구성원 개개인의 자기계발과 성장을 적극 권장하며 이를 지원해 준다. 경영을 공개하고 투명성을 보장한다. 오늘의 리더십에서 빼놓을 수 없는 것이 인간성이다.

불행하게도 우리가 사는 세상에는 긍정적인 문화에 역행하는 비리와 부패 그리고 혼란스러운 거짓 정보들이 난무한다. 부정적인 조작들은 시끄럽고 자극적이고 가시적이어서 쉽게 사람들의 관심을 끌게 된다. 그러나 인간의 긍정적인 힘은 잘 보이지 않지만 쉬지 않고 움직이고 있고 그 힘이 인류의 희망이다.

나는 기독교인으로 교회의 공동체 생활을 통해 많은 지지와 도움을 받았다. 일찍 부모님을 잃고 6·25 사변으로 유일한 재산인 집이 파괴되어 어려웠던 시절 우리 형제들의 안식처는 교회였다. 우리 4남매는 교회에서 자랐다고 해도 과언이 아니고 동료 교인들에게서 많은 위로와 격려와 도움을 받았다. 교우들의 유대와 따뜻한 지지로 어려움을 견뎠고 그들의 격려로 신뢰와 자존감을 유지하여 우리가 고생한다는 생각 없이 자랐다. 사랑이 있는 공동체 안의 유대가 어려움을 극복하고 회복 탄력을 뒷받침하는 데 큰 힘이 된 것이다. 인간이 실존 위협으로 무기력해지는 것은 외로움과 불안과 두려움 때문이다. 우리가 그 외로움과 두려움을 잊고 버틸 수 있는 것은 우리 마음에 긍정적 방어기전이 있고 나아가 외로움과 두려움을 극복하기 위해 공동체의 삶에서 서로 기대어 살도록 하나님이 인간을 사회적 동물로 창조하셨기 때문이다. 교인으로 교회에 가는 것이 예수님의 가르침을 배우고 하나님을 경배하는 목적도 있지만 나에게는 사랑의 가족인 믿음의 공동체가 나의 영혼의 안식처이기 때문에 교회를 사랑한다. 인간성이 깃든 교회가 살아가는 이들에게 희망과 위로를 주는 것이다. 그래서 여러 조사 통계가 말해 주듯 종교가 있는 사람들이 없는 사람들보다 삶에 대한 행복 지수와 만족도가 높다. 이것이 교회 공동체가 갖는 긍정적인 힘의 결과라고 생각한다. 질병에 관한 통계로 봐도 신앙공동체에 속한 사람들이 중한 병에 걸렸을 때 회복이 빠르고 예후도 좋았다는 보고가 있다. 이런 현상이 어려움을 같이 나누고 위로와 상호지지를 하는 지지적 공동체가 가지고 있는 인간성의 측면 때문이라고 생각한다. 하나님은 인간을 창조하실 때 인간들이 더불어 같이 살 수 있게 사회적 뇌를 준비해 주신 것이다.

한국의 기독교가 이 귀한 하나님의 유산을 알고 있는지 모르겠다. 하나님이 주신 치유력과 회복력과 우리의 삶을 토대로 행복하게 살 수 있는 기초를 마련하고 있는지도 궁금하다. 이 귀한 유산을 사용하여 삶에서 만나는 역경이나 질병을 다루고 회복하는 책임이 우리에게 있다. 이 긍정적인 힘들을 십분 이용하고 스스로 노력하면서 하나님께 도움을 청하는 것이 건전한 신앙이다. 진인사대천명盡人事待天命 할 일을 다하고 하늘의 명을 기다린다.

신화와 은유의
성경

구약성경은 기원전 13세기부터 기원전 5년까지 인간과 하나님과의 관계를 신화적 사고 방식으로 쓴 이야기 책이다. 불트만을 비롯한 많은 신학자들이 주장하고 있는 사실이다. 창세기 1~2장은 고대 히브리족의 신화에서 유래된 이야기고, 모세가 노예로 잡혀 있던 이스라엘 민족을 해방시킨 출애굽기도 역사가들은 사실로 인정하지 않는다. 고대 이집트의 역사는 물론 기타 동시대 인접국의 사료에도 출애굽기 내용에 해당되는 기록을 찾아볼 수 없다. 오늘의 역사학과 신학에서는 구약성경 일부가 신화라는 것에 이의를 제기하지 않는다.

신약성경 중 4복음도 기원후 40년경에 쓰인 복음 이전 자료Q, M, L, 토마 등 중에서 적절치 않은 것들은 거르고 저자들이 복음서로 정리했다는 주장도 있지만 이에 반하는 이론들도 많다. 예수님 12제자 중 요한과 마태는 4복음의 저자이고 복음서는 서기 70~100년 사이에 쓰였다고 한다. 그러나 마태와 요한이 저자라는 것을 부정하는 학자들도 있어 신약성경은 제자들이 쓴 것이 아닐 수 있다. 사도 바울의 고린도 전서가 4복음에 앞서 서기 55년에 바울 자신이 썼기 때문에 역사적으로는 더 믿을 만하다는 것이다. 복음서는 적어도 기원 후 70년 이후에 쓰였기 때문에 모두가 기억의 자료에 의한 것이고 예수님 생존 시 누가 기록한 것은 아니다.

원래 구약성경은 히브리어와 아람어Aramaic로 쓰였고 약성경은 희랍어로 쓰였는데 중세의 성경은 라틴어 번역본만 교회의 인정을 받았다. 종교 개혁 후에 마틴 루터가 성경 전체를 독일어로 번역하고 나서 오늘날까지 704개 언어로 번역되었다. 번역하는 과정에서 원서와 뜻을 일치시키는데 차질이 생기기도 하고 성경의 저자들이 살았던 시대의 문화적 배경에서 저술한 내용 중 현대에 맞지 않는 것들도 있어 각 번역본은 여러 차례 편집한 성경이다. 또한 성경 학자들은 초대 기독교가 유태교와의 관계가 소원해지는 것을 염려한 흔적과 반대로 유태교 전통에서 벗어나려는 움직임도 엿볼 수 있다. 사도 바울은 유태교의 야훼 하나님과 예수님을 연결시켜 두

분 다 하나의 하나님으로 고백하기 위해 애썼다. 예수님이 하나님의 아들이고 그 귀한 외아들이 죽어야 인류의 구원이 있기에 희생양으로 세상에 보내셨다는 자비로우신 하나님의 사랑은 상식적으로 이해가 어렵다. 이해가 안 된다는 것은 비단 오늘의 문제가 아니다. 성경은 원래 유태인이 유태인을 대상으로 쓴 하나님에 관한 이야기 책이기 때문에 유태교 전통을 잘 알고 있어야 이해가 쉽다. 구약성경의 하나님은 철저하게 유태 민족의 하나님이다.

성경에 쓰인 내용들의 진위에 대해서 서기 200년경부터 논란이 있었고 쓰인 구절의 은유적 뜻을 해석하는데도 이견들로 충돌이 끊이지 않았다. 따라서 이런 우여곡절의 과정을 거친 오늘의 성경을 글자 그대로의 역사적 사실로 믿는 것은 상당히 무리한 일이다. 고문古文과 다의어로 쓰인 성경 구절들과 내용에서 오늘의 상식으로 받아들일 수 없는 구절들은 하나 둘이 아니다. 예수님의 말씀에는 은유와 예화가 많아 가진바 뜻을 찾고 해석하기 때문에 해석들이 다를 수 있고 누구의 해석이 옳다고 판단할 수 없어 각자 나름대로의 해석들이 다 옳다고 할 수밖에 없다.

상식으로
이해하기

성경에 인간의 죽음에 대한 구절들은 많으나 구체적으로 죽음
이 어떤 것인지에 대한 설명은 없다. 영생에 대한 말씀은 성경 여
러 곳에 기록되어 있으나 영생 자체에 대한 말씀은 없다. 죽음을
경험해 본 사람 없고 죽어 보지 않고서야 죽음이 어떤 상태인지 설
명할 수 없기 때문이다. 창세기에는 인간이 죽어야 하는 이유를 아
담과 하와가 하나님의 명을 어기고 하나님을 떠난 죄 때문이라고
기록되어 있다. 예수님의 죽음은 3일간이었고 다시 부활하셨으나
죽으신 동안 어떠했는지 남기신 말은 없다. 아담과 하와의 타락 후
약 4천 년이 지나 예수님이 이 땅에 오셔서 인간의 죄를 대속하여

십자가에서 숨을 거두시고 3일 만에 부활하시고 또 하늘에 오르신다. 이것도 끝이 아니다. 예수님은 다시 재림하셔서 인류가 구원받고 영생을 얻는다. 이 죽음과 구속과 영생의 연결이 없으면 기독교는 없다.

구약성경에나 예수님 제자들의 기록에는 죄의 구속에 대한 구절들이 여러 곳 있다. 하지만 4복음서에는 예수님이 직접 자신이 인간의 죄를 대신하는 희생양으로 죽으려고 이 땅에 왔다는 구절이 없다. 신약성서에서 예수님은 하나님이 원대한 사랑이시고 우리는 하나님의 귀한 아들 딸로 구원을 약속하셨다는데 구약성경에는 하나님의 참혹한 처벌을 묘사하는 구절이 무려 1천 곳에 실려 있다.

고대 이스라엘 사람들은 전통적 의식으로 깨끗한 어린양을 속죄의 재물로 제단에서 태우는 의식이 있었다. 이것은 무언가가 희생됨으로써 내가 저지른 잘못을 잊게 해 주는 의식이라고 한다. 내가 지은 죄를 어린 양이 대신해서 희생하는 것이다. 하나님도 아브라함에게 그의 귀한 아들 이삭을 희생물로 죽여서 제단에서 불태우려 하셨고 아브라함은 순종하여 이삭을 제단에 올리고 실제로 죽이려 했다. 물론 결말은 천사가 이를 말려 아브라함이 하나님을 두려워하는 것을 아셨다고 그를 축복하셨다는 이야기로 끝난다 창세기 22:1-19. 이 구절로 미루어 하나님이 인류를 구원하기 위해 사랑하는 독생자 예수를 이 땅에 보내시고 희생양으로 십자가에서 죽은 것도 같은 맥락의 이야기로 들린다. 그러나 4복음에는 예수님 이 희생양으로 오셨다는 구절은 없다. 단 한곳에 예수님의 죽음이 인간의 죄와 관련해서 유익하다는 말씀만이 있다.

> 내가 너희에게 말하노니 내가 떠나가는 것이 너희에게 유익이라. 내 가 떠나가지 아니하면 보혜사가 너희에게 오시지 아니 할 것이요, 가 면 내가 그를 너희에게 보내리니 그가 와서 죄에 대하여, 의에 대하 여, 심판에 대하여 세상을 책망 하시리라. (요한 16: 7-8)

이 구절은 예수님이 이 세상에 오신 목적과 떠나신 후에 보혜사 로 구원과 심판의 날에 다시 오신다는 뜻으로 이해된다. 여기에서 또 이해가 안 가는 것이 있다. 보혜사가 성령을 뜻한다면 3위 일체 로 성령과 하나님과 예수님은 하나의 하나님인데 어떻게 "내가 그 를 너희에게 보내리니"라는 표현이 가능한지 모르겠다. 어떤 목사 님이 보혜사 성령은 하나가 아니라 여럿이라고 설명하는데 이것은 정통신학에서 봐도 이단적 가르침이다.

로마서와 고린도 전서는 바울이 쓴 편지다. 여기에 예수님이 우 리를 위해 죽으셨다는 것과 아담 한사람의 죄 때문에 우리 모두가 사망하게 되었다고 기록되어 있다.

사망이 한 사람으로 말미암았으니 죽은 자의 부활도 한 사람으로 말미암은도다. 아담 안에서 모든 사람이 죽은 것 같이 그리스도 안에서 모든 사람이 삶을 얻으리라. (고린도 전서 12: 21-22)

그러므로 한 사람으로 말미암아 죄가 세상에 들어오고 죄로 말미암아 사망이 들어왔나니 이와 같이 모든 사람이 죄를 지었으므로 사망이 모든 사람에게 이르렀느니라. (로마서 5: 12)

사도 바울은 아담으로 인해 죄가 세상에 들어왔고 이로 인해 사망이 같이 들어와 우리 모두가 죽는다고 하였으나 이로서 끝나는 것이 아니라 그리스도로 안에서 모든 사람이 삶을 얻는다고 하였다. 아담으로 인해 모든 사람이 죽어야 하나 그리스도 안에서 모든 사람이 삶을 얻는다는 것은 예수 믿는 사람만 삶을 얻는 것으로 생각된다. 그렇다면 믿지 않는 우리 이웃들은 삶을 얻지 못하게 되는 것이다. 그리스도 안에서 모든 사람이란 모든 인류를 뜻하는 것이기를 진심으로 바란다.

예수님이 직접 원죄에 대해 말씀하신 것을 찾지는 못했으나 원죄설과 맞지 않는 말씀을 하신 기록은 있다.

이르시되 진실로 너희에게 이르노니 너희가 돌이켜 어린아이들과 같이 되지 아니하면 결단코 천국에 들어가지 못하리라. (마태 18: 3)

사람들이 예수께서 만져 주심을 바라고 어린아이들을 데리고 오매 제자들이 꾸짖거늘 예수께서 보시고 노하시어 이르시되 어린아이들이 내게 오는 것을 용납하고 금하지 말라 하나님의 나라가 어린 자의 것이니라. 내가 진실로 너희에게 이르노니 누구든지 하나님의 나라를 어린아이와 같이 받들지 않는 자는 결단코 그곳에 들어가지 못하리라. (마가 10: 13-15)

인간 모두가 죄인으로 태어났다면 어린아이들도 죄인이다. 그러나 예수님은 하나님 나라가 어린 자의 것이라고 하셨다. 그렇다면 어린아이는 죄가 없는 것이다. 아이들은 아직 세상 때가 묻지 않아 순진하고 죄가 무엇인지 알지 못하다가 자라서 옳고 그름을 판단하게 된 후 의도적으로 죄를 지으면 죄인이 되는 것이 상식이다. 예수님이 하신 말씀이 원죄설과 잘 맞지 않는다. 나는 인간이 모두 불완전하게 이기적으로 태어나기 때문에 어린아이도 죄를 범할 수 있는 죄성은 있다고 생각한다. 다만 사회생활에 익숙치 않고 경험이 없어 세상 때가 묻지 않은 아이들은 천국에 갈 수 있다는 말씀인 듯하다. 이 말씀만 보면 예수님은 원죄설이나 구속사를 부인하는 것 같다. 인간이 날때부터 죄인이라는 낙인이 찍힌다면 이는 인간의 존재의 가치를 낮추고 자기감sense of self에 상처를 주는 견해다. 예수님은 반대로 모든 인간을 평등하게 존중히 여기시고 죄인들을 구원해 주셨다.

나는 교회에서 모두를 죄인으로 칭하는 것에 거부감을 느낀다. 우리 모두를 죄인으로 낙인 찍어 저자세와 순응의 자리에 두어 하나님을 두려워하고 교회나 성직자의 권위로 신도들을 조정하려고 만든 인위적인 장치이라는 생각을 버릴 수 없다. 성경에 예수님이 아담과 하와의 타락으로 인간이 죄인이라고 말씀하신 구절이 없거니와 인간의 죄를 사하기 위해 이 땅에 오셨다는 말씀도 없다. 사도 바울이 옥중에서 썼다는 골로새서에도 십자가의 피로 화평을 이루었다고 쓰여 있을 뿐이다.

> 그의 십자가의 피로 화평을 이루사 만물 곧 땅에 있는 것들과 하늘에 있는 것 들이 그로 말미암아 자기와 화평하게 되기를 기뻐하심이라.
>
> (골로새서 1: 20)

예수님은 인간으로 사시고 인간성을 완성하신 분이다. 누구를 죄인이라고 하지도 않으시고 저지른 죄는 우리 인간끼리 용서하라고 가르치셨다. 자기의 죄를 회개하고 다시 거듭나는 것을 구원이라 하셨고 이 회개가 있어 용서가 가능한 것이다. 죄를 지으면 하나님의 단죄로 지옥에 보낸다는 것은 예수님 말씀이 아니고 인간이 하나님을 두려워하도록 만들어낸 이야기다. 예수를 믿고 세례를 받아야 죄로부터 자유로워지고 구원이 있다는 것도 예수님의 가르침이 아니다.

성경의 저자들이 예수님을 신격으로 성화시켜 인간적인 모습이나 일화들은 대부분 성경에 기록되지 않았다. 그러나 예수님의 인간성이 돋보이는 구절들이 있다. 간음한 여인을 돌로 쳐 죽이려 하는 무리들에게 너희는 죄가 없어 감히 남의 죄를 판단할 자격이 있냐고 물으시고 여인을 구하셨다. 로마를 위해 세금을 거두고, 미움 받으며, 키도 작았던 경계적marginal 존재인 삭개오Zacchaeus에게 너의 집에 내가 머무르기로 되어 있다 하시고 그를 포용하신 예수님이다. 집안 일을 돕지 않고 자기가 하고 싶은 짓만 하는 동생 마리아에게 집안 일을 도우라고 꾸짖어 달라는 마르다의 요청에 예수님은 오히려 마리아의 개성을 칭찬하셨다. 몹시 시장하시고 목도 마르셨고 화도 내셨고 사랑하는 이를 잃은 상실의 고통을 같이 슬퍼하셨다. 당시 여성을 비하하던 가부장적 시대에 예수님을 따르던 젊은 여인들과 어울리셨고 어린아이들을 귀여워하는 것을 즐기셨다. 이런 인간적인 예수님을 성경 저자들이 오로지 신화적 사고를 통해 신격으로 묘사했기 때문에 예수님의 인간성이 성경에 기록되지 않았다고 생각한다. 예수님은 우리와 같은 인간으로 사시고 인간으로 죽으셨다. 나는 예수님의 가르침을 인간성의 완성full humanity으로 보기 때문에 예수님을 스승으로 따르고 주님으로 모신다.

인류역사에서 기독교는 찬란한 기독교 문화로 빛났고 많은 선한 사업으로 세상에 빛과 소금의 역할을 감당했다. 그러나 오늘의 기독교는 모든 면에서 세상에 뒤처져 있으며 하나님만 찾고 우리가 인간임을 잊고 있다. 나는 하나님과 인간 양립의 자세로 예수님의 가르침을 따라 모든 인간이 인간성 완성을 위해 새롭게 거듭나는 것이 하늘나라를 이땅에 이루는 길이라고 굳게 믿는다. 성경에 있는 말씀에만 의존할 것이 아니라 문을 열고 세속적인 지식과 대화를 나누어 종교 범주의 유일한 렌즈로 보는 편향적인 세계관을 교정해야 한다.

인간을 죄인으로 낙인 찍고 천국과 지옥 프레임으로 사후의 삶을 약속하는 신앙은 무너진 지 오래다. 사제들이 전통으로 이어받은 권위를 이용해 신도들을 죄인의 자리로 낮추어 조종하던 시대도 지난 지 오래다. 예수님은 제자들과 포도주와 떡을 나누시며 이야기 나눈 공동체를 교회의 원형으로 보여 주셨다. 산에서 들에서 서민들의 집에서 그리고 먼지 덮인 유대 땅길을 샌들 신고 걸으시면서 예수님은 사랑을 가리치셨다. 부활하신 후 제자들에게 "내가 먼저 가 있을 테니 갈릴리로 오라"고 하셨다. 화려한 성전이 있는 예루살렘이 아니라 가난한 서민들과 병자들이 모여 살던 갈릴리로 오라고.

Chapter 14

침묵

침묵의
역사

침묵이란 할 말이 없거나 마음속에 말할 것이 있어도 말을 하지 않는 상태이다. 그러나 침묵 상태가 품고 있는 뜻은 헤아릴 수 없이 많다. 우선 말이 없다는 것 자체가 문제될 수 있다. 무無라는 뜻은 상대적 표현인 유有를 전제로 하고 절대적인 무라는 것은 우리의 의식이나 감각으로 포착되지 않는다. 진공상태가 공백을 연상시키지만 우주 공간이 아니고서야 우리가 사는 세상 어디도 자연적 진공상태가 아니기 때문에 소리가 나기 마련이다.

소리가 나려면 공기가 있어야 하고, 물체가 진동을 일으켜야 한다. 진동을 일으키려면 에너지가 있어야 하고 그 힘으로 진동과 음파가 만들어지고 이것이 공기의 매개로 전해져서 고막에 도달하게 된다. 이 음파를 코딩해서 뇌가 받아들여 해석하면 소리임을 인식하게 되는 것이다. 그래서 진동이 있어도 이를 매개하는 공기가 없으면 우리는 듣지를 못하고 침묵으로 인식한다. 이때 140억 년으로 알려진 우주의 출현 이전이 완전한 무였는지 궁금하다. 실제로 여러 학자들이 오랫동안 논의해 왔지만 아직까지는 명확한 답이 없다.

한 없이 먼 옛날 우주가 탄생할 때 프로톤*proton*이나 헬륨*helium* 같은 분자들이 열을 형성하고 또 자력 에너지를 만들면서 세월이 흐르다가 단일 세포가 생기고 이것이 증식하여 살아 있는 유기체를 형성한다. 이 미세 분자들이 자력의 에너지로 진동했을 때 분명 소리가 될 수는 있으나 적절한 매개체는 없었을 것으로 보아 감지할 수 있는 '소리'는 없었을 것으로 추측된다. 방대한 우주는 영원에 가까운 긴 세월 동안 침묵이었다.

약 1백 30억 년 전에 있었던 것으로 알려진 빅뱅도 무슨 폭발이 있어 큰 소리가 난 것이 아니다. 우주 일부의 고밀도 상태가 갑자기 고온도 상태로 팽창하면서 대규모 구조물들이 생긴 현상을 말한다. 당시 엄청난 팽창이 일어났지만 소리는 없었다. 빅뱅이라는 표현이 마치 폭발이 있어 큰 소리가 난 것을 의미하는 것 같지만 폭발음은 없었다.

언어가 발달하기 이전의 인류는 동물처럼 소리를 내서 감정이나 생각을 전하려고 했을 것이다. 언어로 치면 침묵이었다고 해도 과언이 아니다. 그리고 역시 언어가 생기면서 인간이 사는 곳은 시끄러워졌다.

고고학자들이 인정하는 인류의 기원은 약 2백만 년 전이고, 언어가 생긴 것은 약 5만 년 전으로 추측하고 있다. 인간이 발성으로 낸 언어가 생길 때까지 긴 세월이 흘렀다. 부락을 형성하고 공동체 생활을 하면서부터는 서로 의존하지 않으면 생존이 불가능해진 탓에 창조주가 준비해 준 사회적 뇌*social brain*와 언어 중추인 브로카 영역*Broca's area*이 발달하여 언어 소통이 가능해졌다. 농경사회로 들어서 인류가 크게 발전할 수 있었던 것은 이 사회적 뇌와 언어중추의 공헌이 크다. 모든 식물과 동물들이 강한 생존력을 가지고 태어나지만 인류만이 생존력과 더불어 사회적 뇌와 언어중추와 고차원의 사고와 감정을 담당하는 큰 뇌를 타고났기에 만물의 영장이 된 것이다.

유적에서 발견한 것을 근거로 제일 오래된 문자는 기원전 6천 년경 남부 이탈리아 다뉴브강 근처에 살았던 빙카족*Vinca*이 쓰던 상형문자가 있다. 기원전 2천 년경 메소포타미아의 수메르족

*Sumerian*과 이탈리아 피케네족*North Picane*들이 쓰던 문자가 알려져 있다. 문자가 아닌 고대 언어로는 이탈리아 에트루리아족*Etruscan*과 스페인의 바스크어족*Basque*의 언어와, 메소포타미아의 엘람어*Elamite*와 이탈리아의 시클라족*Sicel*의 언어가 있었다. 기원전 500년 전 이탈리아 북부 라에티아족*Raetic*이 쓰던 문자가 유적에서 발견되었고 고대 이집트에서 쓰던 표음문자는 기원전 2690년으로 추산된다. 언어와 글자의 발달은 각각 다른 지역에서 다르게 발달하였기에 지역 간의 소통이 문제가 되어 번역하고 통역하는 전문가가 생긴다.

우리는 절대 침묵 상태에서 시끄러운 세상에 태어났다. 정자와 난자가 수정해서 태아가 되고 태어나서부터는 소리를 듣고 말을 배우고 글을 배워서 소통하다가 일생을 살고, 살다 죽으면 다시 침묵의 무無 상태로 돌아간다. 우리는 침묵과 암흑에서 왔고 다시 그 상태로 돌아간다. 이제 그 사이 즉, 우리가 살아 있는 동안에 침묵이 어떤 의미가 있는지를 생각해 보겠다.

침묵에 관한
옛이야기들

우리가 알아볼 수 있는 고대 언어 중 하나가 그리스어다. 고대 그리스시대의 유적에 새겨진 글에서 침묵이 어떻게 쓰였는지를 고대의 시나 연극 같은 여러 장르에서 찾아볼 수 있다. 호머*Homer*의 서사시 일리아드*Iliad*의 주인공 이타카의 왕 오디세우스*Odysseus*의 트로이 전쟁 이야기에 이런 것이 있다.

혼자 침묵으로 기도했다. 그러므로 트로이(Trojan)가 듣지 못했을 것이다.

기도를 했다니까 종교적인 뜻이 있고 당시에도 기도는 소리나는 말로 한 모양이다. 여기에서 침묵의 기도가 된 것에는 의도가 있다. 기도하는 소리를 트로이에게 알리지 않기 위해서다. 혼자 침묵으로 마음속에서 하는 묵념이라는 뜻이 아니라 기도의 내용을 트로이가 알 수 없도록 침묵을 강조한 것으로 보아 그 침묵은 긍정적이다. 그러나 침묵을 부정적인 표현으로 묘사한 글이 더 많다.

> **오디세우스. 왜 음식이나 마시는 것 하나도 건드리지 않고 마치 벙어리 같이 앉아있느냐?** (Odysseus. Why do you sit there like a dumb person, eating your heart out, without touching food or drink?)

오디세우스가 태양의 왕 헬리오스의 딸인 키르케*Circe*를 그녀의 섬으로 찾아갔을 때 환대를 받는 자리에서 차려놓은 음식과 포도주를 입에 대지도 않고 말 없이 앉아 있으니 키르케가 이상하게 생각해서 한 말이다. 음식도 입에 대지 않고 말이 없고 묵묵히 앉아 있는 오디세우스를 언어 장애인이라고 칭한 것은 부정적으로 읽힌다. 이 표현은 무능하다*impotence*, 항복하다 그리고 손님이 될 자격이 없다는 뜻으로 해석된다.

또 하나의 예는 일리아드의 트로이와의 전쟁에서 그리스 군대의 병사들이 상관의 명령에 무언으로 따라가는 구절이다. 여기에

402

서 병사의 침묵은 군대라는 집단 공동체에 속하는 하급 군인과 그의 상관과의 관계에서 졸병이 반드시 상관에 따라 무조건 명령에 복종해야 하는 자세로 묘사된다.

다음은 고대 신神의 침묵이다.

> 제우스(Zeus, 올림포스 산의 여러 신들의 主神)는 테이투스(Theitus, 희랍 신화에 나오는 물 또는 바다의 여신)의 기도에 즉시 응하지 않는다. 그래서 그 여신이 다시 애청을 하니 침묵으로 있다가 고개만 끄덕하고 응해 준다.

제우스 신의 침묵과 그 침묵을 깨는 내적 심성의 움직임을 엿볼 수 있다. 즉 외적인 관계에서 밖으로는 내적인 결정을 침묵으로 보여 주었고 테이투스가 다시 간청하자 자기 안에서 결정한 침묵을 깨고 행동으로 응해 준다.

이 두 서사시에서 침묵은 다르게 개입된다. 언어적 소통의 가운데 침묵이 끼어드는데 그 기간의 장단, 침묵의 앞이나 뒤에 있는 정황에 따라 침묵의 역할이나 뜻이 달라진다. 언어가 발달하면서 소리로 시끄러워지고 소통이 빈번해지고 복잡하게 엉키면서 그 사이의 침묵은 다양한 뜻을 갖는다.

흥미롭게도 고대 이집트나 고대 그리스시대에 침묵과 비밀의 신으로 상징되는 조각과 동상들이 있다. 이집트 신화에 나오는 호루스는 이시스와 오시리스의 아이였다. 당시 이집트인들은 성인이 된 호루스를 태양과 승리의 신으로 믿었다. 그런데 호루스가 아이였을 때는 이름이 하르포크라테스였고 후에 그를 침묵과 비밀의 신이라고 믿었다. 어린아이 하르포크라테스의 동상을 침묵의 신이라고 부른 것이다.

침묵에 대한
격언들

문자가 생기자 인간의 삶을 예술적으로 표현하여 다양한 의미로 펼치는 문학이 보편화되고 침묵은 작가들의 놀잇감이 된다. 소설이나 희곡에서는 작가가 침묵으로 이야기를 자르고 흐름을 깨고 독자의 상상을 연결한다. 그래서 이전 이야기 줄기에 대한 기억을 휴식 아닌 멈춤으로 처리한다. 희곡에서는 이야기의 절정에서 침묵을 막간의 휴식으로 삼지만 그것은 휴식이 아니다. 막간의 침묵이 청중들의 흥분을 달래고 또 다음 막에 대한 기대감을 높임으로 침묵의 개입은 작가들이 즐기는 놀이다.

의도적으로 말을 하지 않는 침묵이 갖는 의미는 크다. 침묵은 금이라는 격언도 있고 침묵이 대답이기도 하고 심지어는 침묵이 웅변이란 격언도 있다. 철학자나 시인이나 역사적으로 유명한 사람들도 침묵에 대한 격언을 많이 남겼다.

침묵이야말로 절대로 배반하지 않는 참된 친구다.   - 공자 -

침묵은 위대한 힘의 근원이다.   - 노자 -

모든 미덕 중에 침묵을 택하라. 그런즉 스스로 다른 사람들의 결점을 듣게 되고 너의 결점을 감출 수 있다.

- 조지 버나드 쇼 -

인간 교제에서 비극의 시작은 말을 했을 때 생기는 오해보다는 침묵을 이해하지 못하는 경우에서 비롯된다.

- 헨리 데이비드 도로우 -

모든 것에 놀라운 효험이 있다. 어둠과 침묵에도, 그래서 내가 어떤 상태에 있는지 배울 수 있고 그러므로 만족할 수 있다.

- 헬렌 켈러 -

창조된 모든 것이 침묵에서 온 것이다. 사고(思考)는 침묵의 공백에서 나왔으며 언어는 공허(空虛)로부터 온 것이다. 너의 본질도 비움에서 온 것이다. 모든 창의력은 고요한 정적(靜寂)이 필요하다.

- 웨인 다이어 -

침묵은 가장 완전한 기쁨의 고지자다.　　　　- 윌리엄 세익스피어 -

말로 실패했을 때 침묵이 종종 완벽한 결백과 무죄를 설득시킨다.

- 윌리엄 세익스피어 -

절대로 말로 무리하지 말고 침묵을 지켜보라.　　- 윌리엄 세익스피어 -

나의 비애는 모두 안에 있다. 밖으로 나타나는 슬픔의 방식들은 고뇌하는 영혼 안에서 침묵과 더불어 부풀은 보이지 않는 애도의 그림자일 뿐이다.　　　　- 윌리엄 세익스피어 -

마음의 평정이 침묵이다.　　　　- 윌리엄 세익스피어 -

하나님은 침묵의 친구다. 자연을 보라 - 나무, 꽃들, 풀들 - 침묵에서 자란다, 별들을 보라, 달과 태양, 지금 침묵에서 움직인다. 우리가 영혼들과 접촉하려면 침묵이 필요하다.　　　　- 테레사 수녀 -

테레사 수녀는 하나님이 침묵의 친구라고 말했다. 그리고 영혼과 통하려면 침묵이 필요하다고 강조하며 종교성을 시사하고 있다. 침묵이 우주적 하나님 안에 내재되어 있다는 뜻이다. 신학에서는 침묵을 신학적 탐색의 도구나 하나님과의 접촉 단계로 논하고 있다.

일본의 엔도 슈사쿠 역시 저서 『침묵』에서 침묵을 통한 하나님의 사랑을 미학적으로 묘사하고 있다. 하나님과 하나님의 사랑은 인간이 말로 표현하고 집약할 수 없으니 하나님의 사랑 역시 말이나 감정 아닌 침묵의 아름다움이다.

성경과
침묵

성경에는 드물게 시간대를 건너뛰는 공백이 있다. 창세기 16장 끝머리에 "하갈이 이스마엘을 낳으매 아브람이 하갈이 낳은 그 아들을 이름하여 이스마엘이라 하였더라. 하갈이 아브람에게 이스마엘을 낳았을 때에 아브람이 86세였다15~16." 그리고 계속해서 17장 첫머리에 "아브람이 구십 구세 때 여호와에게 나타나사 그에게 이르시되 나는 전능한 하나님이라 너는 내 앞에서 행하여 완전하라"라고 말씀하신다. 구절간 13년이 침묵이다. 물론 성경 창세기를 저자가 13년 동안 하나님의 계시가 없어 건너뛴 가능성도 있지만 어쨌던 성경으로서는 13년이 공백이고 침묵이다. 굳이 이를 해석한다면 13년 동안 하나님이 아브람에게 나타나셔야 할 이유가 없었던 것일지도 모른다. 또 한동안 아브람과 사라의 믿음이 약해져서 하나님을 경험하지 못했을 수도 있다. 삶이 너무나 행복해서 또는 살기가 바빠서 하나님을 잊고 있었는지도 모른다. 이 13년의 공백과 침묵에 대한 신학자들의 해석 중에 '하나님이 말씀하실 때는 말씀하실 뚜렷한 목적이 있다'는 설명이 주목할 만하다.

구약성경에는 하나님과 인간 사이에 오고간 언어적 소통이 빈번하다. 하나님의 음성을 인간이 들어야 이와 같은 기록이 가능하다. 출애굽기 제3장에는 하나님이 모세를 부르시는 말 그대로가 기록되어 있어 "모세야 모세야"라고 부르시고 "가까이 오지 말고 신을 벗으라"라고 하시고 모세에게 이스라엘 민족을 애굽의 노예 생활에서 구출하라고 명하신다. 이후 점차 하나님의 메시지를 전하는 예언자들이 활동을 하고나서는 직접 말씀하시는 경우가 줄어든다.

구약과 신약의 중간 400년은 기록이 없어 성경으로서는 침묵의 기간이다. 신약에 와서는 하나님의 아들 예수님이 이 땅에 오심으로 예언자가 없어지고 하나님의 음성은 예수님을 통해 직접 들을 수 있게 되었다. 따라서 신약전서에는 하나님의 말씀보다 예수님의 말씀 중심이다. 특히 4복음서에 예수님과 하나님이 직접적 대화를 나눈 기록은 없고 예수님이 하나님께 호소하고 기도하신 구절들은 있다.

그렇다면 예수님이 이 땅에 오신 후로 하나님은 침묵하셨는가? 이 질문은 예수님이 이 땅에 어떤 형태로 존재하셨나의 질문으로 연결된다. 예수님이 하나님이라면 예수님이 이 땅에 계시는데 별도로 하나님이 인간과 소통하는 것은 적절치 않다. 성경에 예수님이 겟세마네 동산에서 하나님에게 고난과 죽음을 면하게 해달라고 기도하시는 기록을 보면 그 기도는 인간의 기도였고 하나님은 침묵으로 일관하셨다.

> 조금 나아가사 얼굴을 땅에 대시고 엎드려 기도하여 이르시되 "내
> 아버지여 만일 할 만하시거든 이 잔을 내게서 지나가게 하옵소서 그
> 러나 나의 원대로 마시옵고 아버지의 원대로 하옵소서"
>
> (마태복음 26:42-44)

예수님은 이런 침묵에 인간적인 원한이 담긴 체념을 표현하신다.

> My Father! If this cup cannot go away until I drink it all. your will be
> done.

411

이 잔이 내가 다 마실 때까지 없어질 수 없다면 당신의 뜻이 이루어질 것이다. 비약인지 모르지만 "내가 죽음을 끝까지 피할 수 없는 것 이라면 당신의 뜻이 이루어진 것이다." 예수님은 '나의 원함'과 '당신의 뜻'이 다르다는 것을 분명히 하셨고 "인간이 피할 수 없는 죽음은 당신의 뜻이기에 할 수 없다"는 체념과 원망을 표현하셨다. 예수님의 기도에 대한 하나님의 반응은 침묵뿐이다. 끝까지 하나님의 응답은 없었다.

> 제 구시쯤에 예수께서 크게 소리질러 이르시되 '엘리 엘리 라마 사박다니' 하시니 이는 곧 '나의 하나님, 어찌하여 나를 버리셨나이까.
>
> (마태복음 27:46)

이 한스러운 최후의 외침은 하나님이 예수님을 버리신 것이 아니라 예수님이 인간으로 끝을 이루신 것이다. 하나님은 인간사에 개입하지 않고 오로지 침묵하신다.

신학자들은 이 구절들을 놓고 다양하게 해석하겠지만 한 가지 확실한 것은 예수님의 고난과 죽음의 과정에 하나님이 일절 개입하지 않았듯이 우리들의 삶에도 개입하시지 않으신다는 사실이다. 하나님이 아끼시는 유태 민족이 제2차 세계대전 당시 나치정권에 의해 민족 멸살genocide을 당했을 때도 하나님은 침묵하셨다. 하나님은 살아 있지만 침묵이다. 종교는 신과 인간의 관계를 말로 표현해야 하고 신이 인격체로 살아서 인간과 소통하는 관계라야 존재 가치가 있다. 아브라함의 하나님을 믿는 유태교, 이슬람교와 기독교는 하나님의 계시가 인류 역사에 나타난다는 확고한 징표로 성경을 믿는다. 비록 하나님의 계시가 귀에 들리지 않고 눈에 보이지 않아도 무언의 영적 계시를 믿는 것이다. 그래서 아무리 누가 신이 죽었다고 선언해도 종교는 인류 역사에서 사라지지 않을 것이다.

오늘 누가 하나님의 음성을 들었다고 하면 오해받기 쉽다. 인간은 꾸준히 하나님의 응답을 바라고 기도하고 기다리지만 응답은 없고 기대하다가 체념하고 포기한 후 오히려 마음이 홀가분해져 자유롭게 사는 것을 즐긴다는 고백도 있다.

2019년 중국에서 시작한 코로나 바이러스의 전염은 아직도 끝이 보이지 않는다. 그동안 수많은 종교인들이 이 병의 종식을 간청하는 기도를 드렸지만 역시 하나님은 침묵이다. 특별한 종교를 가진 나라들, 예를 들어 이슬람교가 국교인 카타르, 온 국민이 천주교 신자인 브라질, 유태교 종주국인 이스라엘, 개신교국인 유럽 나라들이 코로나 감염에서 오히려 감염자가 많았고 기독교가 없다시피한 일본이나 대만이나 중국은 감염자와 사망자가 적다. 코로나 감염은 종교와 관계없이 어디에나 침투하고 이것이 자연선택이고 현실이다. 인간과 바이러스 싸움에서 하나님은 인간 편을 드시지 않고 인간은 오로지 백신 개발과 거리 두기와 손 씻기로 스스로 보호하고 있다.

하나님은 어제도 오늘도 침묵이다. 물론 앞으로도 침묵이다.

Chapter 15

신에게
솔직히

과학의 발달이 가져온
종교적 변화

과학의 발달은 종교에 대한 큰 도전이다. 코페르니쿠스가 처음 지동설을 정리했을 때 종교계는 크게 반발했다. 후에 이를 다시 주장한 갈릴레이는 로마 교황청의 엄중한 경고를 받고 다시는 지동설을 주장하지 않겠다는 서약을 했다. 세월이 흘러 구텐베르크의 금속활자 발명으로 인쇄술이 발달하자 종교개혁이 시작되어 사제들이 독점하던 성경이 대중화되었다. 그 덕분에 종교개혁 신학을 책자의 형태로 신속히 보급할 수 있게 되었다. 갈릴레이가 천체 망원경을 발명1610년하면서 하나님의 거처인 천체의 별들의 움직임을 인간이 직접 보게 되고 뉴턴의 만유인력 법칙을 이끌었다. 또한 로버트 후커*Robert Hooke*의 현미경은 생물의 기초 구조인 세포의 발견에 다리를 놓았다. 콜럼버스의 아메리카대륙의 발견*1492*으로 미지의 세계에의 항로를 개척하여 유럽을 극적으로 확장하였다. 이러한 지식 발달의 거센 물결 속에서 서방교회에 개혁이 일어나 면제부나 연옥 혹은 교황의 수위권이 없는 개신교가 나타난다.

중세가 가고 계몽시대에 들어서자 지식과 과학의 발달을 근거로 종교를 연구하고 비판하고 성경의 역사적 증거를 논하는 시대를 맞는다. 기독교도 어려운 질문의 도전을 피할 수 없다. 하나님이 정말로 선하고 한결같이 자비로운 분이신가? 하나님의 아들이 물위를 걸으셨다니 그것이 사실인가? 예수님이 부활 후 40일 동안 활동하신 기록은 애매하고 예수님이 그렇게 급하게 승천하신 것은 무슨 까닭인가? 오늘날에는 불가능한 일이 어떻게 2천 년 전에는 가능할 수 있었던 것인가? 기독교인으로서는 듣기만 해도 불편해지는 어려운 질문들이다.

아주 먼 옛사람들의 사고는 신화적이었다. 그래서 성경에 기록된 신비한 내용들은 과학적인 사고를 하는 현대인에게는 설득력이 떨어진다. 하나님의 긴 침묵으로 신에 대한 인간의 신뢰가 무너지고 실존적으로 내가 필요할 때 나타나지 않는 하나님은 존재감을 잃어 있어도 그만 없어도 그만인 허상과 다름없다. 하나님을 신성하고 초자연적 존재로 숭배하고 찬란한 의식과 화려한 장식으로 오랜 세월 모셔 왔지만, 이제는 하나님을 두려워하고 환심을 사려는 인간의 자세가 점점 사라져 가고 있다. 이런 엄청난 시대적 변화에도 불구하고 종교는 크게 변하지 않는다. 서기 381년에 제정된 니케아신경은 그동안 약간의 표현 수정만 있었을 뿐, 예수님이 죽은 후 지옥에 내려가셨다는 9행의 구절을 제외하면 사고신경은 여전히 그대로다. 절대적인 진리는 변하지 않는다는 것이다.

왜 기독교는 과학과 역사를 인정하지 않고 옛 신앙을 고수하고 있을까?

신이 죽었다는 니체의 충격적 선언을 계기로 무신론자는 물론 일부 기독교인도 공개적으로 후종교post religion 후기독교post Christianity 이론을 펼치고 있다. 교회가 인간의 영적 삶에 방해물이라고도 한다. 하나님과 예수에 대한 역사적 연구가 활발하고 객관적 입장에서 연구한 역사적 저서들이 쏟아져 나온다. 대표적인 저서로 1993년에 카렌 암스트롱Karen Armstrong이 저술한 『신의 역사A History of God』, 2003년에 나온 『하나님에 대한 사례The Case for God』*가 있다. 하나님

---

* 국내에서는 『신을 위한 변론』으로 번역됨. 카렌 암스트롱 지음, 정준형 옮김. 웅진지식하우스. 2010.

에게도 역사가 있고 하나님이 사례 연구의 대상이 된 것이다.

대학시절, 우연히 한국에 주둔하던 미군 부대에나 미국 문화원에서 흘러나온 책자를 구입한 적이 있다. 나는 알베르트 슈바이처 _Albert Schweitzer_ 박사*를 존경하고 있던 터라 우연히 고서점에서 그의 저서를 보고는 구입하게 되었다. 책의 제목은『예수에 대한 정신과적 연구 _The Psychiatric Study of Jesus, 1948_』였고 "슈바이처 박사의 해석과 비판"이라는 부제를 갖고 있었다. 예수님을 정신과적으로 연구했다는 제목 자체가 충격이었다. 예수님에게 정신과적인 문제가 있었는지를 놓고 논쟁이 있었다는 사실이 놀라웠다.

그런데 사실 이것은 예수님을 열광적 _fanatic_ 이고 공상적 _quixotic_ 사고의 소유자라고 주장한 사람들이 있어 슈바이처 박사가 이를 반박한 짧은 논문이다. 데이비드 프리드리히 슈트라우스 _David Friedrich Strauss_ 라는 사람이 그의 저서『예수의 생 _1864_』에서 예수님이 메시아로 재림하신다는 것을 스스로 믿었던 예수님의 사고가 망상이라고 주장했다는 것이다. 그 후에도 세사람이 예수님 사고의 장애를 주장했는데 그 하나는 조지 로머 박사 _Dr. George Lomer_, 의사와 윌리함 허

---

* 슈바이처 박사는 전통적인 기독교 신학에 도전하고 역사적 예수를 연구한 선구자로 잘 알려져 있다. 신학자고 의사이고 오르간 연주자인 천재 슈바이처 박사는 20세기가 낳은 성인이다.

슈 박사*Dr. William Hirsch*, 뉴욕의 정신과 의사였다. 그리고 샬르 비네-샹글레*Charles Binet-Sangle*라는 프랑스의 군의관 출신 심리학자였다.

슈바이처 박사는 그의 논문에서 이상 네 사람의 예수님 정신병리 내용을 하나 하나 비판하고 그들의 주장을 반박하는 근거를 제시하였다. 특히 요한복음의 구절들을 근거로 예수님이 스스로 메시아라고 믿었다는 것은 잘못이라는 것을 비롯해서 겟세마네 동산에서 예수님이 보여 준 우울 증상, 광기의 세례 요한을 따르고 동조하신 것, 예수님이 들은 환청, 편집적 사고 등 완전히 예수님을 미친 사람으로 진단한 내용들을 조목조목 증거를 대며 잘못된 판단이라고 반박하였다. 정신과 의사로서 나 역시 예수님이 정신장애가 있었다는 것은 전적으로 잘못된 진단이라고 생각한다. 거론되는 예수님의 정신병리 중 어느 하나도 지금의 정신과 진단기준*DSM*에 근거해 정신장애로 진단할 수 없다. 슈바이처 박사의 비판대로 전문가가 아닌 의사나 심리학자가 자신들 유명세를 높이려는 목적으로 작성한 논문들이다.

나는 기독교 가정에서 태어나 유아 세례를 받고 주일학교를 다니며 교회를 떠나지 않고 살아 왔다. 하지만 수시로 나의 신앙은 흔들려 성경에 쓰인 일부 내용이나 교리가 믿어지지 않기도 했다. 죽음이 가까운 노인이 되고서도 나의 신앙은 불신앙의 그림자로 덮혀 있다. 그러나 이런 불신앙이 종교에 대한 의문으로 나를 인도

하고 종교에 대해 알아보고 또 고민하는 계기가 되었다. 나는 이와 같은 '불신앙의 신앙'으로 하나님과 항상 연결된 채로 살아 왔다. 때로는 새로운 깨달음으로 기쁨과 위로가 있을 때 하나님을 새롭게 만난다.

1967년 우연히 종로의 한 서점에서 존 로빈슨의 『신에게 솔직히 *Honest to God, 1963*』라는 소책자를 구매하여 읽었다. 읽으면서 나의 뇌가 맑아지고 묵은 체증이 뚫리는 것 같은 시원함을 느꼈다. 이 책을 구매한 이유는 내가 존경하던 고 현영학 교수가 번역한 책이었기 때문이다. 이분이 번역했다면 특별한 책일 것이라는 선입견이 있었다.

로빈슨은 영국 성공회 울위치 교구 주교로 교계 지도급의 인사였다. 이 책에서 주교의 신분으로 오늘의 기독교에 대한 날카로운 비판을 서슴지 않았고 그는 "종교 없는 기독교"를 주장했다. 현대 신학도 비판하면서 "세속적 인간에게는 세속적 신학이 필요하다"고 한다. 그는 전통적 기독교가 가지고 있는 하나님의 이미지는 없어져야 하고 하나님의 계시는 인간 문화 전반에 전달되는 것이지 종교와 교회에만 머무르는 것이 아니라고 주장하였다. 교회가 하나님의 절대성만을 믿고 사회 문화와 담 쌓는 배타적우월성에서 벗어나 이제는 땅으로 내려와야 한다는 나의 소신과 일치하는 내용들이다. 그의 용감하고 솔직한 고백은 당시 기독교 내에서 격렬한 비판과 반대를 받았고 더 이상의 주장을 삼가 달라는 충고를 받은 로빈슨 주교는 케임브리지 대학에서 강의만 하고 지내다가 암으로 사망하였다. 사실 로빈슨 주교의 파격적인 주장은 독일 실존주의 신학자들의 이론을 영국에서 대중화시킨데 불과하다는 평도 있다.

존 로빈슨 주교가 유럽 루터교 실존신학자들의 사상을 이어받았고 특히 폴 틸리히*Paul Tillich*, 루돌프 불트만*Rudolf Bultmann*, 디트리히 본회퍼*Dietrich Bonhoeffer* 등 튀빙겐학파 신학자들의 사상을 대중이 이해하기 쉽게 풀어서 세상에 널리 알려지게 한 것은 사실이다. 제2차 세계대전 시절 나치정권에 대항하고 투옥되었던 본 회퍼는 교회가 오랫동안 계승해온 기존의 특권을 버리고 자연의 개념을 포용하며 인문주의*humanism*와 타협해야 한다고 주장하였다. 그가 말한 세속화는 종교가 세상의 물질주의를 따라 돈과 권력으로 교세를 확장하자는 뜻이 아니다. 종교 본연의 가치를 속죄나 구원이나 사후 천국가는 것에 두지 말고 거듭나는 개혁*reformation*에 두자는 것이다. 종교가 인간과 사회를 새롭게 변화시키는 개혁의 원동력이어야 한다고 주장한 불트만은 신약성서의 탈 신화화*demythologize*를 시도하고. 특히 성경의 예수의 부활을 역사적 사실로 보지 않고 초월적 그리스도로의 우주적인 변화*transformation*로 해석하였다. 폴 틸리히는 그의 저서 『믿음의 역동성*Dynamics of Faith*』에서 '궁극적 관심

Ultimate Concern'을 논하고 "전 생애에 걸쳐서 겪는 모든 경험이 우리를 정의하고 우리의 신앙을 정의한다"고 하였다. 그는 또한 개신교는 인간이 죄인으로 태어났다는 제한된 전제에서 벗어나야 하고 신앙은 일반적인 문화생활 그리고 지성적 삶으로 확장되어야 한다고 주장하였다. 그는 인격적인 신을 부인하였고 신의 존재 의미는 예수 그리스도로 나타난 새로운 존재에서 찾을 수 있으며 하나님은 존재의 근거라고 하였다. 결과적으로 보면 존 로빈슨은 실존신학자들의 사상을 이해하기 쉬운 언어로 소개한 솔직한 영국 주교님인 셈이다.

믿을 수 없다

존 로빈슨의 『신에게 솔직히』를 읽고 깨달은 것이 있다. 신에게 솔직하라는 것은 우선 내가 나에게 솔직하라는 말로 시작된다. 모르면 모른다고 하고 확실치 않으면 애매하다고 분명히 말하고 이치에 맞지 않으면 틀렸다고 말할 수 있어야 한다. 물론 내가 공부도 하지 않고 모른다고 하는 것은 회피에 지나지 않는다. 로빈슨의 책을 읽고 종교와 기독교와 예수님에 대한 공부를 해야겠다는 생각에 관련된 책을 찾아 읽기 시작했고 종교학과 역사를 공부한 젊은 학자를 만나 그가 도와주었다.

탐색한 책 중에 유발 노아 하라리*Yuval Noa Harari*의 『사피엔스 *Sapience*』나 『호모 데우스*Homo Deus*』가 내게 새롭고 흥미로웠다. 고대 인류가 믿고 숭배하던 신들의 다양한 면모를 비롯해서 오늘날 발달된 과학과 테크놀로지의 위력 그리고 과학이 이끄는 인류 앞날의 전망까지 근거 있는 설명에 매혹되었다. 독일의 스타델*Stadel* 동굴에서 발견된 상아로 만들어진 약 3만 2천 년 전의 '사자 인간'은 당시의 신화적 종교의 면모를 상상하게 한다. 기독교의 시간대를 훨씬 앞선 고고의 유적들은 인간이 왜 신을 믿게 되는지에 대한 통찰을 주었다. 인간은 스스로 해결하지 못하는 문제들을 해결해 주는 초자연적 도움을 신이라는 개념에서 찾은 것이다. 약 4천 년 전 팔레스타인 지역에서 신과 인간의 관계를 이야기로 기록한 오늘의 성경은 절대 유일의 진리가 아닐 수도 있다. 아브라함의 하나님을 믿는 유태교, 기독교, 이슬람교의 역사를 담은 카렌 암스트롱의 『신의 역사*A History of God*』는 기독교 역사가 인류 역사의 한 토막에 불과하다는 엄청난 사실을 깨닫게 한 명저이다.

종교의 역사에 대한 공부를 할수록 내가 믿는 기독교의 세계관이나 성경에 쓰인 내용의 한계를 알게 되었고, 기독교도 결국 종교 중의 하나라는 생각을 갖게 되었다. 이것이 나의 신앙에 많은 변화를 안겨 주었다. 나는 이 변화가 하나님을 멀리한 것이 아니라고 믿는다. 오히려 시대에 따르는 변화에 보조를 맞추고 더 위대한 우주적 하나님을 만나게 되었다. 궁극적으로는 이것이 나의 신앙을 보다 원숙하게 만들었다고 생각한다. 여러 해 동안 풀리지 않았던 의문이나 모순도 새로운 시야로 볼 수 있게 되었고, 나의 의식으로 이해가 되지 않는 내용들은 과감하게 모른다고 말하고 믿어지지 않으면 믿어지지 않는다고 말할 수 있게 되었다. 신이 인간과 언어로 소통한 이야기는 기독교 성경에만 있는 것이 아니다. 신이 인간과 관계를 맺고 소통하고 몸소 나타나 경험한 기록들은 거의 모든 종교의 성전聖典에 나타나는 보편적인 이야기이다. 고대 인간들의 사고를 신화적 방식이라고 표현하는데 오늘의 과학적 사고와 대비되어 같은 자연의 법칙을 신화적 언어와 내용으로 묘사한 것이었다. 그래서 아담과 하와가 뱀과 이야기를 나눈 것과 약 4천 년 전에 하나님이 첫 인간과 언어로 명령을 주고받았다는 이야기도 사실로는 믿어지지 않는다. 자연의 역사나 인간의 역사에 하나님이 직접 관여하고 배타적으로 이스라엘 민족만을 지키기 위해 다른 부족이나 나라 사람들을 살해했다는 하나님은 나의 하나님이라 믿어지지 않는다.

첫 인간의 타락으로 지은 죄 때문에 우리가 다 죄인이라는 것도 상식적이지 않고 예수님의 죽음으로 이 모든 죄가 다 보상된다는 것도 이성적으로는 믿기 어렵다. 기독교는 유태교에서 태어났다. 예수님은 유태인이고, 예수님의 제자들도 유태인이고, 예수님을 죽이자고 주장한 것도 유태인들이다. 마태복음의 저자는 복음서를 유태교 성당synagogue에서 썼다고 하는데 이 성경을 읽을 대상도 당시는 유태인들이었다. 예수님이 부활하신 후에 제자들이 모인 초대교회도 유태인들의 집회다. 유태교의 전통과 의식들이 기독교로 계승된 것이다. 선지자들이 예언한 메시아는 유태 민족의 왕으로 오시는 성인이었고 구약의 하나님은 여호와 하나님 즉, 야훼 히브리민족의 하나님이다. 교회에서 구약성경의 구절을 봉독하고 목사님이 설교할 때 부르는 여호와 하나님이 내가 믿는 예수님과 정말 같은지 믿어지지 않는다. 유태교나 이슬람교에서는 예수님을 예언자 인간으로 본다. 나도 예수님이 이 땅에 살아 있을 때는 우리와 같은 완전한 인간이었다고 믿는다.

현대에는 많은 기독교인들이 성경에 기록된 기적들을 믿지 않는 듯하다. 이 문제를 고민하다가 의문이 풀리지 않는 것들을 목사님들에게 몇 차례 물어본 적이 있었다. 한 분은 회피적인 답변으로 모든 종교에 초자연적 기적이 있다고 하셨지만, 공부를 많이 하신 한 목사님은 구약성경의 일부 이야기는 이스라엘 민족의 신화와 설화가 역사의 일부로 연결된 것이고 신약성경의 기적에도 사실로 믿기 어려운 것들이 많다고 답해 주었다. 후자의 답변이 나에게 얼마나 위로가 되었던지 지금도 잊지 않고 있다.

그러나 예수님이 행하신 치유 사역은 사실이었다고 믿는다. 내

Chapter 15_ 신에게 솔직히

가 배운 의사학醫史學에는 의료 기술이 발달하기 전 예수님 시절에 병을 고치는 퇴마술사exorcist들이 있었다. 그들이 바로 현대 의사의 조상들이라는 이야기가 나온다. 예수님 시절 유대 땅에 많은 퇴마술사가 치료 행위를 하고 있었고 그들의 요법이 얼마나 효과가 있었는지 모르지만 그중 좋은 효과로 이름난 퇴마술사의 기록은 남아 있다.

퇴마술은 의술이 발달한 오늘날에도 존재하며 이를 찾는 사람들도 있다. 마가복음 5-13절에 예수님의 자세한 퇴마시술 기록을 볼 수 있다. 예수님이 거라사인의 지방에서 지금으로 말하자면 심한 정신장애 환자를 만난다. 더러운 귀신들린 사람이라고 묘사되는데, 묘지에 방치되어 쇠사슬로 매어도 이를 끊고 고랑도 깨뜨려 그를 누구도 통제할 수 없었다. 그래서 무덤 사이나 산에서 소리지르며 돌로 자기 몸을 해치고 있었던 장애를 겪고 있었다. 그가 무슨 일인지 예수님을 보고 달려와 절을 하고 큰 소리로 "지극히 높으신 하나님의 아들 예수여 나와 당신이 무슨 상관이 있나이까 원하건대 하나님 앞에 맹세하고 나를 괴롭히지 마옵소서"라고 말을 한다. 그러자 예수님이 그에게 "더러운 귀신아 그 사람에게서 나오라"고 명하신다. 그때 마침 돼지의 큰 떼가 산 근처에 있었다. 귀신들이 돼지에게 들어가 2천 마리의 돼지 떼가 바다에 들어가 몰살했다는 이야기다. 전형적인 퇴마술의 이야기다.

난치의 병을 고치신 예수님의 기적적인 치유사역은 그 기적이 갖는 놀라운 효과에 비해 성경에는 임팩트가 최소화되어 있고 예수님도 차유사역 후에 이를 알리지 말라고 목격자에게 당부하셨다. 기적적인 치유 효과를 세상에 알리는 것은 예수님도 그리고 성경의 저자들도 삼가는 것 같다. 믿어지지 않는다는 사실을 알기 때문인지도 모른다.

성경에 기록된 기적의 종류는 3가지이다. 하나는 천재지변의 기적으로 바람을 멈추게 한다든지 가뭄에 비가 오게 하는 등 자연현상에 영향을 주는 기적이다. 구약성서 모세에게 있었던 천재지변의 기적이 그 예다. 숲이 타면서 하나님이 나타난 일이나 홍해가 갈라진 일, 노아의 홍수, 엘리야가 비를 오도록 한 것, 엘리사가 요단강을 갈라놓은 것, 예수님이 물 위를 걸으신 것 등이다.

두 번째는 마술적 기적들로 모세의 지팡이가 뱀으로 변한 것, 엘리야가 시냇물을 마시고 까마귀들이 떡과 고기를 먹여준 이야기, 엘리사가 보리떡 20개와 약간의 야채로 100명이 먹고 남은 이야기, 예수님도 빵 일곱 개와 작은 물고기 몇 마리로 군중을 먹이신 것, 호숫가에서 베드로가 2척의 배에 가득할 정도의 고기를 잡게 하신 기적 등이 그것이다.

세 번째 기적의 종류는 죽은 자를 다시 살게 한 것이다. 구역성경에서 엘리아가 과부의 죽은 아들을 다시 살린 이야기, 엘리사가 수넴 여인의 죽은 아들을 다시 살아나게 한 이야기 그리고 예수님이 사랑하셨던 마르다와 마리아의 남동생 나사로를 죽은지 나흘 만에 다시 살리신 기적요한복음 11: 1-44 등이 그것이다. 요한복음에 유별나게 예수님이 행하신 기적 이야기가 많은데 그중 하나가 나사로를 다시 살리신 이야기다.

요한복음에는 기적이란 표현을 쓰지 않고 표적이라고 하였는데 표적은 증명 또는 증거라는 뜻이다. 모세의 기적들은 하나님을 증명하는 표적이지 모세가 독자적으로 행한 기적이 아니다. 그렇다면 예수님이 행하신 기적들도 하나님의 아들임을 증명하는 표적으로써의 의미가 있을 것이다. 그런데 그렇게 흔하던 성경의 기적은 지금은 일어나지 않는다. 옛날에 있었던 표적들이 오늘의 과학적 사고로 믿어지지 않기 때문일 것이다.

얼마 전에 작고한 신학자이자, 문화인류학자였던 마커스 보그 Marcus Borg는 현대인들이 믿기 어려운 성경의 기적들을 문자대로 또는 역사적 사실로 보지 말고 이야기들이 품고 있는 은유적인 뜻을 찾아 읽으라고 하였다. 그는 사복음서에 쓰인 세 가지 기적을 들어 은유적으로 해석했다. 첫 번째는 예수님이 물위를 걸으신 기적이고, 두 번째가 5천 명의 군중을 떡 다섯 개 물고기 두 마리로 먹이신 기적 그리고, 세 번째가 시각장애인에게 빛을 보게 한 기적이다. 또한 그는 은유적 해석을 본질적 은유와 역사적 은유로 나누었다.

예수님이 물위를 걸으신 이야기에 대한 복음의 본질적 은유는 아래와 같다.

- 예수님 없이는 우리가 어디도 갈 수 없다는 뜻
- 예수님 없이는 우리가 실종되어 어둠 속에 있다는 뜻
- 예수님을 따르면 어려운 처지에 놓인다는 뜻
- 예수님이 두려움을 물리쳐 주신다는 뜻
- 예수님이 내가 곤경에 빠졌을 때 오신다는 뜻
- 예수님이 폭풍을 멈추셨다는 뜻

그러나 복음의 본질적 은유가 이런 해석이라는 설명은 오히려 생소하고 또 이런 뜻을 보여 주기 위해 예수님이 물위를 걸으셨다는 설명은 더 이해되지 않는다. 내가 들은 설교에서 제일 많이 들은 해석은 베드로 같이 믿음을 잃고 의심하면 즉시 물에 빠진다는 뜻이다. 인간의 마음에 의심이 없다면 그것이 더 위험한 것 아닌가? 6가지 은유도 믿지 않는 사람들이 읽고 예수님이 물위를 걸으신 것에 대한 생각이나 이해가 달라질 것 같지 않다.

보그의 역사적 은유는 아래와 같다.

- 예수님이 물위로 걸으시고 바람을 잔잔케 하신 것은 예수님이 하나님의 힘과 권위에 참여하셨다는 것 즉, 히브리 성경에 쓰인 하나님이 즉 오늘

434

의 예수님이라는 뜻

• 예수님의 제자들은 때로는 그리스도 공동체의 상징으로, 배(boat)가 바
로 초대 교회를 뜻한다. 이 이야기는 예수님과 교회의 관계를 말하고 있
다는 것

보그의 이 해석은 이해가 가지만 이것은 해석이지 그 기적이 실
제로 있었는지를 말해 주지는 않는다.

성경에 실린 기적들은 각각 구약 79개와 신약 40개를 합해서 숫
자로 모두 120개다. 그 하나 하나를 은유적으로 해석한다는 것이
성경의 가치를 올리는 것인지 잘 모르겠다. 보통의 기독교인들에
게는 오히려 문자대로 읽고 그대로 믿는 것이 임팩트가 크다. 그리
고 신비스러운 기적의 경험들을 은유적으로 해석하는 것이 신앙의
정도正道인지도 모르겠다.

내가 읽은 책 중에서 제일 솔직한 고백이 존 쉘비 스퐁*John Shelby
Spong*의 마지막 저서 『믿어지지 않는다*Unbelievable*』이다. 이 책은 많은
스퐁의 저서 중 최후의 것으로 비록 신학계나 기독교계의 거센 비
판을 받고 있지만 나는 이 책을 매우 감명 깊게 읽었다. 그는 12개
의 가설을 제시하는데 그 핵심은 지금의 기독교 신앙이 잘못되어
있고 계속 잘못된 방향으로 가고 있다는 것이다. 더불어 스퐁 주교

가 믿는 우주적 하나님에 대한 소신을 용감하게 밝히고 있다. 내가 주저하고 밝히는 것을 꺼려왔던 불신앙의 갈등과 회의의 내용들에 대해서 스퐁은 정면으로 "믿을 수 없는 것들"이라고 일축한다.

그의 가설들은 제목만 보더라도 진보적이다.

1. 지난 600년 동안의 역사와 과학과 기술의 발전과 발달을 토대로 이제 인격적인 하나님이나 문자 대로의 성경 이해는 일절 없어져야 한다. 틸리히의 주장대로 하나님은 존재의 근원 즉, 실재가 아닌 있음으로 어떤 일정한 시기에 고정되어 있지 않고 수시로 새로워지는 그리고 진화하는 하나님이다.

2. 예수님의 강생(incarnation) 즉, 하나님이 예수님으로 지상에 태어났다는 믿음은 우상숭배에 지나지 않는다. 예수님의 구원에 대한 이야기는 없어져야 한다.

3. 에덴 동산의 타락으로 인한 원죄설은 믿을 수 없다.

4. 처녀 탄생은 인간이 만든 이야기고 예수님 탄생의 배경은 다르다.

5. 구약성서와 신약성서의 기적들과 메시아 기적이 왜 성경에 들어갔나?

6. 예수님이 나의 죄를 구속하셨다는 구속 신학을 버리자. 인간은 에덴동산에서 타락한 것이 아니라 불완전하게(Incomplete) 태어났을 뿐이다.

7. 마가복음이나 바울의 서신에서 예수님의 부활이 어떻게 쓰여 있나? 복음서의 부활의 뜻을 이해하기.

8. 예수님 승천은 구약의 엘리야 승천의 재연이고 과장이다.

9. 성경에 담긴 윤리의 기초인 10계명의 유래와 현대의 윤리.

10. 기도는 죽었다. 기도가 존재인가 행동인가? 기도에 대한 새로운 이해.

스퐁 주교는 거의 한평생을 많은 비난과 반박을 받았지만 조금도 굽히지 않고 성공회 미국 뉴왁 교구 주교로 존경받았고, 은퇴한 후에는 많은 저서를 내고 강사로 활약했다. 정통 기독교 교리를 비판하고 오늘의 교회가 멸망의 길을 가고 있어서 오로지 지성적 기독교만이 이를 구원할 수 있다고 주장했다. 그는 진화론을 수용하고 동성애 교역자들을 안수하고 임명했으며 예수님의 처녀 탄생과 성경에 있는 기적들과 예수님의 육신의 부활을 모두 부인했다. 그리고 자연사나 인간사에 하나님의 개입은 없다고 단언하였다. 전통적인 믿음의 기독교 교인이 들으면 불편해 할 대목들이다.

그는 모든 생명 그리고 사랑의 근원은 하나님이고 예수님은 완결한 인간성과 무한의 사랑으로 이 세상을 사신 분이라고 하였다. 그는 성경 학자로서 성경에 담긴 하나님의 뜻을 찾는 것을 사명으로 여기고 일생 동안 성경 연구에 헌신한 학자이다. 무엇보다도 스퐁은 하나님 안에서 정직하고 자신에게 솔직했던 교역자였다.

나는 스퐁 주교를 존경하고 그의 신앙에 동의한다. 예수님은 인간으로 이 세상을 사셨고 모든 도덕적 개념들을 궁극에까지 확장시킨 위대한 스승이요 사회개혁 사상가로 소신을 굽히지 않고 생을 마치셨다. 예수님은 인간성의 완성에 도달할 수 있는 길을 가르쳐 주셨고 이 땅에 하늘나라를 건설하는 예수운동을 비전으로 보여 주셨다. 나는 예수님을 따라 이 비전에 참여하면서 끝날까지 살아가겠다.

내일 지구의 종말이 온다고 하더라도 나는 오늘 한 그루의 사과 나무를 심겠다

- 스피노자 -

기독교가 세상의
빛과 소금이 되려면

종교마다 믿는 신이나 가르침이나 숭배하는 의식 등이 다르지만 모든 종교가 갖는 공통점이 있다. 인간의 의식과 이해의 범주를 넘는 '궁극적 실재'에 대한 동경과 접근이다. 종교마다 고유의 교리가 있고 숭배하는 신의 형상도 다르다. 예배하는 장소도 성당, 교회, 모스크, 시나고그, 절, 신전 등으로 모두 다르다. 그러나 공통점은 인간의 변화, 세상 바꾸기 그리고 삶의 변화를 추구한다는 점이다. 종교는 이생에서의 삶 이후의 영생이나 천국과 지옥을 위해 존재하는 것이 아니다. 우리의 삶을 위한 것이다. 오랜 전통으로 이어온 오늘의 종교는 이미 계몽시대부터 시작된 세속화로 나날이 위축되고 특히 최근의 빠른 과학과 테크놀로지의 발달로 위축에 가속도가 붙었다. 이제 탈종교의 시대가 오고 있다. 특히 서방 기독교가 그렇다. 이미 유럽의 기독교는 카톨릭과 개신교 할 것 없이 완전히 몰락했고 교인들의 숫자는 바닥에 이르렀다. 반면에 아프리카와 아시아의 기독교는 여전히 상승세다. 그러나 코로나19 팬데믹을 겪으면서 아시아에서 기독교 모범국인 한국의 기독교의 교회와 성당이 계속 위축되고 있다.

한국 종교인에 대한 최근 조사 통계에 의하면 ① 한국갤럽*2021*: 무종교 60%, 개신교 17% 천주교 6%, 불교 16% ② 한국리서치 정기 조사*2021*: 무종교 50%, 개신교 20%, 천주교 11%, 불교 15%의 분포다. 인구 동향으로 한국갤럽 조사에서 개신교의 경우 2014년의 21%에서 2021년 17%로의 감소가 주목되고 있다. 천주교의 경우는 2014년의 7%에서 2021년 6%, 불교는 2014년의 22%에서 2021년 16%로 감소한다. 모든 종교에서 교인 수는 줄고 있다. 그리고 인구 동향의 미래 전망에서 이 감소세는 2040년까지 지속될 것으로 보고 있다. 문제는 2021년 조사한 교인 수가 아니다. 현재 교회의 예배 출석인원 조사는 코로나19 이후로 미루고 있지만 그 세월은 요원하고 또 상황이 좋아져도 출석 인원 수가 회복될 것인지 의문이다. 다행히 교회 헌금은 이전의 70~90% 정도로 회복되었다니 다행이라고 생각한다.

이상의 통계는 한국 종교계에 경종을 울리고 있다. 앞으로 한국 사회가 탈종교의 과정을 거쳐 후종교post religion 시대에 접어들었을 때 한국의 종교가 어떤 모습이 될 것인가는 중요한 문제이다. 지금 같은 위기가 기회가 될 수 있으니 과감한 개혁의 기점이 될 수도 있다는 생각이다.

한국의 기독교가 현시점에서 다시 부흥할 수 있을까? 교계에서 각종 전문가들이 이 문제를 놓고 토론하며 연구하고 대책안을 제안하고 있다. 그중에는 획기적이고 현실적인 좋은 아이디어들이 많고 그래서 배울 것도 많다. 그러나 이것들을 실천에 옮긴다는 것은 쉽지 않은 과제다. 종교의 조직 개변, 성직자 수 조정, 교회 발전을 위한 마케팅 전략, 신과대학 개편, 설교 문제, 기존 목사 재교육, 여성 장로와 목사 안수 늘이기 등 절대로 지금의 개체 교회들이 다룰 수 있는 이슈들이 아니다. 지금 개체 교회들은 발등에 떨어진 시급한 문제들을 해소하느라 미봉책으로 땜질하기에 바쁘다. 살아남기 위한 교회 운영이 급하고 목회자들은 소진되어 있어 많은 교회들은 무기력 상태로 도움이 필요하다.

이런 상황에서 나에게 떠오른 변화 전략들은 이미 전문가들이 다 제안한 것들이다. 그러나 한 평범한 기독교인이 상식 수준으로 한국 교회 앞날을 걱정하며 나누고 싶은 몇 가지 생각을 피력하고 싶다.

1. 세속화로 오는 기독교의 종교적 수요는 미지의 안전선까지 줄어들 것이고, 교인의 감소 특히 젊은 층의 감소는 어쩔 도리가 없다. 이제 종교는 선택에 의한 것이 되어야 한다. 모태 신앙과 같은 어린 시절의 주입식 종교 교육은 지양되어야 한다. 이런 조건화 교육은 먹혀들지도 않고 자녀들의 자율성을 해치는 결과로 우려된다. 성장기에는 종교보다는 놀이나 스포츠나 미술 서예 또는 음악 등으로 일생을 두고 즐길 수 있는 취미의 기초를 닦거나 기억력이 좋은 시기에 외국어를 배워 이중언어자(bilingualist)가 되는 것이 좋다고 생각한다. 각자 타고난 재능을 키울 수 있는 시기에 다양한 노출로 선택의 기회를 주는 것이다.

코로나19 대유행 이후 대면 집회가 제한되고 온라인 예배가 보편화되면서 소파에 누워서도 예배를 볼 수 있는 시대가 열렸다. 누구나 원하는 대로 좋은 설교를 듣고 비교하며 자기가 좋아하는 교회의 설교를 선택할 수 있게 되었다, 결국 개인적 신앙이 위주가 되면서 교회 공동체가 필요 없고 교회가 교인의 필요를 채워 주지 못하게 되니 세속화와 탈교회 추세는 지속될 전망이다. 큰 교회들은 그래도 현상 유지가 되겠지만 연약한 개체교회들은 교단의 지원책이 없는 한 문을 닫게 될 것이다. 현대인은 편리와 쾌감과 즉시 만족에 쉽게 탑승하고 무엇이건 빠르고 쉽게 처리한다.

지금의 제한된 조건하에서 교회는 살아남기 위해 긴축하고 큰 교회는 기존의 사업들을 정리하고 연약한 교회들을 적극 신속히 도와야 한다. 합치는 것도 좋다.

2. 편재성(immenence)과 초월성(transcendence): 하나님은 초월적 존재이다. 세상 밖에 있는 외재(外在)냐 또는 모든 것의 안에 있는 내재(內在)냐를 놓고 줄다리기 하는 일은 그만해야 한다. 지금 종교 세속화의 축이 편재와 내재로 기울어지는 현실을 받아들여야 한다. '하늘나라'가 높은 하늘 끝의 이상향이 아니라 우리가 사는 이 땅을 의로운 하나님의 공의와

사랑이 넘치는 나라로 만드는 것이라는 사실을 받아들여야 한다. 만유내재신론(panentheism)이든지 과정신학이든지 그 무엇이든지 하나님의 편재와 내재를 신학화 하는 새로운 신학이 필요하다. 구시대 신학으로 기독교가 살아남을 수 없다. 교회가 새로운 신학으로 현대인에게 영적인 해답을 제공할 수 있어야 한다.

유럽에서 교회의 세속화를 겪으면서 교회가 어떤 전략으로 대처했는지 물어보고 우리가 살아남기 위해 그들이 무엇을 권하는지 귀 기울여 들어야 한다.

3. 나는 시간을 하나님과 같이 본다. 새로워지는 시간의 흐름이 하나님이다. 역사가 우리에게 보여 주는 것은 조수의 간만이 종교에도 찾아온다고 생각한다. 종교의 세속화로 지금 탈종교의 조수가 밀려오지만 언젠가 때는 온다고 믿는다. 인류의 시초부터 인간은 신을 믿었다. 살면서 겪는 어려움이나 위기에 초인적 도움이 필요해서다. 애착 본능을 타고난 아기가 어머니의 돌봄의 대상으로 애착되듯이 인간은 전지전능한 하나님과의 애착이 심리적 안전의 기지가 된다. 사회생활에서 가치 있는 도덕적 행동을 위해 필수적인 자기조정은 하나님을 믿고 도덕적 의미를 찾는 것으로부터 얻어진다. 생각하는 인간은 항상 삶과 죽음, 선과 악, 행복과 불행등 존재론적 상황들에 대한 질문이 있다. 이에 대한 해답은 하나님에게서만 기대할 수 있으니 하나님에 대한 동경은 결코 사라지지 않는다. 언젠가 인간은 현재의 삶에 지쳐 삶의 변화를 찾는다. 현대를 즐기다가 현대에 불만이 생기고 물질적 만족에도 마음은 피곤해진다. 신비의 세계에서 세속과 신성이 조화를 이룬 평화가 있다는 믿음이 싹트고 종교로 돌아오고 싶은 심성이 움직이게 된다.

이런 시기가 언제 올지는 모른다. 그러나 모래에 앉아 있는 배

기독교가 세상의 빛과 소금이 되려면

는 조수가 돌아오면 언제든지 항해할 수 있다. 만조는 반드시 온다. 시기는 알 수 없어도 이때 기독교가 살아 있어 돌아온 탕자를 사랑으로 포용하는 인간성과 하나님의 진리를 당당히 말씀으로 소개할 수 있어야 한다.

요즘 출간된 역사 서적을 읽다 보면 이것이 역사책인지 지식의 종합서인지 분간하기 어렵다. 여러 분야의 새로운 지식들이 한곳에 담겨 있기 때문이다. 이제 역사는 과거의 발자국만을 다루는 것이 아니라 미래 세계에 대한 전망까지도 예측한다. 역사학도 미래학, 인류학, 고고학, 물리학, 우주학, 문화인류학과 통섭한 책들이 인기다. 저명한 역사가 유발 하라리*Yuval Noah Harris*의 저서 『사피엔스*Sapiens*』는 인류학, 생물학, 고고학, 지리학, 진화론 등 다양한 과학적 지식들을 깊게 탐색한 역사책이다. 다음에 출판된 『호모 데우스*Homo Deus*』 역시 진화 생물학을 비롯한 최근의 과학과 기술의 발달을 고찰하고 미래의 세계와 인간의 삶의 변화에 대한 놀라운 전망을 예고하고 있다.

이제 학문 간의 경계나 분야별 지식의 다름은 큰 의미가 없다. 지식 분야들의 '융합'이 새로운 접근이다. 한 분야 내에서 전공이 같은 사람들이 모여서 토론하고 연구하는 것만으로는 부족하다. 분야가 다르고 시야가 다른 사람들이 모여 서로 개방하고 토의할 때 서로의 다름이 촉매제가 되어 새로운 목적이 생기고 새로운 연구 방법이 만들어진다.

융합이 새로운 탐색의 길이 된 것은 그동안 세상이 끊임없이 다양화되었기 때문이다. 다름과 실체$entity$는 관련된 각 분야 안에서 서로 식별하는 과정이다. 구조주의에 의하면 한 정체$identity$는 그 무엇과 다르지 않으면 존재할 수 없다. 따라서 존재하는 것은 모두가 다르게 존재하고 있어 우주에는 동일성이 있을 수 없다고 한다. 세상이 한없이 다양하고 복잡하게 되는 것은 다름과 차이가 존재하기 때문이다.

진화하는 인류 역사에 따라 종교도 역사적으로 변화와 개혁이 있었다. 중세가 가고 이성의 시대가 온 것이다. 오늘날 지식과 과학, 테크놀로지가 급속히 발달하는 시대로 접어들면서 인간의 삶에 놀라운 변화가 오고 있다.

종교도 시대적 변화의 도전에 따라 크고 작은 개혁을 거듭해 왔으나 문화의 발달 속도에 비하면 제자리걸음 수준이다. 게다가 범세계적으로 코로나19 대유행을 겪으면서 이전에 없었던 큰 도전을 받고 있다. 이러한 위기에 종교가 실용적으로 인간의 삶에 무슨 소용이 있는가 하는 회의가 생긴다. 종교는 이에 대한 답이 궁색하다. 인간은 생명의 위협을 느낄 때 하나님께 도움을 청한다. 그런데 그 역할을 해 주었던 교회가 더 이상 소통의 경로가 되어 주지 못하니 개개인이 직접 하나님과 소통하기에 이르렀다. 영적인 삶을 홀로 찾는 것이 낫다면 제도적 종교에 의존할 필요가 없다. 많은 교인들이 교회를 나가지 않는 것을 두고 '가나안 신도'라고 자칭하면서 합리화시킨다. 교회는 이에 대한 답을 주어야 하는데 지금 가능한 것은 온라인 미디어 선교뿐이다. 컴퓨터를 통한 소통을 가상*virtual*이라고 말하는데 과연 가상 예배나 찬송이나 설교가 영적인 힘이 있을지는 미지수다.

나는 기독교의 회복을 장기전으로 보고 모든 교회가 희생을 각오하고 결속해야 한다고 본다. 우선적으로는 보편화된 구시대적 신학을 개선해야 한다. 신학이 세속적인 지식들과 만나고 담론하고 통섭하는 문이 열려야 한다. 교회들이 세상과 고립되어 유아적唯我的이고 배타적인 모습을 보인다면 교회는 세상에 아무런 영향도 주지 못하고 뒤처져 무기력해질 것이다. 우선 세상과 만나 인류가 처한 문제들을 같이 해결하는 것이 첫걸음이다.

인류가 현재 직면해 있는 심각한 문제들이 있다. 감염병 대유행이나 지구의 온난화, 환경 오염 그리고 대량살상 무기 생산과 총기로 인한 살상 등 인간 존재와 생명을 위협하는 문제 등이다. 그런데도 종교의 대응은 미미하다. 종교의 대응이 부족한 이유 중 하나는 과학적 지식에 대한 대화가 부족하기 때문이다. 문제의 진상을 알려고도 하지 않고 이에 대해 침묵을 지키고 있는 것은 지식이 없어 할 말이 없기 때문이다.

세상은 빠르게 앞서가고 있다. 지구의 온난화나 환경 문제를 전문적으로 다루는 비정부 기구NGO들과 국가들이 모여 해결에 앞장서고 있다. 기독교는 환경 문제에 대해서도 극히 미온적이다. 하나님이 인간을 창조하고 이미 창조하신 자연을 관리하라는 사명을 주신 것을 생각하면 이는 매우 잘못된 일이다. 교회들은 예배나 부흥회나 성경 공부는 열심히 하지만 하나님의 지상명령인 자연의 관리 책임은 모른 체하고 있다.

기독교는 이타적이어야 한다. 소외되고 차별받고 병들고 장애인으로 태어난 이웃들을 우선으로 돕는 이웃 사랑이 계명이다. 교회가 불우한 사람들을 돕고 있는 것도 이 때문이다. 그러나 많은 나라들이 적극적인 복지 정책을 펴고 있고, 교회가 돕는 것과는 비교도 되지 않을 만큼 이타적 정책을 추진하고 있다. 나라가 하는 사업이므로 그 규모나 재정적 뒷받침이 교회에서 하는 사업과는 비교조차 어렵다. 문제는 국가나 자선기관들이 교회가 하던 선한 사업을 대신하고 있어, 상대적으로 교회가 하는 사업이 초라해지고 빛이 바랜다는 것이다. 한국도 사회적인 복지제도는 교회가 돕는 것과는 차원이 다르다. 한국 외교부 한국국제협력단KOICA이 해외 후진국을 위해 교육, 보건의료, 공공행정, 농림수산, 기술 환경 에너지 사업 등 돕고 있는 현장에 가 보면 현지인들이 갖는 기대효과는 교회의 선교 사업이 따라갈 수 없다. 물론 선교는 복음 전파의 영적 사업이고 물질적으로 돕는 것이 목적이 아니라고 한다. 그러나 개발, 복지, 자선사업도 이타적이란 면에서 이 역시 영적 사업이다. 지난 2세기 동안 종교가 후진국이나 지리적 오지에 선교사를 파견해서 학교를 세우고 병원과 고아원과 자선사업으로 주민들을 도왔던 그 공적은 막대하지만 이제 이 사업을 국제연합이나 부유한 나라들 그리고 비정부 자선기관들이 이어가고 있다. 종교는 기존의 활동 무대에서 밀려나 선한 사업에서 뒤지고 있다.

최근의 종교에 대한 인구 조사에 따르면 지난 10년간 모든 한국의 종교 인구는 감소하고 있다. 특히 코로나19의 대유행으로 출석 인원이 급격히 감소되고 있다. 이미 탈종교 탈기독교의 추세가 한국에도 불어 앞으로 한국 기독교가 살아남기 위한 변화를 모색하고 있지만 한국사회의 탈종교화를 막을 수 있는 전략은 요원하다. 무엇보다도 지금 한국의 기독교는 모든 차이를 넘어서서 생존을 위해 결속하고 단결해서 돌파구를 모색해야 한다.

나이 여든이 가까워졌을 때 전문 분야의 논설이나 논문이 아닌 내가 주인공인 책을 쓰고 싶어 회고록을 출간했었다. 까마득한 옛일을 회상하며 언어로 구체화하고 짜임새 있는 글로 탈바꿈시키는 것은 새로운 도전이었다. 동시에 그러한 글을 쓰는 과정은 나의 상상력을 자극시켜 준 즐거운 몰입이었다. 그로부터 10여 년쯤 흘러 나이 아흔이 가까운 시점에 또 한 번의 기회가 왔다. 오랫동안 머릿속에 오고 간 여러 생각들을 글로 남길 수 있게 된 것이다.

나는 마음의 병을 돌보며 인간을 돕는 정신의학과 평생을 함께 해 왔다. 그러나 최근에는 정신의학의 고정시선*gaze*에서 벗어나 인간의 생존력, 회복력, 이기심와 이타성 그리고 공격성 같은 인간의 속성을 다루면서, 저절로 움직이는 중요한 배후의 힘을 실감하게 되었다. 살면서 겪게 되는 정황에 의해 몸과 마음 사이에 불균형이 생기더라도 내적 안정과 균형을 되찾는 자율적인 회복과정이 있다는 것을 발견하게 되었다.

불완전하게 태어난 인간은 외부에서 오거나 내부에서 생기는 조건들을 다루면서 생존에 최적인 내적 환경을 유지하기 위해 안정을 벗어난 차질을 스스로 조정하는 특성이 있다. 바로 모든 생물이 타고나는 항상성*homeostasis*이다. 이 기전은 시상하부*hypothalamus*가 수용체의 중추인데 신경세포의 방전이나 호르몬, 혹은 다른 화학물질의 분비와 흡수등의 작동기를 통해 수시로 이루어진다. 이 책에서 다룬 인간의 생존력, 회복력, 이타성와 이기심, 공격성, 공포와 불안, 다름과 차이 등은 모두가 이 항상성의 말초적 명시이다. 정신의학이나 심리학, 그리고 생명과학의 발전으로 생존과 번식과 적응에 필요한 기전들이 많이 밝혔으나 이 기전들의 원형인 항상성에 대한 연구는 미미하다. 생리학에서 말하듯 체온 조정에 관여되는 수용기*receptors*와 작동기*effectors* 그리고 조정 센터의 구조와 설명이 고작이다.

아주 옛날 의과대학 초년기의 생리학 강의에서 이 시스템의 조정 센터가 뇌하수체라고 배웠지만 지금은 시상하부를 주목하고 있다. 인간이 타고나는 이 자동 균형 조정 시스템은 잘 고장 나거나 병들지 않는다. 환경적 변수를 알아 차리고 조정하는 피드백 시스템도 별로 흐트러지는 법이 없다. 인간이 살아 있는 한 이 항상성은 틀림없이 작용하는 원리이다.

개인적으로는 오늘의 발달한 과학 지식과 고도의 테크놀로지를 통해 생물학적 항상성의 핵심인 조정 센터의 거점과 작동하는 기전을 깊게 연구했으면 한다. 이 신비로운 안전 보호 장치가 오랜 시일을 거친 자연 선택에 의해 비교적 최근에 생긴 것인지, 아니면 인간의 먼 조상으로 알려진 파충류 시절에도 스스로 안전과 균형을 유지하는 보호 장치가 창조의 선물로 작동하고 있었는지 무척 궁금하다.

현재 지구에는 약 4천 개의 종교가 있다. 그 가운데 유태교, 카톨릭, 개신교, 이슬람교, 힌두교 그리고 불교가 대표적인 세계종교이다. 각각 화려한 사원이나 교회 건축물이 있고 신도들이 공동체로 모여 예배드리는 전통과 독특한 종교문화가 있다. 19세기 이후로는 역사 연구와 과학의 발달에 따라 그간 신비에 쌓여 있던 신의 존재에 대한 적극적 논의가 계속되고 있다. 최근 코로나19 대유행의 타격으로, 한동안 부흥 일로였던 종교의 기세가 주춤하고 각 종교 신도의 수가 급격히 줄고 있다. 각종 통계만 보더라도 특히 개신교는 이미 유럽과 일부 미국지역에서 현저하게 쇠태하고 있는 것이 사실이다. 한국의 카톨릭이나 개신교 역시 교세가 하락하는 징조를 보이고 있으며 특히 교인 수가 적은 개체 교회들은 곧 문을 닫게 될 것이라는 전망이 심심찮게 나오고 있다.

종교가 역사를 가지고 있다는 것은 모든 종교가 형성되는 데 있어 신뿐만 아니라 인간의 역할이 절대적이었음을 시사하고 있다. 또한 각 종교가 모시는 성전聖典도 신이 직접 쓰신 것이라기보다는 어떠한 형태로든지 인간의 손을 빌어서 쓰였다는 것이 더 타당할 것이다. 만약 그렇다면 모든 종교는 인간에 의해서 소멸될 수도 있다. 인류 역사와 같이한 신에 대한 신앙이 앞으로 어떻게 변화하고 어떤 방식으로 생존을 모색하게 될 것인지를 고민하지 않을 수 없다. 앞으로의 종교는 제도화된 형태라기보다는 종교인 각자가 자기 내면에 있는 간직된 신을 믿고 관계를 맺어 그 신의 가르침을 배우고 지키며 의로운 삶을 지향하는 내면화된 신앙의 길을 통해 이어질 것이라고 나는 확신한다. 이것은 우리 모두가 태어날 때 하나님이 우리 모두의 마음 안에 새겨 놓으신 전제를 따라 사는 삶이며 그것이 참된 신앙이라고 믿는다.

에필로그

우리는 성인이 되면 자기가 믿는 하나님이 우리 안에 있음을 알게 된다. 사람마다 자신이 믿는 하나님은 모두가 특별하다. 어떤 이는 코로나19 전염이 만연하고 있음에도 백신 접종을 거부하고, 자기가 믿는 하나님이 보호해 주실 것으로 믿으며 태연하다. 또 어떤 이는 하나님의 보호를 믿지만 벤자민 프랭클린의 말처럼 "하나님은 스스로 돕는 자를 돕는다"면서 감염병을 예방하기 위해 부지런히 백신을 맞고 손을 자주 씻고 사회적 거리두기에 힘쓴다.

각자의 마음에 새겨진 하나님을 믿고 따르는 삶에서 누구의 믿음이 옳다거나 우월하다는 식의 논의는 존재할 수 없다. 내면에서 만나는 자신의 하나님에 솔직하고 그분을 믿는 신앙생활에 충실하다면 반드시 교회에 갈 필요도 없고 획일적으로 믿어야 하는 교리도 기억할 필요가 없다. 지금 한국 교계에서 급격하게 확장되고 있는 '가나안 신도' 현상이 이와 같은 신앙의 길을 보여 주는 지표가 아닌가 싶다. 유럽의 기독교가 이미 걸어간 그 길을 따라서 한국의 기독교 역시 한국의 사회와 문화 속으로 깊이 내재되는 방향을 찾아 스스로의 형태는 없어지되 뜻은 남아 임베디드 기독교*embedded Christianity*가 되는 전망을 해 본다.

한국 기독교에 바라는 것은 '자유'와 '개방'이다. 신과대학부터 신학 이외에 역사학, 심리학 등의 인문학과 과학의 지식을 가르치고 앞으로 목사가 되는 젊은이들이 다방면의 지식을 갖추도록 문을 활짝 열어야 한다. 현재 신학대학에 새로운 신학을 공부한 교수들은 보다 소신껏 학교 내외에서 용기를 내고 과감하게 목소리를 높여 오늘의 한국 개신교가 시대에 뒤쳐진 신학에 고착되어 있음을 알려야 한다. 뿐만 아니라 양심과 의식이 있는 기독교인들 모두가 한 목소리로 외쳐야 한다. 오늘의 젊은이들이나 평신도들이 스스로 배워 새로운 신학에 대한 지식을 얻고 목회자를 넘어서는 신앙체계를 습득하는 경우가 허다하다. 그렇다면 교회나 목회자는 신망을 잃고 결국 이런 교인들은 교회를 떠나게 된다.

예수를 믿는다면 자신부터 정직해야 하고 용기가 있어야 한다. 평신도들은 교회 지도자들의 미온적인 목회자 관리에 크게 실망하고 있다. 교단은 좀 더 과감하게 교회 지도자들의 비도덕적 행위를 단속하고 목회자들의 능력과 자질을 향상시키며 교회의 조직을 사회의 모범으로 만들어야 할 것이다.

끝으로 이 책이 출판되기까지 격려하고 도와 주신 김신권 박사, 편집과 출판을 맡아 주신 청년의사 박재영 편집주간, 책 출판에 많은 도움을 주신 임기영, 신윤미 교수에게 심심한 사의를 표한다.

90세 정신과의사, 인간과 종교를 말하다

지 은 이 이호영

펴 낸 날 1판 1쇄 2023년 2월 20일

대표이사 양경철
편집주간 박재영
편   집 배혜주
디 자 인 박찬희

발 행 처 ㈜청년의사
발 행 인 이왕준
출판신고 제313-2003-305(1999년 9월 13일)
주   소 (04074) 서울시 마포구 독막로 76-1(상수동, 한주빌딩 4층)
전   화 02-3141-9326
팩   스 02-703-3916
전자우편 books@docdocdoc.co.kr
홈페이지 www.docbooks.co.kr

ISBN 979-11-979108-9-0 (03210)

• 책값은 뒤표지에 있습니다.
• 잘못 만들어진 책은 서점에서 바꿔드립니다.